화이트헤드의 과정철학과 조선조 성리학

화이트헤드의 과정철학과 조선조 성리학

이동희 지음

심산

머리말

필자는 평소에 동양철학의 특성도 한문 투를 벗어나 오늘날의 보편학문의 언어 논리 위에서 어떻게 하면 논의될 수 있을까를 생각해왔다. 이를 위해서는 소위 동양철학 중에서 철학적 고찰 대상이 될 만한 것을 골라 서양철학의 여러 이론들과 비교하는 방법이 우선 쉬울 것으로 여겨졌다. 그렇다면 동양철학 중에서 이와 같은 작업을 할 수 있는 주제는 무엇이겠는가? 많은 사람들이 불교와 노장사상을 떠올릴 것이다. 그렇다면 유교의 성리학은 어떨까? 많은 사람들이 고개를 갸우뚱하면서 금방 답을 못 낼 것이다.

성리학(주자학도 큰 범위로는 성리학이다)은 유교가 외래 사상인 불교와 교섭을 거친 다음 탄생한 것이므로 성리학 자체가 일종의 비교철학 결과라고도 할 수 있다. 그뿐만 아니라 도가적인 요소도 흡수하여 성립된 성리학은 도가(및 도교)와 불교와는 또 다른 하나의 형이상학 체계와 도덕 형이상학을 수립하였다고 할 수 있다. 존재론에서는 불교의 '인연생멸론' 과 도가의 '기(氣)의 우주론' 을 잘 결합하여 유기체 우주론을 수립하였으며, 그 위에 도덕 형이상학을 구축하였다. 이때 분명히 '기(氣)' 는 존재를 설명하는 데 있어서, 그것도 유기체로서의 이 우주를 형이상학적으로 해석하는 데 있어서 매우 유효한 개념이었다.

그리고 '리(理)' 는 불교에서 차용해 왔지만, 기와 더불어 리기의 우주 형이상학을 수립함과 동시에 가치의 기준으로 설정하여 도덕의 근원을 철학적으로 설명하는 데 유효하였다. 즉 존재론과 도덕론에 동시에 이중적으로 사용되었다. 따라서 성리학 자체 내에는 이러한 존재론과 도덕론의 긴장이 근원적으로 내재되어 있는 셈이다. 그것은 유교가 궁극적으로 도덕론이기 때문이다.

한국의 철학적 전통을 하나의 문화로서 세계화 시대에 내놓는다면 우리는 무엇을 가지고 자랑할 수 있을까? 우리는 퇴계와 율곡을 상식적으로 많이 거론하고 있다. 그뿐만 아니라 학자의 학술 논문에서도 가장 많이 연구되고 있는 것으로 우리는 알고 있다. 전통적인 방법인 문헌해설적 연구, 소위 고증학적 연구는 아주 잘 이루어져 있다고 할 수 있다. 그러므로 필자는 이것을 토대로 약간 보완할 수 있는 작업의 하나로 현대 철학적 해석의 하나의 시론으로서 화이트헤드(A. N. Whitehead, 1861~1947)의 과정철학(process philosophy)과 주자학(넓게 말하면 성리학)을 비교해 보기로 하였다. 주자학의 이러한 해석은 앞에서 말한 대로 동양철학을 현대적 언어논리에서 논해 보려는 의도이지만, 마지막 목적은 이것을 계기로 우리나라 퇴계 이황과 율곡 이이를 시발로 한 조선조 성리학의 특성을 드러내려는 것이다. 퇴 · 율 성리학의 근본이 주자의 성리학이지만, 수용하고 토착화하는 과정에서 우리 나름의 특징이 생겼다고 보고, 그것을 '한국의 철학적 사유의 전통' 으로 부각하고자 하였다. 그러나 화이트헤드의 원전 자체가 난해하여 본서는 비교론의 한계를 가지고 있다. 성리학 이해의 방편으로 생각해주면 좋겠다.

필자가 주자의 성리학을 과정철학과 비교해 보려는 생각은 1980년 주자학으로 석사논문을 쓸 때부터였지만, 당시는 화이트헤드에 대한 소개가 불충분하여 『과학과 근대세계』(오영환 역, 일신사, 1974)를 통하여 교양 수준으로 알고 있었을 뿐이었다. 그 후 계명대학교에 부임하여 동양과 한국의 전통사상 교육을 맡으면서 동서 문명 비교 등을 새로운 교육내용으로 할 필요를 절감하게 되어 문명사적 관점에서 화이트헤드 사상에 대하여 관심을 두게 되었다. 거기다 1988년도부터 박사학위를 준비하는 과정에서 어떻게 하면 소위 '리기(理氣)의 철학' 을 진정으로 알 수 있게 보편철학 지평에서 서술할 수 있을까 하고 고심해오던 중 『과정철학과 과정신학』(김상일 외 편, 전망사, 1988)과 『화이트헤드 철학의 이해』(안형관, 이문출판사, 1988) 등의 출간으로 학술적으로 인용할 수 있는 길이 열렸다. 그 후 『과정과 실재』(오영환 역, 민음사, 1991)가 번역되고, 또 그사이 과정신학(process theology) 연구자들의 논저도 출간되어 박사 취득(1990년) 후 후속되는 논문을 쓰는 데 많은 도움이 되었다. 또한 곧이어 화이트헤드학회가 성립됨으로써(1996년) 과정철학에 대한 연구 지평이 더욱 넓어져 비교연구에 대한 인식도 달라졌다.

고려 말 우리나라에 주자학이 들어온 이후 소위 철학적 사유는 조선조 화담 서경덕과 회재 이언적부터 본격적으로 시작되었다. 그것이 퇴 · 율을 거쳐 개화하고, 그 후 그들의 추종자들이 학파 의식을 가지고 경쟁적으로 더욱 부연하는 과정에서 우리 나름의 철학적 사유의 특색이 점점 더 분명해지고, 또 사유의 폭도 좀 더 넓어졌음을 볼 수 있다. 그러므로 이 책이 성리학 본질적인 내용을 다루고 있지만, 학파별 전개를 동시에 다룸으로써 역사적으로 조감할 수 있도록 하였다.

여기의 모든 논문은 비교철학의 위험성에도 불구하고 성리학에 대한 이해를 돕기 위하여 모두 과정철학과 비교하고 분석한 것이다. 그러므로 부득이 주자학(성리학)과 과정철학을 비교한 논문을 앞에 실었다. 또 개별적으로 쓴 논문을 모은 관계로 그 비교 설명이 혹 중복되는 것도 있을 것이다. 이 점 양해 바란다.

과정철학은 화이트헤드의 형이상학과 종교론으로서 이 우주를 관념적이고 체계적인 형이상학으로써 설명하려고 하는 사상인데, 이 자연을 '유기체(생명체)' 로 보는 점에서는 유기체철학이라고도 할 수 있다. 그는 존재는 '과정(process)' 이라고 하여 종래의 실체적 존재론을 거부하고 있다. 이는 뉴턴의 근대 물리학에 대해서 양자론이나 상대성이론이 발견한 '물질의 미시세계' 의 존재의 실상을 철학에서 전적으로 반영하고 있는 것이다. 그러므로 실체적이고 고정적인 존재 대신에 끊임없이 생멸하는 존재의 기본 구성요소(基體)로서 '현실적 존재(actual entity)' 라고 하는 개념을 창출하였다. 이것의 이념적 원리로서 '영원적 객체(eternal object)' 를 또한 상정하였다. 만물은 이 둘의 유기적 작용에 의해 끊임없이 생멸하는 '과정' 이라고 보고 있다. 이 과정에서 순간적으로 만물의 원자성(개체성), 즉 존재(있음)를 구현하고 있다는 것이다. 이러한 것은 거시세계가 아니라 미시세계에서 일어나고 있다(이 미시세계가 거시세계의 기초임은 두말할 필요가 없다. 그러나 거시세계에서 통용되고 있는, 즉 일정한 중력이나 태양계 영향력 아래에서 통용되는 근대과학의 물리법칙이 전적으로 부정되는 것은 아니다).

그러므로 화이트헤드의 형이상학 체계는 불필요한 관념의 유희가 아니고, 미시세계의 사물의 실상을 형이상학적으로 체계화한 것이다. 성리학의 이에 대응되는 개념이 '기' 와 '리' 이다. 또 화이트헤드의 종교론에서는 '신(God)' 을 요청하고 있다. 이 세계의 미적 조화의 원인은 역시 자연의 섭리로서 이해할 수밖에 없고, 그것을 화이트헤드는 신이라고 말하고 있다. 여기서 서양 전통의 기독교 신관이 나타나고 있다. 그러나 특히 그는 위와 같은 형이상학적 지지를 받는 종교만이 타락하지 않는다고 하여 '형이상학적 신관(神觀)' 을 말하고 있다. 여기에 기독교의 신관과는 다른 점이 또 있다. 일종의 이성종교라고 할 수 있는데, 성리학의 태극론이나 우주적 신비감, 예를 들면, 생생(生生)의 도(道)라든가 천지의 생물지심(生物之心)으로서의 인(仁)과 상통되는 점이 있다.

이 책은 여러 논문을 집합하였으므로 하나의 메시지를 전하는 데는 아직 부족하다. 그러나 여기 다수의 논문이 위와 같은 문제의식과 주제를 갖고 있으므로 이 점만 이해한다면 통일적 시각을 얻을 수 있을 것이다. 또한 필자가 이야기하고자 하는 한국철학의 세계화의 참뜻이 무엇인지도 이해하게 될 것이다. 또한 본서에서는 이러한 과정철학과의 비교 이외에 우리나라 학자들이 성리학을 받아들여 오랫동안 우리 나름의 철학적 사유를 기울여오는 과정에서 한문식 글 읽기와 쓰기에서는 미처 자각하지 못했거나 또는 해결하지 못했던 성리학의 아포리아도 들춰내었다.

일반적으로 송대 사상이라고 하면 대표 인물 주희(朱熹)를 들어 '주자학' 이라고 한다. 그런데 사상 내용을 말하면 '성리학' 이라고 해야 한다. 중국에서는 양명학까지 합하여 '송명리학(宋明理學)' 이라고 부른다. 우리나라에서도 양명학을 주자학과의 연계성에서 논하는 시각도 있다. 그러나 양명학은 독립적으로 부르므로 잠시 접어두고, '성리학(性理學)' 과 '주자학' 의 경우 병용하기도 하고 구분하기도 하므로 약간의 설명을 덧붙인다. 성리학은 좀 더 넓은 의미로 쓰이는 정도로 알고 있지 의식적으로 주자학과 구별하려고는 잘 하지 않는다. 즉 주자학을 성리학으로 간주하고 있다.

그러나 조금 깊이 생각해 보면 화담 서경덕의 경우 성리학자라고 부르는 것이 더 자연스럽고, 율곡도 주자학자라고 하면 무언가 범위를 좁혀 말하는 듯한 느낌이 든다. 왜냐하면 화담의 경우 '기의 우주론' 방면에 관심이 집중되었고, 율곡의 경우 불교, 도가사상도 섭렵하고 또 주자의 학설도 퇴계에 비해 조금 객관적으로 비판적으로 보려 했기 때문이다. 율곡의 경우 도가 관계 저술로 『순언(醇言)』이 있고, 불교 관계 저술은 없지만, 문집에 짧은 잡저가 있는 것으로 보면 저술도 있었다고 합리적 추론이 가능하다. 그러므로 '한국의 성리학' 이라는 말도 '한국의 주자학' 이라는 말과 별도로 구분해서 쓸 수 있을 것 같다. 연구자가 어디에 초점을 맞추는가에 따라 적절히 명명하는 융통성이 필요하다. 그 과정에서 연구의 새로운 시각이나 독창성도 나올 수 있으리라 본다. 성리학자로서 화담이나 율곡, 주자학자로서 회재와 퇴계—이렇게 한번 생각해 보면 좋을 것이다. 조선 후기 독창적 사상가도 이런 식으로 한번 생각해 보아도 흥미있는 일이 되리라 본다.

2020. 1

솔바람 이 동 희

● 이 책을 추천합니다

이 글은 추천사로 작성한 것이지만 감히 말씀드리자면 필자는 누군가를 추천할 만큼의 그런 자격을 갖춘 이가 전혀 못 된다. 송구하게도 필자가 지닌 학문의 깜냥은 아직 보잘 것이 일천하여 추천사를 감당할 정도가 전혀 아니기 때문에 솔직히 말씀드리면 너무나도 필자의 마음이 조심스럽고도 무겁다. 그러나 또 한편으로는 이와 같은 연구 저술이 국내 학계에 나오게 된 것 자체에는 말할 나위 없이 매우 기쁘고 반가운 마음 또한 함께 지니고 있다. 그런 점에서 굳이 헤아려보자면 필자에게 이 같은 지면이 허락된 이유에는, 아마도 이동희 선생님의 이 책 『화이트헤드의 과정철학과 조선조 성리학』에서도 잘 드러나고 있듯이, 화이트헤드 철학에 대한 다양한 연구로서의 적용과 인문적 관심의 확장을 갖춘 사례로써 이를 좀 더 널리 알리고 싶은 마음에 있을 것이다. 필자는 기본적으로 화이트헤드 연구자에 속한다. 이런 점에서도 이 책의 발간이 응당 기쁘지 않을 수 없다.

이동희 선생님은 필자가 속한 한국화이트헤드학회에서 오랫동안 함께 하시면서 동양철학 전공자로서 서양철학인 화이트헤드의 과정철학에 대한 관심도 꾸준히 지녀왔었고 관련 논문과 저술을 내오셨다. 몇 해 전에 나온 『주자학 신연구』(문사철, 2012)도 분명 그 결실 중 하나에 속할 것이다. 그 책에서도 성리학의 집대성자인 주희의 철학과 그리고 현대의 화이트헤드 과정철학과의 비교 연구의 노고가 깃들어 있다. 사실 필자의 경우 동양철학 전문가는 못되지만 그에 대한 관심은 늘 갖고 있었고 몇몇 동양철학 서적들도 인상 깊게 읽기도 했었다. 그러다가 지난 한 해 필자는 조금 더 깊이 있는 유교철학사에 대한 공부할 기회가 있었고 그 결과물로서 짤막한 논문 형식의 글을 쓴 바가 있었는데, 필자로서는 당연히 여러 교차검증 역시 필요한 터라 이동희 선생님께도 기탄없는 비평과 조언을 부탁드렸던 적이 있었다.

생각건대 그 일로 이동희 선생님과의 학문적 관심사와도 겹쳐지는 인연으로서 좀 더 나아가게 된 것이 아닌가 여겨진다. 다만 이동희 선생님의 입장은 화이트헤드 철학과 주자학〔성리학〕 간의 유사성에 좀 더 초점을 두고 있다면 필자의 입장은 화이트헤드 철학과 주자학〔성리학〕 간의 차이점에 좀 더 초점을 두려는 점이 서로 다른 학문적 방향이라고 할 수 있겠다. 물론 기본적으로는 양자 간의 유사점과 차이점도 같이 고려하고 있긴 하다. 단지 그 지향하는 바와 주된 초점의 방향이 그렇다는 얘기다. 그렇지만 전공자이신 이동희 선생님의 동양철학에 대한 깊은 이해에는 필자가 전혀 미치지 못하는 터라 솔직히 비교할 바도 전혀 못 된다.

따라서 현재로선 필자가 이 책에 대해 평가를 할 수는 없겠다. 하지만 그럼에도 기쁜 마음으로 추천의 글을 쓰는 데에는 화이트헤드 연구자로서 함께 나누고픈 한 가지가 있어서다. 최근 21세기 들어서도 유교철학의 현대성을 논하는 경우들이 많은데, 적어도 〈21세기 유학〉으로서의 현대성을 갖추려면, 송대 성리학 이후로도 지금에 이르기까지 시대를 거쳐 오면서 누적적으로 구축해놓은 인류 지성사의 위대한 성과들도 함께 반영될 수 있도록, 새로운 업데이트 역시 함께 있어야 할 것으로 본다. 필자는 바로 그 점에서 적어도 화이트헤드 과정철학과의 대화가 어느 정도 도움을 줄 수도 있지 않은가 싶은 거다.

화이트헤드가 철저히 망각되었던 20세기 지성사에 비하면 21세기 들어서는 전 세계적으로 화이트헤드 철학에 대한 연구와 관심이 널리 확장하고 있는데, 참으로 놀라운 사실 하나는 현재 화이트헤드 철학사상이 가장 빠른 속도로 보급되고 있는 곳이 다름 아닌 중국이라는 사실이다. 중국의 대학교 내에는 많은 과정사상 연구 센터들이 들어서고 있을 뿐만 아니라 특히 일찍부터 화이트헤드의 과정철학을 계승했던 존 캅(John B. Cobb)과 데이비드 그리핀(David Ray Griffin)의 과정사상 저서들도 중국 대학의 학생들에게 점차 필독서로도 자리할 만큼 고무적인 점이 있다(Douglas Todd, “China embraces Alfred North Whitehead”, *The Vancouver Sun* [December 10, 2008], 참조). 2018년과 2019년 두 해 연속으로 중국과 한국을 방문했던 존 캅 선생은 한국화이트헤드학회와의 만남 자리에서 중국 대학가의 과정사상 열풍을 직접 전해주기도 했었다.

지난해 존 캅과 함께 방한했던 왕쩌허(Wang Zhihe) 같은 사상가도 중국철학의 도(道, Tao) 개념과 화이트헤드 철학의 과정(process) 개념을 고찰하면서 〈화이트헤드의 과정사상에 대한 중국철학적 접근〉을 시도한 바가 있다. 게다가 그는 양자 간의 실질적인 학술 대화와 교류에 많은 공헌을 했을 만큼 실무적인 학자였다. 이처럼 화이트헤드의 철학과 동양철학과의 대화 교류 연구들이 현재에도 한껏 피어오르는 중임을 필히 강조해서 말씀드리고 싶다.

물론 이러한 해외 분위기를 아직 국내 학계가 실감하고 있진 않겠지만 그럼에도 국내 독자들이 이동희 선생님의 이 책을 통해 서양의 화이트헤드 철학과 조선조 성리학과의 교감에까지 이번에 재차 새롭게 논할 수 있게 되었다는 사실은 필자 개인에게도 고무적으로 다가오지만 이것은 앞으로의 국내 연구 전망도 더욱 밝게 해주는 것이라고 생각된다. 혹자는 이러한 작업에 대해 동서양 간의 단순 비교 논의로만 보거나 어쩌면 냉담하게만 대할지도 모르겠다. 하지만 학문의 모험들은 여러 방면으로 시도될 필요가 있을 만큼, 온갖 사유들의 실험의 장(場)이라는 점에서 이것이 또 다른 창조적 결실로 혹은 뜻밖의 새로운 출구와 활력을 창출해낼 수도 있는 것이다.

현시대는 이미 동서 융합의 정보 교류의 시대여서 다차원적 · 다문화적 · 다맥락적 비교 논의 자체를 진행 안 할 수가 없다. 무엇보다 이동희 선생님의 학문적 관심의 이력을 보더라도 알 수 있듯이 이미 1980년대—그때 당시엔 국내 화이트헤드 철학 연구 작업의 환경도 거의 갖춰지지 않았던 불모의 초창기 시절—에 아주 오래전부터 양자 간의 비교 연구 작업들을 꾸준히 해오셨다는 점에서 필자와 같은 연구자나 후학들에게도 좋은 계기와 자양분을 제공해주는 것이라고 생각한다.

필자로선 이동희 선생님의 『화이트헤드의 과정철학과 조선조 성리학』이라는 저작을 통해서도 다시금 동서철학 간의 다양한 정신들의 교차와 융합 그리고 새로운 창조적 발상의 모험까지도 함께 또한 풍요롭게 일어날 수 있기만을 보다 간절히 바라고 또 바라는 바다.

정강길(현재 한국화이트헤드학회 총무이사 · 몸학연구소 소장)

目次

제3부 | **퇴계 이황과 영남학파의 주자학**

제4부 | **율곡 이이와 기호학파의 주자학**

제5부 | **유기론과 유리론의 과정철학적 의미**

일러두기

- '리(理)' 는 '철학적 용어' 로 나올 때는 한글 표기의 경우 특별히 '리' 로 표기하였다.
- 주자, 퇴계 등 성리학자의 경우 이름 표기가 원칙이나 호나 존호를 쓰기도 하였다.
- 현대 중국인과 일본인의 경우 그 나라 말로 읽고, 한자를 병기하였다.
- 한문 원전의 출처 표기 '면(面)' 은 漢籍 판본의 판심면(版心面)이다.
- 번역서의 경우 원저자 다음에 일일이 '저' 라고 표시하지 않았다.
- 단행본은 『 』, 논문은 「 」, 기타는 〈 〉로 표시하였다.
- 인용 문헌 중 국내서 대부분이 출판지가 '서울' 이므로 표기를 생략하고, 서울 아닌 곳, 외국 도서의 경우만 출판지를 표시하였다.

제1부

주자학과 과정철학

1장

주자의 기(氣) 개념에 대하여

1. 서언

주자(朱子)의 형이상학인 리기론(理氣論)과 화이트헤드(A. N. Whitehead)의 과정철학(process philosophy)[1)]은 유사한 점이 많다. 그것은 두 사상이 기본적으로 우주(자연)를 유기체로 보기 때문이다. 물론 언어가 다르고 시대적 간격이 있어 그 학적 체계의 깊이와 용어에 있어 차이가 있지만, 유기체적 자연관이라는 점에서 사고양태상 공통점이 있다.

중국 과학사 연구가 죠셉 니-담(J. Needham)도 일찍이 송대 성리학의 우주관(자연관)이 유기체주의라고 하였고,[2)] 일본의 야마타(山田慶兒)도

---

1) 과정철학은 일명 '유기체철학(the philosophy of organism)' 이라고도 한다. 화이트헤드는 우주 자연의 배후에 어떤 '실체' 가 있다고 보지 않고, 우주 자연을 '현실적 존재' (actual entity)라는 우주 자연의 최종 구성단위가 구체화되는 끊임없는 과정, 곧 과정의 흐름이라고 본다. 이 현실적 존재는 이 흐름 속에서 다른 것과 맺게 되는 유기적 관계에 의해 구체화가 가능하다. 그러므로 흐름을 중심으로 보면 과정이고, 관계를 중심으로 보면 유기체가 된다. 그러므로 화이트헤드는 자신의 철학을 과정철학이라고도 하고 유기체철학이라고도 하였다. 동양사상, 특히 불교의 '인연생멸론' 과 흡사한 발상이다.

『주자의 자연학』에서 특히 주자의 기의 자연론을 '기의 유기체론' 이라고 표현하였다.[3] 과정신학 연구가 김경재 교수도 「과정사상과 성리학의 이기설」에서 성리학과 과정사상 모두 '자연철학' 또는 '생의 철학' 으로서 자연을 변화와 생성으로 파악하는 점에서 공통된다고 하였다.[4]

화이트헤드 자신 그의 주저인 『과정과 실재』에서 "유기체철학은 서아시아나 유럽의 사상보다는 인도나 중국의 사상적 기조에 더 가까운 것으로 생각된다. 후자 쪽에서는 과정을 궁극자로 보는데, 전자 쪽에서는 사실을 궁극자로 보고 있다."라고 하여 동양사상과 자기 사상의 유사함을 비교하고 있다.[5]

물론 두 사상 간에는 유기체주의로서는 근본적으로 그 사고양태가 같지만 또 다른 점도 있으므로 그 이동을 밝히기 위해서는 두 사상의 자세한 비교가 필요하다. 이러한 비교를 통하여 성리학의 여러 형이상학적 문제, 예를 들면 기본체론(氣本體論)과 리본체론(理本體論)과의 차이점, 리선기후(理先氣後), 리유동정(理有動靜), 리일분수(理一分殊), 리와 태극(太極)과의 관계, 리발기발(理發氣發) 문제 등을 분석할 수 있다. 두 사상 비교에서 우선 단순한 개념 비교를 한다면 기, 리, 태극이라는 개념과 현실적 존재(actual entity)[6], 영원적 대상(eternal object), 신(God)이라는 개념이 대비될

---

2) 죠셉 니-담 저, 이석호(외) 역, 『중국의 과학과 문명』 2 (을유문화사, 1986), p.404, 419, 462 및 동서 3 (1988), pp.169-189, 204-217, 298-299 등 참조.

3) 山田慶兒 저, 김석근 역, 『朱子의 自然學』(통나무, 1992), pp.128-129.

4) 김 경재, 「과정사상과 성리학의 이기설」, 『기독교사상』 356호(1988), p.109.

5) 화이트헤드 저, 오영환 역, 『과정과 실재』(민음사, 1991), p.56. 이하 『과정과 실재』로 약함.

6) '엑츄얼 엔티티' 의 번역어로는 '현실적 존재' (오영환 『과정과 실재』), '현실존재', '사실체', '현실체', '현실질(現實質)', '현실적 존재자' 등을 쓰고 있다. 山本誠作은 영어 그대로 음역하여 쓰고 있다. 강성도 교수는 번역어로 '현실적 존재' 라는 말은 적절하지 않은데, 그것은 화이트헤드가 '실체' (substance)뿐만 아니라 '존재' (being)라는 개념도 거부하기 때문이라고 하고, 자기는 '한순간의 있음' 이라는 것이 더 적절한 번

수 있는데, 여기서는 주자의 '기(氣)' 와 과정철학의 '현실적 존재' 를 중심으로 비교, 분석해보고자 한다.

기와 현실적 존재는 첫째 정신적인 것, 물질적인 것 구분 없이 우주만유를 생성 변화시키는 최종적인 '기본 구성체', '기본 존재'[7]라는 점에서 같은데, 이때 물심미분적(物心未分的)인 기는 현실적 존재가 물적 극(物的 極; physical pole)과 심적 극(心的極; mental pole)을 함께 가진 '양극적(兩極的)' 인 것과 같이 정신적인 속성과 물질적인 속성을 함께 가진(즉 미분적인) 기본 존재이다. 둘째, 양자 모두 데카르트적인 '실체' (substance)가 아니며 자체 운동인을 갖고 있다는 점에서 같다. 이때 기는 일동일정(一動一靜)과 분음분양(分陰分陽)의 운동 성격에서 볼 때 현실적 존재와 같은 '시공연속체' (space-time continuum)[8]적 성격을 갖고 있다. 그리고 셋째, 기의 우주론에서 기의 청·탁·수·박(淸·濁·粹·駁)으로 유기물 무기물 구분 없이 우주만유의 다양성을 설명하는 방식과 과정철학에서 유기물 무기물 사이에 질적인 차이를 두지 않는 점이 같다. 아울러 주자의 자연법사상과 과정철학의 세계 악에 대한 관점 또한 비교된다. 이러한 몇 가지 점에서 주자의 기의 개념과 과정철학의 현실적 존재는 매우 유사하다고 할 수 있다.

역어가 될 것이라고 하였다. 강성도, 『화이트헤드의 과정철학 입문』(조명문화사, 1992), p. 52. 그러므로 현실적 존재라고 하더라도 강성도의 의미도 참조해 주기 바란다.

7) 사실 '존재' 라는 말도 적절한 말은 아니나, '질료' 보다는 낫기 때문에 그렇게 썼다. 화이트헤드도 '존재' 라는 말을 기피하기 때문에 '현실적 존재' 라는 말을 만든 것이다.

8) 『과정과 실재』, p.156. 혹은 '시공통일체' (spatio-temporal unity)라고도 한다. 山本誠作, 『ホウイトヘッドの 宗教哲學』(京都: 行路社, 1987), p. 12.

2. 주자의 기 개념

기라는 개념은 중국 사상사에서 다양하게 쓰였다.[9] 그만큼 기라는 개념은 복잡하고, 따라서 설명하기 어렵다. 대체로 중국 전통의 기 개념은 중국 고대 우주론의 형성과 깊이 연관되어 있다. 그러므로 기 개념에는 '물질적 질료' 라는 의미가 기본 성격을 이루고 있다. 그것은 우선 기로써 우주만유(우주의 모든 존재물)의 생성과 존재를 설명하려 하였으므로 '물질적 기체(基体; 기본 구성체)' 라는 질료적 의미가 가장 기본이 될 수밖에 없었기 때문이다.

그러나 송대에 와서 기 개념은 위와 같은 중국 전통의 우주론적 기 개념을 계승하면서도 리라는 개념과 함께 형이상학적 개념으로 더 중요하게 사용되었다. 그리하여 주자의 리기론이라는 형이상학에서는 기 개념이 단순히 '물질적 기체' 로서만이 아니라, 우주만유의 생성과 변화, 만유간의 기에 의한 상호 관련과 영향, 또 만유의 생성변화에서의 리와의 공동역할 등, 기의 유기체 우주론을 설명하는 형이상학적 개념, 즉 '존재의 기본(단위)' 로서 쓰이기 시작하였다.

한편으로는 음양과 오행을 연관 지어 설명, 기의 '질료적 분화' 를 더욱 자세히 설명함으로써 기 개념은 물질적 기체라는 면에서도 더욱 의미가 확대되었다. 이 '음양오행론' 은 그 후 중국사상사에서 '존재(생성)의 원리' 라고 할 정도로 일반화 되었다.

주자의 형이상학에서 기의 성격은 대략 다음 세 가지로 요약된다.

(1) 천지간에 충만하여 우주만유를 생성 변화시키는 가장 '기본적인 존재' 이며, 물심미분적이다.

9) 小野澤精一(외), 『氣の思想』(東京: 東京大學出版會, 昭和53), 張立文 주편, 김교빈(외) 역, 『氣의 철학』(상 · 하), (예문지, 1992) 등 참조.

(2) 기는 '운동인' 을 그 자체에 본질적으로 갖고 있다.

(3) 기는 본질상 청 · 탁 · 수 · 박(淸濁粹駁)의 차이가 있고, 이 차이(편차)에 의해 만물의 다양성이 생겨나는데, 그것은 유기물 무기물 구분 없이 그러하다.

그리하여 기는 정신적인 것, 물질적인 것 모두를 구성하는 최종적인 구성 단위체, 즉 '기본 존재' 이면서 우주의 유기체적 생성 변화의 가장 현실적이고 근본적인 '현실적 계기' (actual occasion)라고 할 수 있다.

이제 이 세 가지 성격을 중심으로 차례로 주자의 기의 개념에 대해 상술하기로 한다.

(1) 주자는 "천지간에 기 아닌 것이 없다." 라고 하였다.[10] 주자의 이 말과 같이 우주에 충만하여 모든 사물 속에 침투해 있으면서 인간과 만물을 생성 존재하게 하는 것이 기이다. 가벼운 것은 공기에서부터 단단한 것은 돌이나 쇠붙이에 이르기까지 기는 어디에도 침투해 있다고 한다.[11] 또 주자는 "사물의 형체는 기에 의해 생겨난다." 라고 하여[12] 기가 인간과 사물을 구성하는 '질료' 라는 듯이 말하고 있다. 그러나 뒤에서도 보겠지만 주자의 기는 사물의 (물질적) 형체만 구성하는 것이 아니므로 결국 기는 만유를 생성 변화시키는 기본 존재(단위)라고 할 수 있다. 그리하여 인간과 우주는 이 기 때문에 서로 통하고 우주는 기의 교류 장소가 되는 것이다.

주자는 정신, 사고, 이해, 용기, 도덕 등과 같은 비물질적인 현상들도 기에 의해 설명한다. 즉 기의 순수, 맑음, 굳음, 균형 등과 같은 물질적 성질로써 설명한다. 예를 들면 양심은 맑은 기로부터 자라는 반면, 기가 흐리면 인간은 도덕성을 잃는다고 한다.[13] 정신적인 작용 중에서도 특이한

---

10) 『朱子語類』(북경: 중화서국, 1986), 권3, p.34. 이하 『朱子語類』는 『語類』라 약함.

11) 동서, 권52, p.1254.

12) 동서, 권1, p.7.

영적 감응도 이 기의 감응으로 설명한다. 그것이 유교에서 제사를 지내는 근거가 되는 소위 제사감격설(祭祀感格說)인데, 이는 제사 지내는 자손의 기와 이미 죽은 조상의 기 사이에 어떤 감통(感通)이 있기 때문에 제사가 가능하다는 것이다.[14] 이와 같이 정신적인 것과 물질적인 것을 구별하지 않고 설명한다면 일견 유물론적인 설명 같지만 이는 일종의 '심신일체론' 이라고 할 수 있다. 심신일체론이 유기체론이기 때문에 이러한 설명이 가능한 것이다.

그러나 주자가 데카르트적인 물질-정신 이분법에 따라 두 세계를 분리한다든가 '정신은 물질의 반영' 이라는 식으로 보는 것은 아니다. 호연지기(浩然之氣)를 예로 들어 말하면, 그 기가 혈기와 다른 기가 아니지만, 인간의 도덕심이 가해지면 혈기가 호연지기로 바뀔 수 있다는 설인데, 이것이 주자의 인간학에서는 인간의 도덕적 수양에 의해 육체적 기질을 바꾼다는 소위 '수양론' 으로 나타난다. 그 취지는 기에 의해 인간의 도덕적 정신적인 면까지 영향을 받지만, 그 반대도 가능하다는 것이다. 그러므로 주자 사상은 일면 유물론적이지만, 일면 정신주의이기도 한 것이다. 그러므로 결론적으로 말하면 기를 물질적인 구성체의 면만 치중해서 보면 기가 인간의 정신까지도 구성한다고 하여 그 사상이 매우 유물론적인 것 같지만, 인간의 정신을 구성하는 기는 처음부터 물질적인 성격을 가진 동시에 정신적인 성격을 겸하였다고 볼 수 있다.[15]

김영식 교수는 주자의 기에 대해 말하기를 "주희에게는 물질과 생명 또는 물질과 정신 사이의 불연속이란 존재하지 않는다. …… 그가 물리적, 생리적, 정신적 현상들 사이의 차이를 인식했다면 그것은 종류의 차

13) 동서, 권4, p.80.

14) 동서, 권3, p.37.

15) 森三樹三郞 저, 임병덕 역, 『중국사상사』(온누리, 1986), p.211.

이가 아니라 정도의 차이일 뿐이다. 이러한 상이한 현상들을 일으키는 기의 성질들과 활동들은 물론 상이하다. 그러나 그러한 차이는 다른 종류의 기로부터나 또는 기의 성질과 작용에서의 불연속적인 차이로부터 생겨나지 않는다."라고 하였다.[16)]

화이트헤드 역시 실재의 궁극 단위를 '현실적 존재' 또는 '현실적 계기' (actual occasion)라고 하여 이 현실적 존재를 떠나서는 아무것도 존재하지 않고, 이 현실적 존재를 넘어서 보다 더 실재적인 것을 찾으려 해도 소용없다고 한다.[17)] 신, 한 줌의 재, 신을 만나는 사건, 먼지를 보는 인식 경험, 어느 것이나 중요성이나 기능의 차이는 있어도 모두 이 현실적 존재의 구체화이다.[18)] 즉 화이트헤드에 의하면 이 현실적 존재가 세계 및 인간을 구성하는 가장 기본적인 단위이다.[19)] 그러므로 과정철학에서 유기물, 무기물 사이에 질적인 차이를 인정하지 않고 모든 것을 현실적 존재의 흐름으로 '통일적으로' 보려 한다. 이 점은 주자 사상에서 기에 의해 인간과 무생물을 구별 없이 동등하게 보려는 것과 상통한다.

유기체로서의 현실적 존재는 환경적 세계에 의해서 한정되면서 그 자신의 원자적 개체성을 실현해간다. 그러므로 현실적 존재는 기계론적이면서 동시에 목적론적이다. 화이트헤드가 현실적 존재를 양극적(兩極的), 즉 '자연적 극' (physical pole)과 '정신적 극' (mental pole)을 겸유하고 있다고 주장하는[20)] 이유가 여기에 있다. 물심미분적인 기와 양극적인 현실적 존재의 유사성을 여기서도 볼 수 있다.

이상을 요약하면 기는 현실적 존재에 비해 원자적이며 실체적인 물질

16) 김영식, 『중국전통문화와 과학』(창작사, 1986), p.176.
17) 『과정과 실재』, p.73.
18) 동상.
19) 동상.
20) 『과정과 실재』, p.433.

적 기체의 성격이 있는 것 같지만, 실은 그것은 물질적 측면에서만 본 것이고, '현실적 존재' 와 같은 성격의 것임이 분명하다.

(2) 기는 그 자체 운동인을 갖고 우주의 생성 변화를 일으킨다. 이 때 그 운동인의 자체 본유성을 말할 때 성리학에서는 율곡의 말을 빌려 표현하면, '그 기틀이 본래 그러하다'〔其機自爾〕라고 말한다.[21] 그리고 그 운동 양상을 말할 때 '음양동정(陰陽動靜)' 이라고 한다. 한번 음 되고 한번 양 되는 것은 일종의 '리듬' 이다. 승강부침(올라가고 내려가고 뜨고 가라앉고), 진퇴소장(나아가고 물러가고 없어지고 자라나고) 모두 음양이요 리듬이다. 이러한 승강부침, 진퇴소장의 리듬이란 바로 기의 '운동' 이다. 이때의 기의 '음양' 이란 기의 운동을 나타내는 것이므로 음양을 '일기(一氣)의 두 측면' 이라고 보게 되는데, 이것을 주자는 "음양을 하나로 보아도 된다." 라고 하였다.[22]

한편 주자는 또 이러한 기의 운동으로 만유가 생성되어 형태를 갖출 때는 두 부류의 사물, 즉 '음적인 것' 과 '양적인 것' 이 생겨난다고 하고, 이러한 '대립물' 이 상호 작용하여 생성 변화가 이루어진다고 한다. 이러한 사물로서의 두 대립물은 소위 보통 '자웅' '남녀' '천지' 따위로 상징적으로 표현된다.

이때는 일기가 '음기' '양기' 로 분화되는 것을 말하는 것인데, 주자는 "이 때는 음양을 둘로 보아도 된다."라고 한다.[23] 그러나 음기 · 양기 두 사물로서의 작용은 기의 본질적인 내재적 운동인을 음양동정이라 하여 두 대립 면으로 나타내었으므로 결국 '대립의 통일' 이라는 면에서 같은 것이다. 음기 · 양기의 구체적인 사물 속에 음 · 양의 운동이 있으므로 결

---

21) 『栗谷全書』 권10. 이 외에도 여러 표현이 있다.

22) 『어류』 권65, p.1602.

23) 동상.

국 음 중에 양이 있고, 양 중에 음이 있는 것이 된다. 『태극도설』에서 음양이 교차되고 있는 그림 및 「일동일정이 서로 그 뿌리가 된다」는 설명이 바로 그것이다. 이것은 음기 · 양기가 고정된 실체가 아니라 상호 유기적으로 관련되면서 변화하고 있다는 의미다. 이것을 과정철학적으로 말하면 기의 음양동정이라는 (운동의) 흐름(리듬)을 중심으로 보면 (기의 운동의) '과정'이 되고, 음기 · 양기의 관계를 중심으로 보면 (기의) '유기체'가 되는 것이다.

과정철학과 비교해서 또 생각해 볼 수 있는 것은 기의 '음양동정'은 시간적 리듬이므로 '시간성'을 말하는 것으로 볼 수 있고, '음기 · 양기' 분화 대립은 공간적 위치 정립으로 '공간성'을 말하는 것으로 생각해 볼 수 있다.[24]

야스다(安田二郞)는 "기가 원자적인 물질은 아니고, 가스 모양, 기체(氣體) 모양의 물질이다. …… 존재의 전체는 연속되는 일자(一者)이고, 비연속적으로 보이는 유형의 존재는 이러한 연속체에서 생기는 응고와 같은 것이다." 라고 하여 기와 존재와의 연속성을 말하였다.[25] 기와 존재와의 연속은 그 중간 과정인 음양-오행-만물 사이도 물론 연속적이라는 말이다.

야스다의 설명에서 오늘날 물리학에서 말하는 소위 '물질-에너지 상호 전환성'을 연상시키는데, 현대 물리학(양자역학)에 의하면 "에너지가 다량으로 집중하고 있는 장소가 물체이고 집중이 적은 곳이 場이다."라고 말하고 있다.[26] 이러한 시각에서 보면 氣는 '물질-에너지'의 양면성을

---

24) 友枝龍太郞, 『朱子の思想形成』(東京: 春秋社, 1969), pp.200-1.

25) 安田二郞, 『中國近世思想硏究』(東京: 筑摩書房, 1976), p.37.

26) 김용정, 「상보성에 관한 인식론적 고찰」, 『제3의 철학』(사사연, 1988), p.217, pp.270-1. 및 B. E. 루드니크 지음, 박일태 옮김, 『알기쉬운 양자역학』 (나라사랑, 1988), pp.232-8.

가진 것임을 알 수 있다.

음양과 오행의 관계에서 음양 두 기가 오행의 질(質; 기의 구체화)을 형성하는데, 이때 오행은 상생상극(변화)이라는 방식으로 그 기가 움직이고 있고, 그러면서 이 오행의 기는 음양 두 기와 다른 것은 아니라 하므로(즉 오행은 하나의 음양) 결국 음양 두 기가 오행을 움직이고 있다는 것이 된다. 그러므로 "음양 외에 오행이 별도로 있는 것이 아니다."라고 하여[27] 음양-오행의 연속을 말하고 있다.

한편 야마타는 야스다의 기와 만물의 연속성을 인정하면서도 주자의 '자연학'을 설명하면서 일기-음양-오행-만물의 시간적, 생성론적 단계를 인정하지 않을 수 없다고 하였다.[28] 이것은 야마타의 입장이 주자의 자연학이라는 기의 물질적 작용면에 중점을 둔 고찰이었기 때문에 아무래도 물질적 단계를 말하지 않을 수 없었던 것이 아닌가 생각된다. 이처럼 주자의 형이상학에서 기와 만물은 시간적 생성론적 단계에서는 불연속적이라고 보아야 할 것이다. 그러나 최종 구성 단위체로서 기를 상정하고, 또 기본적으로 유기체 우주론이라면 기와 만물은 또 연속된다고 보아야 할 것이다. 그러므로 기와 만물은 연속적이면서도 불연속적이라고 할 수 있다. 이때 기의 불연속성은 '현실적 존재'의 '원자론적 개체성'에 비교된다고 할 수 있다.

야스다와 야마타의 견해를 종합해 보면 결국 기의 시간적 운동성에서 보면 기와 만물이 연속되고, 기의 공간적 위치 정립에서 보면 기와 만물이 불연속적이 된다. 그러므로 기의 본모습은 '시간성'과 '공간성'이라는 양면성을 갖고 있는 '시공연속체'(space-time continuum)라고 보는 것이 타당하다. 『태극도설』에서 "일동일정(一動一靜)이 서로 그 뿌리가 된

---

27) 『어류』, 권1, p.8.

28) 山田, 전게서, pp.101-2 및 pp.117-9.

다.”라고 한 것은 음정양동의 시간적 유행(운동의 흐름)을 말한 것이고, “陰으로 나누어지고 陽으로 나누어져 양의(兩儀; 상대의 한 짝)가 선다.”라고 한 것은 일정한 공간을 차지하는 것을 말한다. 형이하의 세계는 이러한 ‘시공간’의 제약 아래 있다는 것을 말한다. 이것은 ‘현실적 존재’가 현대 물리학의 양자(量子)에 대응하는 ‘시공연속체’라는 점과 비교된다.

여하튼 주자의 기는 자체 본질적으로 운동성을 갖고 있고, 그 때문에 이 우주에는 존재 아닌 때가 없었으며, 음양동정 아닌 때가 없었다는 것이다. 이것을 주자는 ‘동정무단, 음양무시(動靜無端, 陰陽無始)’라고 하였다.[29] 이러한 기의 운동은 구체적으로 모였다 흩어지는 소위 ‘취산’의 형태로 나타나 만유를 생성 변화시킨다. 중국 사상에서 흔히 기를 말할 때 물질적 기체라는 의미 외에 ‘생명력’, ‘생명의 근원’이라는 의미를 말하는 것도 이 에너지 측면에서 말한 것으로 볼 수 있다. 이런 것은 기 개념에서 물질-에너지 상호 전환의 원리가 적용됨을 말하여 주는 것이라 볼 때 기를 시공연속체로 볼 수 있다.

(3) 기는 그 본질상 청·탁·수·박의 차이가 있다. 전체적으로 하나의 기이지만 구체적으로는 작용의 정도가 상이한 종류의 기가 나타나는 셈이다. 그러나 청 탁 수 박의 기가 불연속적인 것은 아니다. 즉 전연 다른 종류의 기가 아니라 기의 희박화와 농후화(즉 짙음과 엷음)의 ‘정도’의 차이가 있는 것이다. 그리고 기의 운동은 원초적으로 없는 때가 없다. 그러므로 이러한 기의 운동에는 필연적으로 ‘편차’가 생기고, 이러한 편차가 결국 만유의 다양성을 결정한다는 것이다. 인간의 현·불초, 부귀·빈천, 수명, 도덕성 정도 등이 다 그 사람의 육체적 정신적 기질, 즉 기의 청탁 정도에 관련된다. 청 탁 수 박의 편차는 기의 희박화와 농후화의 또 다른

29) 『太極圖說解』.

표현이다.

조선의 성리학자 율곡이 서화담을 비판하면서 "(화담은) 담일청허(湛一淸虛)의 기는 없는 경우가 많다는 것을 모른다."라고 한 것[30]이 이를 잘 말해 준다. 서화담은 유기론자(唯氣論者)로서 담일청허한 본원의 기는 불멸이라고 보았는데, 율곡은 리통기국론자(理通氣局論者)로서 화담의 이러한 설을 비판하기를 "화담은 일기가 영원히 있다〔一氣長存〕고 생각하는데, 이는 기의 생생불식(生生不息)의 원리에 어긋날 뿐만 아니라 기를 리로 보는 병폐를 낳게 된다."라고 하였다.[31] 이러한 논쟁의 핵심도 결국 기는 음양동정 아닌 때가 없었으므로 청 · 탁 · 수 · 박이 있고 편차가 있다는 것이다. 우주만유의 유기물 무기물의 구분은 물론, 같은 종 내에서의 다양성이 모두 이 기의 이러한 성질에서 연유한다고 보는 것이다. 화이트헤드의 과정철학에서 유기물 무기물 사이에 질적인 차이를 인정하지 않고 다만 정도의 차이만 인정할 뿐 모두 현실적 존재의 사회(society)로 보는 것과 같은 설명이다.

또 이것은 '세계 악'의 문제와도 연관된다. 주자는 "천리(天理)의 변화〔生生〕가 무궁한 것은 일음일양의 변화가 무궁한 데서 비롯되는데, 이러한 생생의 변화를 계속하는 것은 선이고 천리인데, 왜 이 세계에는 악이 있습니까?"라는 질문에 대해 "리기가 대립하면서 상생상극하는데, 서로 조화를 이룰 때도 있고 어긋날 때도 있으며, 무난할 때나 기울여질 때도 있다. 여기에서 자연히 선 · 악이 있다. 그러므로 기를 받은 것은 어느 것이나 선 · 악이 있다는 것이 왜 이상한가? 물론 그 근본을 말하면 선하다. 맹자의 성선설은 그 근본 선을 두고 한 말이다."라고 하였다.[32]

---

30) 『율곡전서』 권10, 37면, 「답성호원」.

31) 동서, 권9, 18면, 「답박화숙」.

32) 『어류』 권4, p.69.

또 주자는 "기는 비록 리가 낳은 것이지만, 이미 생긴 뒤에는 리가 기를 관할할 수 없다. 그리하여 리가 기에 의존되면 모든 작용이 이 기에 의한다. 그러므로 이때 기는 강하고 리는 약하다."라고 하였다.[33] 이것은 기의 편차에 의한 현실성을 말한 것으로 이 세계의 악은 그 근원이 이 기에 있음을 말한 것이다.

천리가 선한데 왜 세계에 악이 있느냐 하는 문제는 화이트헤드 철학에 뿌리를 둔 과정신학이나 화이트헤드의 종교철학에서도 깊이 있게 다루는 문제이다. 과정신학의 입장은 이러한 것이다.

전통 신학의 딜레마는 선하신 하나님의 선하신 창조로 이루어진 세계 속에 악이 실제로 경험된다는 사실이었다.[34] 그러나 과정신학은 신과 세계의 관계를 재정립하여 신의 힘을 전능이나 무변화로 보지 않고, '설득적' 이고 '보편적' , '창조적' 인 영향력이라 보고자 한다.[35] 그러므로 과정신학에서는 악의 실재성을 부정하지는 않지만, 창조적 변혁과 조화를 통하여 보다 큰 선과 조화하면서 가치를 이루어나가는 것이 중요하다고 본다.[36] 결국 악의 실재성은 받아들이되 그것이 궁극적이나 최종적이라 보지 않고 더욱 큰 선을 창조하려 한다.

주자에 있어서도 마찬가지로 그의 자연법사상이 말해주는 바와 같이 세계 악의 문제에 대해 매우 낙관적으로 본다. 즉 악은 불완전한 선이며 선의 결핍태이다. 우주 자연 자체가 천리(또는 仁)라는 합목적성에 의해 생생불식하고 있기 때문에 악은 소멸되는 '과정' 에 있다. 그러므로 천리 자체는 선한 것이며 생생불식하는 우주의 뜻 자체가 또한 仁(天地生物之心;

---

33) 동상.

34) 강성도, 전게서, p.155. 참조.

35) 강성도, 전게서, p.155에서 재인용. 이는 죤 캅의 설인데, 더 자세한 것은 Jone Cobb, 『God and the World』(The Westminster, 1969), p.115. 참조.

36) 화이트헤드 저, 류기종 역, 『화이트헤드의 종교론』(종로서적, 1986), pp.74-6.

만물을 낳는 어진 마음)으로서 선하다. 그렇다고 주자가 기의 현실성을 인정하지 않으려 하는 것은 아니다. 그는 오히려 다른 누구보다 더 기의 편차를 직시하려 한다. 그가 격물궁리(格物窮理)의 '수양론'을 강조하는 것도 그런 취지다. 이상에서 본 바와 같이 기의 편차와 세계 악의 문제에서도 주자 사상과 과정신학이나 화이트헤드의 종교철학은 매우 비슷한 생각을 하고 있다.

3. 과정철학의 '현실적 존재'

일본의 화이트헤드 사상 연구가 야마모토(山本誠作)는『화이트헤드의 종교철학』에서 '엑츄얼 엔티티', 즉 '현실적 존재'를 설명하기 위해 에딩턴의『물리학적 세계의 자연』의 맨 처음에 실려 있는 '두 개의 테이블'이라는 예화를 인용하고 있다.[37] 그 내용은 이런 것이다.

우리 머리에는 두 개의 테이블이 들어 있는데, 하나는 우리가 통상적으로 경험하고 이용하는 것으로 통일적이며 실체적인 것이고, 다른 하나는 물리적 대상으로서의 '과학적 테이블'이다. 과학적 테이블은 많은 부분이 공허하다. 그 공허 가운데서 여기저기 흩어져 있는 많은 전하(電荷)가 큰 스피드로 회전하고 있다. 결국 과학적 테이블은 플러스 전하를 띤 양자(陽子)와 원자핵의 주위를 대단한 스피드로 회전하는 마이너스 전하를 띤 전자의 운동으로 환원되어 버린다.

인간이든 다른 여러 사물이든 존재하는 모든 사물을 이러한 과학적 테이블처럼 구성 요소로서의 원자에 환원시키고, 원자에서 다시 양자, 중성

37) 山本誠作, 전게서, pp.3-4.

자, 전자라고 하는 미립자로 환원시킨다면 어떻게 되겠는가? 현대 물리학은 물질 구성의 최소 요소가 '미립자' 임을 밝히고 있다.

화이트헤드의 과정철학에서 핵심적 개념인 '현실적 존재' 라는 개념은 현대 물리학적 세계상에 있어서의 전자나 양자로 부르는 '미립자' 에 대응하고 있다. 즉 물리학적 제 사실에 적용 가능한 관념에 대응하는 철학적 개념이 현실적 존재이다.

오영환 교수는 "현실적 존재는 현대 물리학의 시공연속체의 장(場; field)의 개념을 형이상학적으로 일반화시킨 개념이다. 물질, 분자, 원자, 전자 등은 장의 여러 양상이다."라고 설명한다.[38]

화이트헤드는 "현실적인 존재를 떠나서는 어떤 것도 존재하지 않는다."라고 한다.[39] 여기서 '현실적' 이라는 것은 그것을 넘어서는 어떤 다른 존재도 없다는 뜻이고, 완전한 의미에서 존재하는 현실적인 사물을 표현하기 위하여 '사물' (thing) 대신 '존재자' (entity)라는 용어를 사용한 것이다. 화이트헤드는 물리학으로부터 도출한 이러한 관념을 '상상에 의한 합리화의 방법' 을 통해 일반화하여 모든 사물에 적용 가능한 유적 개념(類的概念)을 얻으려고 하였으므로 이 현실적 존재라는 개념은 일반화를 통한 '형이상학적 개념' 이다.[40] 성리학이나 주자에 있어서의 '기' 라는 개념도 역시 이러한 일반화를 거친, 일반화된 '형이상학적 개념' 이라고 할 수 있다.

생명 현상을 다루는 생물학에서 세포는 물리학의 전자나 양자의 위치와 같다. 그런데 세포는 과학적 분석을 하면 결국 분자로, 분자는 원자로,

---

38) 오영환, 「화이트헤드의 "유기체의 철학"」, 김상일 (외)편, 『과정철학과 과정신학』(전망사, 1988), p.25.

39) 『과정과 실재』, p.73.

40) 동서, p.53.

원자는 양자나 전자로 환원된다. 그러므로 물질을 구성하는 최소단위로서의 양자와 전자에 대응된 현실적 존재는 그것이 도출된 한정된 범위를 초월하여 모든 사실에 적용 가능한 유적(類的) 개념으로서 사변철학을 구성하는 데 적합한 개념이 되는 것이다.

이 경우 인간의 경험은 어떻게 설명되는가? 화이트헤드에 의하면 인간의 의식적인 정신활동을 포함하여 '경험의 기회'는 자연현상을 구성하는 여러 가지 일 중의 하나의 극단적인 사례에 지나지 않고, 양자 간에 질적인 차이는 인정될 수 없다는 것이다.[41] 사실 자연과학이 문제로 삼는 에너지의 흐름과 인간의 경험 사이에는 유비관계가 있는 것이다.[42] 이와 같이 과정철학에서는 무기물과 유기물 사이의 질적인 차이는 인정하지 않는다. 무기물을 구성하는 원초적 요소는 '에너지의 진동적 흐름의 조직화된 체계'라고 한다.[43] 거기에는 하나의 입자에서 다른 입자로의 이행은 단순히 과거 패턴의 재연의 반복에 지나지 않고 창조성의 정도는 극소(거의 제로)에 가깝다. 그러나 정신성(현실체의 心的極)이 전무하다고 말할 수는 없다. 미분화된 채로 그대로 지속하는 물질이 함유하고 있는 기저적 유기체와 인간의 의식적 경험이 함유하고 있는 보다 고차의 유기체 사이에는 질적인 차이는 없고 다만 정도의 상위만 있을 뿐이다.[44] 유기물 무기물 모두 현실체의 사회(society)로서 성립하는 것이다. 주자 역시 기에 의해 인간의 지각, 사고, 기억, 판단 등 모든 정신 작용을 설명하고 있음은 앞에서 말한 대로이다.

---

41) 『과정과 실재』 pp. 100-102. 류기종, 「화이트헤드의 과정사상과 율곡의 이기론」, 김경일 (외)편, 전게서, pp. 81-83, 88-89.

42) 山本, 전게서, p.17.

43) 화이트헤드 저, 오영환 역, 『과학과 근대세계』(서광사, 1991), p. 58. 이하 『과학과 근대세계』로 약칭.

44) 『과정과 실재』, p.100-102.

현대 물리학에 의하면 물질은 결국 공허한 공간에서의 미립자의 운동으로 귀착된다. 물질의 이와 같은 현미경적 구조는 현대 물리학에서 양자론이라는 체계로서 파악하려 한다. 이 이론에 따르면 물질은 에너지와 호환 관계에 있는 것이다.

그런데 물질이 빛이나 열이라고 하는 에너지와 상호 대입된다고 할 때 공간에 있어서 에너지의 흐름은 어떤 구조를 갖는가? 열을 받은 물체에서 나오는 복사(輻射) 에너지는 연속적인 흐름으로서 방출되는 것이 아니고, 양자(量子)라고 불리는 불연속적인 미립자의 형태로 방출된다. 이 불연속성은 이 미립자의 '원자성' (atomicity)이다. 빛의 경우도 연속성과 원자성(불연속성)이라는 일견 상반되는 두 성격을 가진 광양자(光量子)로써 구성되어 있다. 그러므로 통상 우리는 빛이 '입자' 와 '파동' 의 양면성이 있다고 한다.

이와 같이 물질과 호환적인 에너지는 양자로서 공간에서 전해지는데, 양자의 이와 같은 연속적이며 동시에 원자적인 운동 모양을 화이트헤드는 다음과 같이 비유하고 있다.

도로를 1시간에 시속 50km의 평균 속도로 달리고 있는 자동차가 도로를 연속적으로 통과하는 것이 아니고, 차례로 이정표에서 2분간씩 멈추는 것과 같다고 한다.[45] 여기에 화이트헤드 특유의 시간론이 있다. 그는 이것을 '애포크' (epoch)적 시간이라고 부르는데, 우리는 통상 이것을 '한 순간' (instant)이라고 부른다. 화이트헤드는 이것을 균질적인 시간의 최소 단위인 과거-현재-미래에 걸친 직선적인 계기로서 성립하는 물리적 시간과 구별하고 있다. 애포크는 원래 '정지' 라는 의미다. 양자는 이와 같이 애포크적 시간에 있어서만이 성립한다는 데 주의할 필요가 있다.[46]

---

45) 『과학과 근대세계』, p.63.

46) 동서, pp.190-191.

이와 같이 보면 지속되고 있는 물질도 결국 빛이나 소리와 같이 근저에 가로 놓여 있는 에너지라든가 활동성의 진동적(振動的)인 조류(潮流)의 간만(干滿)이라고 할 수밖에 없다.[47] 이러한 에너지의 흐름은 연속적이면서 불연속적이고, 시간적이면서 동시에 공간적인 양자로 구성되어 있는 것이다. 따라서 양자는 '시공적인 통일체', 즉 '시공연속체'라고 할 수 있다. 현실적 존재는 이 시공연속체로서의 양자에 대응되는 성격을 갖고 있는 것이다.

강성도 교수는 이를 설명하기를 "과정은 끊이지 않고 계속 이어짐이 아니라, 비시간적인 '경험의 방울'로 이해할 수 있는 원자적인 사건(atomic event)이다. 현실적 존재의 특성은 '한순간'에 잠시 있다가 사라지고 또 다른 '순간의 있음' 안에 참여하게 되는 부단한 과정이다. 끊임없이 이어지는 과정이 아니라 순간적인 과정이 부단히 이어지는 것이다. 끊임없이 이어진 직선이 아니라 점과 점이 마치 이어진 듯이 부단히 이어진 것으로 그린 선이다."라고 한다.[48]

현실체의 연속적 이행은 마치 진동이 하나의 파도에서 다른 파도로 연속적으로 이행해 가는 것과 같다. 그리고 그사이에는 시간의 정지에 있어서 원자적 개체성을 실현하는 것이다. 그러나 이 애포크적 시간은 지속을 벗어나지 않는다. 그러므로 이때의 지속은 시간의 폭을 갖는 것이다.[49] 다시 말하면 순간적인 과정의 부단히 이어짐이다. 현실적 존재는 원자적 개체성을 실현해 가면서 미래로 이행해 간다. 현실적 존재가 이와 같이 시간적 폭을 갖는 한 시공적이라 하지 않을 수 없다. 그러므로 양자에 대응되는 현실적 존재 역시 '시공연속체'라고 하는 것이다.

47) 동서, p.64.

48) 강성도, 전게서, p.36.

49) 『과정과 실재』, p.158.

앞에서 기를 말하면서 "일음일양이 서로 그 뿌리가 된다."라고 한 것은 기의 시간성, "음으로 나누어지고 양으로 나누어져 양의가 선다."라고 한 것은 기의 공간성을 말한다고 하였는데, 기의 이러한 성격은 현실적 존재와 매우 유사하다.

생물학이 세포를 유기체로 보고, 물리학에서도 미립자를 유기체로 보듯이 화이트헤드 역시 현실적 존재를 유기체로 본다. 유기체라고 하면 그것은 살아있는 하나의 전체로서 그 환경적 세계에 있어서 다른 모든 것과 관계를 맺으며 그 자신의 원자적 개체성을 실현하는 것이다. 그런 의미에서 현실적 존재를 '관계'(현실적 존재 간의 유기적 관계)에서 보면 '유기체'라고 하는 것이다.

화이트헤드의 철학에서 세 가지의 궁극자의 범주는 '창조성'(creativity), '多者'(the many)와 '一者'(the one)의 세 개념이다.[50] 이 세 개념을 통해서 현실적 존재의 성격을 잘 말할 수 있는데, 이것은 가장 구체적으로 실재하는 모든 존재의 전제가 된다.[51] 여기서 하나란 '정말로 있는 그 무엇', 즉 현실체가 순간적으로 '단일성'을 나타내는 것을 뜻한다.[52] 이것은 산술적인 하나가 아니라 '복합적인 일치'(complex unity)를 말한다.[53] 다자란 '분리된 다양성'(disjunctive diversity)이다.[54] 이 다자는 아직 분리된 채로 있는 다양하고 복잡한 자료인데, 이것이 복합적인 일치 속으로 진입함으로써 '한 순간의 있음' 또는 '일자'의 현실계기를 이루게 된다.[55] 역으로 어느 한순간 '일자'가 이루어지게 되면 바로 그 일자에 의해

---

50) 동상, p.77.
51) 동상, p.78.
52) 동상.
53) 동상.
54) 동상.
55) 동상.

그다음 단계의 다자가 증가하게 된다.[56)]

이러한 일자와 다자의 상호관계, 그리고 이 관계에 의해 일어나는 새로운 창조와 변혁의 과정이 바로 매 사물이 갖는 가장 기본적인 특성이라고 한다.[57)] 현실화된 일자는 과거의 자신이나 다른 다자들과 달리 전혀 새로운(novel) 것이다.[58)] 이것을 '창조성', 또는 '새로움의 원리' (the Principle of Novelty)라고 한다.[59)] 이 원리는 각 현실적 존재의 자기 창조 과정 안에 내재되어 있다. 이 창조성의 원리에 의하면 이 우주 자체가 바로 새로움을 향한 창조적 과정이 된다.[60)]

이러한 과정철학에 비하면 주자의 기의 우주론에서 만물 생성 과정은 기의 변화로 설명하지만, 매 사물의 창조성은 분명하지 않다. 다만 주자가 장횡거(張橫渠)의 흩어진 기는 태허(太虛)로 돌아간다는 설을 취하지 않은 것[61)]은 보다 과정철학에 가깝다고 할 수 있다.

과정철학에서 우주의 모든 사건은 시간적으로는 '진전하는 과정' (evolving process)이며 공간적으로는 '전개적 확장' (expansive development)이다.[62)] 이에 비해 주자의 우주론은 리와 기에 의한 생성 변화의 과정에 초점을 두고 있다. 화이트헤드의 과정은 주자에 비해 매 순간의 창출(epochal creative emergency)의 의미가 강하다.[63)] 중국의 『주역』의 '생

---

56) 동상.

57) 동상.

58) 동상.

59) 동상.

60) 동상.

61) 『어류』 권4, p.68; 권99, p.2534.

62) 오영환, 「화이트헤드의 "유기체의 철학"」, 김상일 (외)편, 전게서, p.26. 오영환 교수는 "화이트헤드의 유기체설을 로이드 모건(Lloyd Morgan)의 창발적 진화설(emergent evolution)의 사상과 일맥상통한다."라고 하였다.

63) 김경재, 「틸리히와 화이트헤드」, 김상일 (외)편, 전게서, p.64.

생의 원리' 도 우주 만유의 '생성의 지속' 을 말하는 것이지 과정철학의 창조성과는 다르다고 할 수 있다.

결국 주자의 기의 우주론은 사시(네 계절)의 운행과 같이 순환적인 것을 예상하고 있었다고 할 수 있다. 그러므로 중국 연구가 더크 보드는 "역사학 분야에서도 마찬가지로 오행은 구별이 있는 연속 안에서이기는 하나 연속적으로 새로운 시원이 배정되는데, 토(土)에서 시작하여, …… 토로 다시 돌아간다. 얘기에서 우리는 끊임없이 반복하는 회전의 관점에서 모든 역사를 파악하는 널리 퍼진 중국 역사관의 한 예를 발견하였다. 근대 서구 사회의 진화이론과는 달리 중국인들이 높은 수준을 향한 진보적 운동의 모든 가능성을 거부한다는 점은 이러한 순환이론에 공통으로 나타나는 현상이다."라고 말하였다.[64] 이 점에서는 양자의 차이가 있다. 이 문제는 또 다른 문제이므로 다른 기회로 미룬다.

4. 결어

주자의 우주 자연에 대한 생각과 화이트헤드의 우주(자연)론은 시대의 간격과 언어의 상위에도 불구하고 그 사고 양태상 상호 유사점이 많다. 그것은 두 사상이 모두 우주 자연을 '유기체' 로 보는 사상이기 때문이다. 이 유기체 우주론은 우주 만유가 상호 연대성을 갖고 있다고 보는 일종의 '생의 철학' 이고, 우주만유는 잠시도 쉬지 않고 변화하고 있다고 보며, 우주만유는 태초부터 존재 아닌 때가 없다고 하여 기독교적인 창조설을 받아들이지 않으며, 인간을 우주만유 중에서 가장 영묘하고 복잡한 생명

64) 더크 보드 지음, 이명수 옮김, 『중국인은 무엇을 생각하고 어떻게 살아왔는가』(여강, 1991), p.86.

체로 파악하면서도 인간과 다른 만유와의 본질적 차이를 인정하지 않는다는 점에서 공통된다.

이와 같이 그 우주 자연관이 유기체론으로서 상호 비슷하므로 주자의 '기' 개념과 화이트헤드의 '현실적 존재'는 또한 비슷하여 비교가 된다. 이때까지 논한 바를 정리 요약하면 다음과 같다.

(1) 우주만유 구성의 '최종 구성 단위체'(또는 기본 존재 단위)로서 기와 현실적 존재는 상호 유사하다. "천지간에 기 아닌 것이 없다."라는 명제와 "이 현실체를 넘어 보다 더 실재적인 것을 찾을 수 없다."는 명제가 이를 증명한다. 뿐만 아니라 현실적 존재가 실체가 아닌 것과 같이 기 역시 물질적 실체가 아니다. 또한 기와 현실적 실재는 정신적인 속성과 물질적인 속성을 함께 가진 '양극적(兩極的)' 인 것이다.

(2) 기의 흐름인 '일동일정(一動一靜)'은 기의 '시간성'으로, 기의 구체화〔定位〕인 '분음분양(分陰分陽)'은 기의 '공간성'으로 볼 수 있는데(『태극도설』), 이것을 통하여 기가 '시공연속체' 임을 알 수 있다. 그러므로 기는 시공연속체인 양자(量子)에 대응되는 현실적 존재와 상호 유사하다.

또한 기와 만물 사이에서 연속성과 불연속성의 양면성을 보이는 것과 또 기가 물질적 기체로 보이면서도 생명력과 같은 침투성(연속성), 즉 '흐름'으로 보이는 것은 오늘날 현대 물리학의 양자론의 '물질-에너지 전환 원리' 및 빛의 '입자-파동의 양면성' 등으로 설명할 수 있는데, 이러한 점도 양자(量子)에 대응되는 현실적 존재와 기의 유사성을 말해주고 있다.

(3) 우주만유를 기의 생성 변화로 보는 설이나 현실적 존재의 사회로 우주만유를 설명하는 설이나 모두 유기물 무기물 사이에 질적인 차이를 인정하지 않고 정도의 차이만 인정하고 있는데, 이 점에서도 주자학(성리학)과 과정철학은 상호 유사하다.

(4) 그리고 기의 편차로 인한 세계 악의 문제에 대한 주자 사상과 과정

신학이나 화이트헤드의 종교철학은 상호 유사하다. 그것은 두 사상이 모두 유기체 우주론이기 때문이다.

(5) 주자의 기의 우주론이 『역(易)』의 생생불식론과 같이 '생성의 지속'은 말하지만, 우주론 전체적 성격이 '순환론적' 이며 '합목적론적' 인 데 반하여 화이트헤드의 우주론은 현실적 존재의 매 순간의 창출을 강조함으로써 그 우주론 자체가 '창조적 진화론' 이다. 이 점에서 양자는 차이가 있다.

주자 사상과 화이트헤드의 사상을 기와 현실적 존재에 국한하지 않고 전체적으로 비교하면 차이점이 더 많을 것이다. 특히 자세하고 정밀한 설명이나 풍부한 용어의 구사 등 소위 학적 체계의 깊이에서 오는 차이점이 있을 것이다. 그러나 이런 점을 감안하고서도 주자의 기와 화이트헤드의 현실적 존재의 비교에서는 상호 유사점이 많은 것을 확인할 수 있다. 앞으로 기와 현실적 존재 이외의 다른 개념간의 비교가 종합적으로 이루어지면 기와 현실적 존재의 비교도 더욱 자세히 이루어질 것이다.

이러한 두 사상 간의 비교는 성리학과 주자 사상의 본질 탐구 및 중국 사상사에 있어서의 각 시대별 사조의 비교, 그리고 조선조의 성리학 논쟁 등을 해명하는 데 매우 유익하리라 생각한다.

2장

주자의 리(理)에 대한 일고찰

1. 서언

화이트헤드(A. N. Whitehead, 1861~1947)의 우주론적 형이상학인 과정철학(process philosophy)과 주희(朱熹; 1130~1200)의 리기론(理氣論)은 자연을 유기체로 보고, 그것을 토대로 우주론적 형이상학을 수립한 점에서 공통된다. 그리하여 그 형이상학의 범주에 있어 과정철학의 존재론적 두 범주인 '현실적 존재' (actual entity), '영원적 객체' (eternal object)와 그리고 '神' (God)과 주자 리기론의 기본 범주인 '기(氣)', '리(理)' 와 그리고 '태극(太極)' 은 서로 조응, 비교된다. 화이트헤드 자신이 그의 주저 『과정과 실재』(*Process and Reality*)[65]에서 "유기체철학은 서아시아나 유럽의 사상보다는 인도나 중국의 사상적 기조에 더 가까운 것으로 생각된다. 후자

65) A. N. Whitehead, *Process and Reality: An Essay in Cosmology* (Corrected Edition, New York: The Free Press, A Division of Macmillan Co., 1978), 한국어 역본은 吳榮煥, 『과정과 실재: 유기체적 세계관의 구상』(민음사, 1991)이 있다. 본 논문에서의 인용은 이 역본에 의거하였다.

쪽에서는 과정을 궁극자로 보는데, 전자 쪽에서는 사실을 궁극자로 보고 있다."라고 언급하고 있다.[66]

화이트헤드의 형이상학은 현대 물리학(특히 양자론)의 혁명적 성과 위에서 성립된 것이지만, 주자의 리기론은 현재에서 시간적 간격이 무려 천 년이나 떨어져 있기 때문에 양자의 비교란 일종의 우주관이라고 하는 관념적 체계, 즉 형이상학에서의 비교가 되는 것이다. 주자학 성립 당시의 송대 과학 및 주자의 과학적 지식수준을 현대와 단순하게 비교하여 그 관념체계까지 가치 없다고 해서는 곤란하다. 화이트헤드의 형이상학 역시 '플라톤의 주석' 이라고 할 만큼 고대 철학의 유산을 계승하고 있는 점을 잊어서는 안 된다.[67]

과정철학의 '영원적 객체' 는 플라톤의 이데아나 아리스토텔레스의 형상과 같은 성격을 갖고 있으나 화이트헤드는 그의 유기체 철학에서는 종래 '실체' 개념적인 관습에서 오는 오해를 불식시키기 위해서 '영원적 객체' 라는 새로운 개념을 창안한 것이다.[68] '영원적' 이라는 것은 '무시간적' 이라는 뜻이고, '객체' 라고 이름 붙인 것은 그것이 궁극적인 사실인 '현실적 존재' 의 생성, 변이(의 과정)에 '가능태' (=잠세태)로서 '주어져 있다' 는 것을 나타내고 있다.[69] 그런데 이 현실적 존재의 생성은 이 영원적 객체의 '진입' (ingression)이라고 하는 특수한 관계에 의해서 이루어진다.[70] 이 관계는 마치 주자 리기론에서의 리-기 관계와 비교된다.

주자 리기론의 기본 원리는 '리기불상리잡(理氣不相離雜)' 이라고 할 수 있다. 즉 주자에 의하면 리기는 형이상 · 하의 구분이 있으므로 '리기불상

66) 오영환 역, 전게서, p.56.

67) 안형관, 『화이트헤드 철학의 이해』(대구: 이문출판사, 1988), p.170.

68) 오영환 역, 전게서, pp.118-119.

69) 동서, p.119.

70) 동서, p.81 및 p.85.

잡' 이요, 리기 양자의 긴밀하고 특수한 관계에 의하여 만물의 생성 변화가 있게 된다는 의미에서 '리기불상리' 이다. 그러나 주자는 간혹 입론에 있어 어느 한 쪽으로 치우치는 언표를 하기도 하였다. 이런 데서 학자들이 오해를 불러일으켰다. 또 주자가 주의 깊게 양쪽을 다 말하기도 하였으나 학자들이 어느 한 쪽을 자의로 인용한 일도 왕왕이 있었다. '리기선후(理氣先後)' 문제나 '리동여부(理動與否)' 문제 등은 다 이러한 연유에서 일어났다. 더 근본적으로는 주자 리기론의 형이상학적 본질에 대한 이해의 결여에서 온 것이다.

주자의 성리학 체계는 기에 의한 우주 현상을 기술하는 것이 목적이 아니고, 인간 도덕규범의 근거로서 자연 이법을 탐구하려는 것이 궁극적 목적이다. 그러므로 리에 의한 존재론적 본체에 대한 설명과, 같은 리에 의한 도덕규범(=가치)의 설명이 함께 혼재되어 있다. 즉 리에는 '소이연지고(所以然之故)' 와 '소당연지칙(所當然之則)' 의 의미가 함께 들어 있다. 위와 같은 '자연법적 사고' 에서는 주자는 분명 '가치 실재론' 의 입장에 선다. 가치로서의 '리(理)' (=善)는 물론 존재론의 존재 근거로서의 소위 '본체' (즉 형이상학적 실재성)에 의해 강력한 보증을 받지만, 거꾸로 가치 실재론의 강조는 존재론에서 리의 형상성(원리성)을 오히려 '실체화' 시키게 된다. 다시 말하면 리를 어디까지나 기와의 긴밀한 관계에서 보지 않고 리가 오히려 기를 낳고 기와 관계없이 움직인다는 능발능생(能發能生)하는 작용성을 강조함으로써 리를 '초월화' 시키게 된다. 이는 리의 가능태(=잠세태)로서의 본 모습, 즉 형이상학적 실재성(원리성; 형상성)에서 멀어지는 것이다.

주자 리기론에서 또 하나의 중요한 형이상학적 문제는 '리일분수(理一分殊)' 이다. 이는 태극의 리가 개별 사물의 존재 원리로 내재할 때 부분으로 나누어지지 않는다는 이론으로 오늘날 자연과학에서 삼차원 입체영상

술인 '홀로그래피'(holography)에 의해 입증되고 있다. 즉 홀로그램(사진 건판에 기록된 빛의 복잡한 간섭무늬)을 여러 개로 조각을 내더라도 그 하나 하나의 조각에도 완전한 물체의 상을 얻을 수 있다는 것이다.[71] 이는 부분의 합이 전체가 아니라는 사물의 실상을 말해주고 있는 것이다. 과정철학에서는 신의 영원적 객체에 대한 '파악(prehension)'과 신의 '양극성(dipolarity; 원초적 본성-결과적 본성)'에 의한 신과 이 세계와의 관계성으로 설명하고 있다.

이러한 주자 리기론을 둘러싼 여러 가지 철학적 의문과 논쟁은 그것과 과정철학과의 비교를 통한 주자 리기론에 대한 형이상학적 해명을 함으로써 철저하게 분석할 수 있다.

주자의 리기론을 과정철학과 같이 우주론적 형이상학으로 보지 않을 경우 오해는 불가피하게 된다. 예를 들어 보자. 먼저 유물론이나 유심론이라는 체계로 분석할 경우 주자의 기에 의한 존재의 생성 위주의 설명, 즉 주기론(主氣論)과 리에 의한 존재의 본체 위주의 설명, 즉 주리론(主理論)은 마치 모순처럼 보인다.[72] 다시 말하면 주리론에서 주자 리기론은 '리본론(理本論)'이 되고, 주기론에서는 주자 리기론이 기를 근본으로 보는 '기화학설(氣化學說)'(이것이 유물론적 요소)이 되므로 결국 주자 리기론은 모순을 내포하고 있는 것이 된다는 것이다.[73]

한편 자연과학적 입장에서 주자의 리기론을 보면, 물론 주자가 과학자

---

71) 안종수, 「라이프니츠와 주희의 형이상학과 현대과학」, 『과학과 형이상학』(자유사상사, 1993), pp.202-205.

72) 여기서 '主氣論'이라고 한 것은 기 위주의 입론, 즉 '氣先理後論'을 말하고, '主理論'이라고 한 것은 리 위주의 입론, 즉 '理先氣後論'을 말한다. 물론 주자는 항상 主理, 主氣 병행 입론하여 발란스를 유지하였지만 언어의 뉴앙스상 위와 같은 입론의 차이가 있다.

73) 蒙培元, 『理學的 演變』(중국 福州: 福建 人民出版社, 1984), p10.

가 아니었다는 것을 고려하더라도 주자의 리에 대한 설명이 이상하게 보이는데, 만일 그렇게 본다면 이는 주자를 일면에서만 본 것이다. 과학자의 눈에 주자의 리는 사물의 존재나 현상의 발생을 위한 일종의 '필요조건' 쯤으로 보인다. 나아가 그들은 주자가 왜 리 자체를 분석하거나 연구하지 않았는가 하고 의문을 던진다. 과학자의 해석은 이러하다. 즉 주자의 리기론에서는 기의 운동으로 모든 현상이 설명되므로 주자는 그것으로 설명이 다 되었다고 생각하고 리에 대해 더 파고들 필요가 없었을 것이라고. 이러한 과학자의 관찰은 일면 정확하고 온당한 것이다. 그러나 철학적으로 보면 주자의 리는 '필요조건' 정도가 아니다. 또한 주자가 리에 대해 더 연구하지 않았다고 한 것도 그가 철학자였다는 것을 충분히 고려하지 않은 소치이다.

이렇게 볼 때 주자의 리기론을 잘 해명하기 위해서는 유기체 우주론에 바탕을 둔 우주론적 형이상학이라는 점에서 그의 리기론과 유사한 과정철학과의 비교를 통하여 고찰할 필요가 있다.

2. '정결공활(淨潔空濶)의 세계' 인 '리'

주자의 리는 형이상의 도이다. 그러므로 그 의미는 아리스토텔레스의 '형상(形相)' 과 그 성격이 같다. 리는 존재의 원리를 말한다(반면에 기는 '질료적(質料的)' 인 것으로 사물의 형체 형성의 자료적인 것을 총칭한다). 이러한 것을 주자는 다음과 같이 말하였다.

> 천지 사이에는 리도 있고 기도 있다. 리라는 것은 형이상의 도이며 물을 낳는 근본이다. 기라는 것은 형이하의 기(器)이며 만물을 낳는 도구이다. 그러므

> 로 사람과 만물이 태어남에 반드시 이 리를 품수한 연후에 성(性)이 있고, 이 기를 품수한 연후에 형체가 있다.[74]

여기서 '천지 사이'란 천지 사이의 만유(=만물)를 말한다. 주자가 강조한 바는 하나의 사물(존재)마다 그 배후에 반드시 그 존재를 결정하는 하나의 '리'가 있다는 것이다.

송학의 체계에서 사물의 '리'(존재 근거)를 말하기 시작한 것은 정이천(程頤)에서부터이다. 이천과 그를 계승한 주자가 리를 내세운 것은 기론자들인 장횡거(張載)나 소강절(邵雍) 등이 기의 응집으로 사물이 생겨난다고 한 데 대하여 사고를 일보 더 진전시켜 왜 다른 종류의 사물이 생겨났는가를 설명하기 위해 리를 내세우게 되었다. 즉 상이한 종류의 리가 상이한 종류의 사물을 존재하게 한다고 생각하게 된 것이다. 다시 말하면 주자의 뜻은 하나의 존재는 반드시 하나의 리에 의해 존재한다는 것이다.

그러나 이 우주의 만유는 기에 의해 생성되고 변화한다(존재 자체가 '기'의 생성 변화의 과정이다). 그러므로 리의 성격은 리와 기의 관계에서 명확히 드러난다. 리가 형이상의 도(형이상자)인데 대하여 기는 물론 형이하의 그릇〔器〕(형이하자)이다. 리와 기는 밀접한 상호 작용에 의해 만유의 존재를 결정한다. 그러므로 '존재'라는 구체적 현상에서 말하면 리와 기는 결코 나눌 수 없다〔理氣不相離〕. 그러나 두 가지는 형이상·하의 구분이 분명하다. 이러한 리기 관계를 주자는 다음과 같이 말하였다.

> 리와 기는 결단코 두 개의 사물〔二物〕이다. 다만 사물에서 보면 두 개의 그것은 붙어서〔渾淪〕 각각 어느 한 곳에 있지 않다. 그러나 두 개의 사물이 각각

74) 『朱子文集』 권58, 「答黃道夫」. 『주자대전』은 이하 『대전』으로 약칭한다.

하나의 사물〔一物〕로 되는 것을 방해하지 않는다. 한편 리에서 보면 아직 사물이 없으나 이미 사물의 리는 있다. 그러나 역시 다만 그 리만 있을 뿐 실제로 이 사물이 있은 적은 없다.[75)]

여기서 '두 개의 사물이다〔二物〕' 라고 한 것이나 '하나의 사물〔一物〕이 된다' 라고 하여 리를 사물〔物〕로 표현한 것은 한문의 특수한 표현 방법으로서 엄밀성을 결여한 것이라고 할 수 있다. 왜냐하면 엄밀히 말하면 리는 하나의 '사물' 과 같은 것이 아니기 때문이다.[76)] 그러나 '두 개의 사물이다' 의 '사물' 을 '존재' (being), 혹은 '실재' (reality)라는 철학적 의미로 해석하면, 리기는 분명히 다른 두 '실재' 라는 뜻이 된다. 그러나 리기가 각각 '하나의 사물이 된다' 는 표현은 매우 상징적인 비유라고 보지 않으면 안 될 것 같다.

여기서 사물, 즉 존재 사실에서 보면 리기가 밀접한 관계라고 할 수 있지만, 리에서 보면 사물보다 앞서 있었다고 하였다. 사물의 존재와는 별도로 '리' 가 존재한다는 것을 주자는 명확히 말하였다. 이러한 리를 주자는 상징적으로 이렇게 묘사하였다.

리는 감정〔情意〕도 없고, 이성〔計度〕도 없고, 만드는 작용〔造作〕도 없다. 다만 이 기가 모인 곳에 리가 바로 거기에 있다. …… 리는 하나의 깨끗하고 텅 비고 넓은 세계〔淨潔空濶底世界〕일 뿐이며 형체나 흔적(자취)이 없고, 능동적으로 움직이지 않는다〔不會造作〕.[77)]

---

75) 동서, 권46, 「答劉叔文」.

76) 勞思光은 '二物' 이란 글자는 용어를 엄밀히 사용하지 못한 예라고 비판하였는데, 이는 옳은 지적이다. 勞思光, 『중국철학사』(3-상), p.274, 臺灣: 삼민서국, 1981. 그러나 한문에서 '物' 이라는 개념은 매우 광범위하게 사용되고 있다는 점에서 보면 주자의 이 표현은 '두 가지이다' 라는 정도의 의미로 보아도 되지 않을까?

리는 이와 같이 (1) 감정적인 것, 이성적인 것, 작용(운동) 같은 것이 없고, (2) 깨끗하고 텅비고 넓은 세계이며, (3) 일정한 장소도 없고 형체도 없어 놓아두는 자리가 없는 그런 것이다. 물론 기는 이와 반대로 모이고 엉기어서 물을 낳는 운동이 있고, 일정한 시공간에서 작용하여 그 자취를 남기는 것이다. 리는 이와 같이 '무적(無的)' 성격을 가진 것, 즉 형이상학적 실재성(형상성; 원리성)이다.

3. '의미' 로서의 '리' 와 '영원적 객체' 로서의 '리'

야스다(安田二郎)는 「주자의 존재론에 있어서의 리의 성질에 대하여」라는 논문에서 종래 리의 해석에서 그리스 철학의 이데아(에이도스)나 로고스 개념에 비유하여 설명한 것은 잘못이라 하면서 리를 '의미' 라고 규정하였다. 여기서 '의미' 란 "리가 존재의 최고원리로서 기 보다 고차의 존재이면서도 최고원리로서 기와 결합함으로써만이 진정한 존재성을 획득하는 것" 이란 뜻으로 쓴 것이다.[78] 다시 말하면 야스다는 말하기를 "리가 한편에 있어서는 존재의 최고원리로서 사실적 존재 일반을 의미하는 기 보다 고차원의 존재이면서 한편으로는 기에 결합함으로써 진정한 존재성을 획득한다고 하는 점에 있어서 가장 잘 우주론적 원리로서의 리의 근본적 성질이 '의미' 에 있음을 말할 수 있다." 고 하였다.[79] 그러므로 주자의 존재론은 '의미' 에 중점이 두어지면 '리일원론(理一元論)' 이 되고 존재에 중점이 두어지면 '리기이원론(理氣二元論)' 이 된다고 한다.[80]

---

77) 『朱子語類』(北京: 중화서국, 1986) 권1, p.3. 이하 『주자어류』는 『어류』라 약함.

78) 安田二郎, 『中國近世思想研究』(東京: 筑摩書房, 1976), p.82.

79) 동상.

먼저 리가 그리스 철학의 이데아나 로고스와는 다른 이유를 야스다는 이렇게 설명하고 있다. 즉 아리스토텔레스의 에이도스(=플라톤의 이데아)나 리 모두 사유에 의해서만 파악되는 점에서는 유사하나, 리는 에이도스가 대립 개념으로서 필연적으로 예상하는 '질료' 라는 개념과는 무관하다는 점에서 다르다는 것이다. '질료' 는 그 자신 무(無)라는 무성질의 무엇으로서 '형상' 이 들어옴으로써 비로소 한정된 존재로 되는데, 리의 대립 개념인 기(氣)에는 이러한 성질이 없다는 것이다. 기는 그 스스로 운동하면서 조화를 이루는 적극성이 있어서 질료처럼 수동적인 원리는 아니라는 것이다.[81]

또 우주에 편재하여 우주에 질서를 부여하고 만물의 근저인 점에서 리는 이데아보다 헤라클레이토스의 로고스에 유사하나, 일면 로고스가 물질적, 정신적 양면성을 갖고 있는 데 대해서 리는 어디까지나 '의미' 로서 물질성을 갖지 않는다고 한다. 또 로고스는 '말한다' 는 것(표상성을 함축한)과 결합되어 있으나 리에는 그것이 없다고 한다. 왜냐하면 리는 말할 수 있는 것이 아니고 단순히 생각될 수 있는 것, 즉 '의미' 에 지나지 않기 때문이라는 것이다.[82]

야스다는 이와 같이 주장하면서 그가 '의미' 로 리를 보는 이유를 다음과 같이 설명한다.

> (주자의 말에) 리와 기는 결단코 두 개의 사물〔二物〕이다. 다만 사물에서 보면 두 개가 붙어서〔渾淪〕 각각 어느 한 곳에 있지 않다. 그러나 두 개의 사물이 각각 하나의 사물〔一物〕이 되는 것을 방해하지 않는다. 한편 리에서 보면 아직

80) 동상.

81) 동서, pp.68-70 및 p.230.

82) 동서, pp.77-79 및 p.231.

사물이 없으나 이미 사물의 리는 있다. 그러나 역시 다만 그 리만 있을 뿐 실제로 이 사물이 있은 적은 없다.[83] ~라고 하는 일견 난해하게 생각되는 말은 아마 앞에서 말한 바와 같이 '의미' 로 해석되지 않으면 안 될 것이다. 즉 이 번역문에서 '사물' 및 '물적 존재' 는 '사실적 존재' 에, '리에서' 및 '리적 존재' 의 리는 '의미' 로 바꿔 놓아도 될 것 같다. '의미' 로서의 리의 성질은 주자의 인간론, 특히 소위 사단설(四端說)에 있어서도 나타나고 있다.[84]

야스다의 '의미' 는 리가 서양적 개념인 이데아나 로고스와 비슷한 점도 있으나 같지 않은 점도 있어서 그렇게 번역해서는 안 된다는 비판 위에서 나온 용어로서, 결국 그 의미는 리의 초월성, 즉 리의 형이상학적 원리성을 나타내고 있는데 지나지 않는다. 그러므로 '의미' 란 용어는 '생각되어지는 것' 이라는 '무적(無的) 성격' 을 나타내기 위하여 사용했다고는 하나 철학적으로 볼 때 무언가 미흡하고 적당한 용어가 아닌 것 같다.

여기에서 리는 화이트헤드의 과정철학에서 말하는 '영원적 객체' (eternal object) 와 비교하는 것이 가장 적절하다고 생각한다. 왜냐하면 야스다가 리를 아리스토텔레스의 에이도스나 플라톤의 이데아와는 다르다고 보았지만, 양자는 또한 유사한 점이 근원적으로 있기 때문이다. 더욱이 화이트헤드는 자신의 '영원적 객체' 의 성격을 이데아나 에이도스, 또는 중세적인 보편자와 같은 것이라고 하고 있기[85] 때문에 더욱더 그러하

83) 『대전』 권 46, 「答劉叔文」.

84) 安田二郎, 전게서, pp.82-83.

85) 화이트헤드는 '확정성의 형상' (form of definiteness)으로서의 영원적 객체를 플라톤의 이데아나 아리스토텔레스의 형상, 중세적인 보편자와 동일한 성격을 가진 것임을 분명히 하고 있다. 그러나 전연 동일한 것은 아니라는 의미에서 '영원적 객체' 라고 하였다. 오영환 역, 『과정과 실재』, p.119, 126 및 화이트헤드 저, 오영환 역, 『과학과 근대 세계』(서광사, 1991, 제3쇄), p.233.

다. 그러므로 리와 '영원적 객체'를 비교하면 리를 '의미'로 보는 것은 적절하지 못함을 알 수 있다.

Alfred Forke는 리의 다양한 번역을 소개하면서 이렇게 말하고 있다: "McClatchie는 Fate(운명)으로 번역하고, Bruce는 Law(法)로 번역하고, Le Gall은 Form(形)으로 번역하였다. 그리고 Zenker는 Le Gall의 역어에 따라 Form, 또는 Formales Prinzip(형식적 원리)라고 번역하고 있다. 이와 같은 아리스토텔레스적인 이해는 중국인에게는 인연이 매우 멀다. Zenker의 언어적 설명은 틀렸다. 리는 형식적이라는 의미를 가지고 있지 않다. 또 그것은 Schicksal(운명)이라든가 Gesetz(법칙)를 의미하지도 않는다. Hackmann은 리를 Weltgesetz(세계 법칙), Weltwille(세계 의지)라고 설명하고, Wilhelm은 Vernunftgesetz(이성법)이라고 설명하고 있다. 리는 질료적 원리에 대립한 이성적 원리이고, 소재(素材)를 만들고 그것을 지배하는 이성이다."라고 하였다.[86)]

이에 대해 오오하마(大濱皓)는 말하기를 "Forke의 McClatchie, Le Gall, Zenker에 대한 비판은 정당하다. 그러나 Bruce가 리가 Law라고 번역한 것을 비판한 데에는 문제가 있다. Law, Gesetz에는 자연법칙과 규범법칙의 의미가 있고, 주자의 리에는 이러한 면도 포함하고 있기 때문이다."라고 하고,[87)] 결국 리는 존재근거와 존재법칙, 규범근거와 규범법칙의 통일개념이라고 한다. 이것은 자연법사상으로서의 주자의 리가 자연의 도이면서 인륜의 이법임을 말한 것에 지나지 않는다.

그러나 오오하마나 Forke의 비판에도 불구하고 리에는 아리스토텔레스적인 'Form'(形)의 의미도 있다. 또 태극과 같은 경우 '세계법칙'이라

---

86) A. Forke, *Geschichte der neueren chinesischen Philosophie*, p.171; 大濱皓, 『朱子の哲學』(東京: 勁草書房, 1983), p.33에서 재인용.

87) 大濱皓, 전게서, p.33.

는 의미나, 리기 관계에서 분명한 '이성의 원리' 라는 의미도 있다.

플라톤의 이데아와 주자의 리는 대상 안에 현실적으로 존재하기 이전에도 존재한 존재론적 실재이다. 그러므로 풍우란(馮友蘭)의 말과 같이 태극은 이데아들의 이데아이며, 플라톤의 선의 이데아와 흡사하다.[88] 그러므로 풍우란은 존재의 철학 입장에서 보면 주자는 플라톤주의자라고 한다.[89] 그러나 생성론에 있어서는 리기는 아리스토텔레스의 '形相' (form)과 '質料' (matter)와 유사하다. 그러므로 카슨 장(Casun Chang)은 "리에 대한 그의 관심은 너무 강해서 그를 플라톤주의자로 생각할 수 있다. 그러나 자연철학 분야에서는 분명히 아리스토텔레스주의자이다." 라고 한다.[90]

이와 같이 플라톤의 이데아와 같은 존재론적 실재성을 가지면서도 아리스토텔레스적인 형상의 의미를 가진 주자의 리에 대해 '의미' 로서 규정한 야스다도 결국은 그 리를 확연히 설명하지 못하였다. 그러므로 그는 결국 리는 주관적인 것도 아니고 어디까지나 객관적인 존재인 한 '의미' 로서의 리가 어떻게 이러한 객관성을 띨 수 있는가는 기와의 관계, 즉 리와 기의 매개에 의해 최종적으로 설명할 수밖에 없다고 말하고 있다. 야스다의 이러한 의문은 주자 리기론을 화이트헤드의 과정철학과 비교를 통하여 해명될 수 있음을 시사하는 것이다.

화이트헤드의 과정철학에서의 '영원적 객체' (eternal object)는 '궁극적 실재' (final realities)로서의 '현실적 존재' (actual entities)와는 달리 합생(合生; concrescence), 과정(過程; process), 변이(變移; transition) 등과 본질적으

88) Fung Yu-lan, *History of Chinese Philosophy* (Princeton: Princeton Univ. Press, 1953), Vol. Ⅱ, p.537.

89) 동상.

90) Casun Chang, *The Development of Neo-Confucian Thought* (New York: Bookman Associates, 1957), pp.255-256.

로 무관하고, 또 현실적 존재의 합생 과정의 '확정성' (definiteness)을 정하는 '확정인자' (determinant)이므로 그것은 본질상 무시간적이므로 '영원하다' 라고 하며, 또한 현실적 존재의 생성 주체(subject)라는 성격에 비하여 그것은 '순수 가능태' (pure potentials)로서 주어져 있기 때문에 '객체' 라고 한다.[91)]

영원적 객체는 '보편자' (universals)로서 플라톤의 '形相' (이데아)에 해당된다. 화이트헤드는 '보편자' 라든가 '형상' 이라든가 하는 개념이 과거의 철학적 전통에 있어서 내려오는 편견이나 전제를 가지므로 이를 회피하기 위하여 '영원적 객체' 라고 하였다.[92)] 플라톤 철학의 생성계에 있어서의 감각적인 제개물(諸個物)에 의한 이데아의 분유(分有)는 화이트헤드에 있어서는 제현실태(諸現實態; 여러 현실적 존재)에의 영원적 객체의 '진입' (進入; ingression)과 대응하고 있다.[93)] 다만 상위점은 전자는 '분유' 를, 후자는 '진입' 을 강조하고 있는 점이다. 왜냐하면 플라톤에 있어서는 이데아가 근원적 실재였으나, 화이트헤드에 있어서 근원적 실재는 시간적인 제현실태이기 때문이다.

영원적 객체가 현실적 존재 속으로 '진입' 하여 현실적 존재의 생성을 확정할 때 영원적 객체가 어떤 현실적 존재 속으로 진입하는가 하는 것은 중립적이다. 그러므로 영원적 객체는 중립적이고 순수한 '가능태' , 또는 '잠세태' (=가능태)이다.[94)] 영원적 객체는 현실적 존재 속으로 진입하므로 그런 의미에서 현실적 존재보다 '앞선다' . 여기서의 '앞서 존재' (antecedence)는 결코 플라톤의 이데아처럼 따로 존재하는 것을 의미하는

91) 정연홍, 「A. N. Whitehead의 존재론에 관한 연구」 (영남대 대학원 박사학위 논문, 1981), pp.16-17.

92) 오영환 역, 『과정과 실재』, p.119 및 오영환 역, 『과학과 근대 세계』, p.233.

93) 오영환 역, 『과학과 근대 세계』, p.234.

94) 오영환 역, 『과정과 실재』, p.119.

것은 아니다. 왜냐하면 과정철학의 존재론의 원리에 의하면 현실적 존재를 떠나서는 어떤 것도 먼저 존재하지 않기 때문이다. 또한 이 '앞서 있음(존재)'은 영원적 객체가 과거의 현실적 존재의 성소(成素; datum)로서 선행(先行)하고 있는 것을 말하기도 하는 것이다.

현실적 존재의 합생이라는 본질적 작용은 '파악'(把握; prehension)에 의하여 이루어진다.[95] 즉 과정은 파악하는 활동의 과정이라 할 수 있는데, 영원적 객체의 진입과 조응되는 작용이다. 파악은 '물리적 파악'(physical prehension)과 '개념적 파악'(conceptual prehension)이 있는데, 전자는 이미 합생이 끝난 후 소멸되어 객체화된 소재(datum)를 파악하는 것이라면, 후자는 영원적 객체를 파악하는 것이다.[96] 개념적으로 파악된 영원적 객체는 현실적 존재의 이상(理想)으로서 물리적으로 파악된 소재를 한정한다. 이와 같이 영원적 객체는 현실적 존재로부터 분리한다는 것이 추상적으로만 가능하지 구체적으로는 불가능하다.

영원적 객체는 플라톤의 이데아처럼 생성계와 구별된 초월적인 배후세계를 형성하고 있는 것이 아니고, 시간적인 제현실태에서 추상되는 하나의 가능태(=잠세태)에 지나지 않는다. 오히려 영원적 객체는 하나의 현실적 존재이기도 한 신(God)에 있어서만이 그 존재 이유를 갖는 것이다. 즉 그것은 신의 '원초적 본성'(primordial nature)과 연관되어 있다.[97] 왜냐하면 신은 영원적 객체를 개념적으로 파악하기 때문이다.

화이트헤드의 철학은 근본적으로 과정(process)에서 출발한다. 즉 우주를 구성하는 최소의 실재적 사물로서의 현실적 존재의 끊임없는 창조적 전진 과정으로 이해한다.[98] 창조적 전진은 바로 '새로움'(novelty)의 창조

95) 오영환 역, 동서, pp.73-74.

96) 오영환 역, 동서, p.82.

97) 오영환 역, 동서, p.94, 119, 123.

이다. 이때 이 새로움의 창조는 바로 영원적 객체의 현실화이다.

이상의 고찰에서 주자의 리와 과정철학의 영원적 객체는 두 사람의 우주론적 형이상학의 유사성과 마찬가지로 유사성이 매우 많다. 그러므로 주자의 리기 관계, 즉 '리기불상리잡(理氣不相離雜)' 이나 '리선기후(理先氣後)', '리동여부(理動與否)' 같은 문제나 태극과 리의 관계 같은 문제는 이와 같은 맥락에서 보아야 할 것이다. 물론 주자는 리가 기의 생성에 어떻게 구체적으로 작용하는가, 또한 태극과 리의 관계 등에 대해 화이트헤드의 형이상학처럼 자세히 분석하지는 못했지만, 리기 관계의 문제는 앞에서 말한 대로 영원적 객체와 현실적 존재와의 관계와 비교해 보면 쉽게 이해되는 바가 있다.

4. 리기 관계 – '理氣先後' '氣强理弱' '理生氣' 및 '枯槁有性' 의 문제

주자의 리기론이 화이트헤드의 과정철학에서의 현실적 존재와 영원적 객체와의 관계와 같다는 것은 이상의 설명으로 논증된다. 그런데 주자는 이러한 리기 관계를 설명할 때 두 가지 관점에서 설명하였다. 그 하나가 '리간(離看)', 즉 리기를 분리해서 설명하는 방식이며, 다른 하나는 '합간(合看)', 즉 리기를 합하여 설명하는 방식이다. '합간' 은 달리 말하면 '사물에서 봄〔在物上看〕' 이며, 과정철학적으로 말하면 '현실적 존재를 궁극적인 실재적 사물로 보는' 시각이다. 이는 기의 현상론 위주의 사고방식이다. 그것은 기 자체에 '본유적 운동성' 이 있기 때문에 기를 궁극적 현

98) 오영환 역, 동서, pp.77-78.

실로 생각한 결과이다. 이는 '기 현상론 원리' 라고 할 만하다(전통적으로 소위 '주기론(主氣論)' 이라고 말해왔다). '리간' 은 달리 말하면 '리에서 봄〔在理上看〕' 이며, 과정철학적으로 말하면 확정성의 형상(形相)으로서의 영원적 객체를 그 '영원성' 과 '객체성' 에서 현실적 존재와 대비해서 설명하는 것이다. 영원적 객체가 현실적 존재에 주체적 형식(subjective forms)을 제공해 주는 역할을 강조하는 시각이다.

주자가 말한 "천하에 리 없는 기 없고, 또한 기 없는 리 없다."[99]라고 한 것은 주자 리기론의 원리라고 할 만하다. 이 기본 원리에 기초를 두면서 위의 두 가지 시각에서 리기 관계를 주자는 여러 가지로 표현하였다.

> 부여된 것을 논하면 이 기가 있고 난 후에 리가 따라서 갖추어진다.[100]

> (문) 리가 기 중에서 발현하는 것은 어떠합니까?
>
> (답) 음양 오행이 여러 가지로 변화하는데〔錯綜〕, 그 질서성〔條緖〕을 잃지 않는 것 같은 것이 바로 리이다. 만약 기가 응결되지 않았을 때에는 리 역시 부착(附着)할 데가 없다.[101]

위의 두 문장에서 그 표현만 보면 첫 번째 문장에서 '…… 있고 난 후에 리가 따라서 갖추어진다' 라고 한 것은 '기선리후' 의 느낌을 주고, 또 두 번째 문장에서 '질서성이 리이다' 라고 한 것을 보면 '형상적 실재' 로서의 리가 아닌 '법칙성' 으로서의 리를 묘사하고 있는 것 같다. 그러나 후구(後句) '만약 기가 ……' 라고 한 것은 또 다른 리기 관계를 말하고 있다.

---

99) 『어류』(북경: 중화서국, 1986) 권1, p.2. 이하 『주자어류』는 『어류』로 약함.

100) 『대전』 권59, 「答趙致道」.

101) 『어류』 권1, p.3.

이것은 과정철학적으로 말하면 현실적 존재가 궁극적 실재이며 리는 어디까지나 가능태이기 때문이다. 주자 리기론으로 말해도 기가 만유의 궁극적 기본 요소이고 리는 어디까지나 원리이기 때문이다. 따라서 근본적으로 주자 리기론의 기본 원리가 변한 것은 없다고 보아야 한다. 두 번째 문장의 경우 '질서성이 리이다' 라고 하여 표현상 오해의 여지가 있지만, 후구를 보면 역시 '변화의 질서성은 리 때문이다' 라는 의미가 내포되어 있다.

영원적 객체는 그 자체 현실적으로 존재하는 현실태는 아니고 잠세태(=가능태)이기 때문에 현실태(현실적 존재)의 '구성 요소' 로 이해될 수도 있다. 리도 분명 실재이다. 그러나 '불리(不離)' 의 시각에서 보면 리는 현실태의 구성 요소처럼 보이기 쉽다. 이때는 리의 '실재성', 즉 '본체성' 자체도 희박해진다. 조선조 주자 리기론의 충실한 계승자였던 율곡의 '리기지묘(理氣之妙)' 에 대한 비판자들이 '율곡의 리가 무슨 역할을 하는가?' 하고 물은 것은 리의 이러한 존재론적 성격을 충분히 이해하지 못한 데서 나온 오해라고 할 수 있다.[102] 또 주자가 리와 기를 사람이 말을 탄 것에 비유한 것[103]에 대해 명대의 주자학자 조단(趙端)이 리(사람)의 움직임〔動靜〕을 인정하지 않으면 그것은 죽은 사람이요, 죽은 리가 아니겠는가 하고 비판한 것[104]도 역시 주자 리기론의 본질을 잘못 이해한 데서 온 것이다.

주자는 또 다음과 같이 말하였다.

> 이 리가 있은 뒤에 비로소 이 기가 있다.[105]

---

102) 뒷부분에서 자세히 설명하였음.

103) 『어류』 권94, p.2374.

104) 『曹月川先生遺書』「太極圖說述解」, 17하-18상.

리는 기에서 떠난 적이 없다. 그러나 리는 형이상이고 기는 형이하이다. 형이상 · 하로 말하면 어찌 선후가 없겠는가?[106]

요컨대 먼저 리가 있다. 그러나 오늘은 리가 있고 내일은 기가 있다고 말하면 안 된다.[107]

여기서 주자는 형이상 · 하를 '선후' 라는 개념을 빌려 표현하였다. 엄밀한 표현은 결하였지만, 그의 의도는 우리가 짐작할 수 있고, 따라서 그의 리기론의 원리와도 모순된다고 말할 필요는 없다. 왜냐하면 그다음 문장에서 그 '선후' 는 시간적인 선후가 아니라고 하였기 때문이다. 주자의 이러한 표현은 그의 리가 과정철학의 '영원적 객체' 와 같다는 것을 잘 말해 준다.

주자는 또 말하기를

만일 산과 강, 대지가 모두 꺼져 버린다 해도 끝내 리는 그 속에 있을 뿐이다.[108]

라고 하였는데, 이는 리의 '영원성' , 즉 영원적 객체의 영원성을 말하는 것으로 볼 수 있다. 즉 영원적 객체(리)는 현실적 존재의 본질인 생성, 변이 등과는 무관하다는 것이다.

주자는 또 말하기를

---

105) 『대전』 권58, 答楊志仁.

106) 『어류』 권1, p.3.

107) 동상, p.4.

108) 동상.

(문) 하나의 사물이 아직 없을 때는 어떻습니까?

(답) 천하의 공공지리(公共之理)는 있으나 아직 하나의 사물이 갖춘 리는 없다.[109]

라고 하였다. 여기서 '천하의 공공지리'는 주자의 '태극'에 해당된다. 주자는 나중에 '통체태극(統體太極)－각구태극(各具太極)'이라고 '리일분수(理一分殊)'와 같은 논리로 표현했지만, 여하튼 각구태극은 '한 사물이 갖추고 있는 리'이고, 통체태극은 '천하의 공공지리'이다. 이는 물론 부분과 전체, 즉 '리일분수'의 문제이나, 영원적 객체와 신(God)의 관계 문제이기도 하다. 현실적 존재의 '개별화'(생성)를 위해 주체적 형식을 제공하는 잠세태인 영원적 객체는 신의 '원초적 본성'에 의해 현실적 존재와 연관을 맺는다. 아직 하나의 사물이 있기 전에는 통체태극(공공지리)이지만, 기에 의해 하나의 사물이 생성되면 그것은 그 사물의 '본성〔性〕'을 이룬다. 즉 '각구태극'이요, '한 사물이 갖추고 있는 리'이다.

주자는 리와 기의 선후 문제에 대해 또 다음과 같이 표현하기도 하였다.

(문) 반드시 이 리가 있은 연후에 이 기가 있다고 하면 어떠합니까?

(답) 이것은 원래 선후를 말할 수 없다. 그러나 그 소종래(所從來; 근원)를 미루어 보면 반드시 이 리가 먼저 있다고 해야 한다.[110]

(문) 리가 앞섭니까, 기가 앞섭니까?

(답) 리와 기는 본래 선후를 말할 수 없다. 다만 미루어 올라가면 리가 앞서고 기가 뒤인 것 같다.[111]

109) 『어류』 권94, p.2372.

110) 『어류』 권1, p.3.

여기서의 '리선재론(理先在論)'은 '그 소종래를 미루어 보면', 또는 '미루어 올라가면' 그렇다는 것이다. 이것이 시간적 선후론이 아님은 앞에서 말한 대로인데, 그렇다면 '논리적' 선후론인가?[112] 논리적으로 선후를 말한다는 것은 그럼 무슨 의미인가? 이것을 과정철학과 비교해 보면 '논리적으로' 그렇다는 것이 애매한 표현임을 알 수 있다. 이러한 해석은 화이트헤드나 주자의 우주론적 형이상학을 관념적인 유희라고 오해하고 폄하할 소지가 있다. 물론 그 '논리적'이라는 표현이 '형이상학적 체계상의 논리'라는 의미가 되겠지만, 그들의 형이상학 수립의 궁극 목적에 비추어 보면 '논리적'이라는 표현은 매우 미흡하다고 할 수 있다.

주자의 형이상학적 우주론은 과정철학의 그것과 같다고 할 때 리기 관계는 현실적 존재와 영원적 객체와 비견된다. 그러므로 우리가 주자의 소위 '주리적(主理的)' 입론과 '주기적(主氣的)' 입론이 형식 논리상 모순된다고 하여 그의 사상 체계가 모순을 내포하고 있다는 식으로 말한다면 이는 주자의 형이상학에 대한 몰이해이다.

주자는 또 '기강리약(氣强理弱)'이라는 표현으로 또한 리기 관계를 설명한 경우도 있다. 즉 그는 이렇게 말하였다.

> 기가 비록 리가 낳은 바〔所生〕이나 이미 낳고 나서는 리가 기를 관할할 수 없다. 만약 이 리가 기에 들어가면 그 뒤는 현상적으로 작용하고 있는 것은 이 기에 의하는 것과 같다. 이것이 기는 강하고 리는 약하다는 것이다.[113]

---

111) 동상.

112) 馮友蘭은 논리적으로 말하면 '먼저 이 理가 있다고 해야 되는데', 그것은 리가 시공을 초월하여 불변하는 자이기 때문이라고 하였다. 『중국철학사』(香港: 文蘭圖書公司, 민국56), p.906. 이것은 주자의 리기에 대한 가장 초보적이고 일반적인 설명이라고 할 수 있다.

113) 『어류』 권4, p.71.

이 말 앞의 문답 내용은 천지의 기가 어둡고 잡박하면 리도 따라서 그러합니까? 한 데 대해 리는 역시 변함없고, 그런 것은 다만 기일 뿐이라고 하자, 그렇다면 리와 기가 서로 '떨어지지' 않느냐고 다시 질문한 데 대한 답이 위의 인용문이다.

여기서 첫 구의 '리가 기를 낳는다' 고 한 것은 정확한 표현은 아니지만(리가 작용성이 있는가 하는 오해의 여지가 있다), 그것은 기의 생성 과정에 있어서의 리의 영원적 객체로서의 역할을 설명한 것으로 보면 족하다. 그 다음 구 '리가 (기를) 낳고 나면 ……' 이라는 것은 그다음 구 '현상적으로〔日用間〕 ……' 와 같이 보면 현실태는 현실적 존재의 생성 과정, 즉 기의 동정무단(動靜無端)이 있을 뿐이므로 '이제는 리의 관여는 끊났다' 는 의미이다. 그리고 '기강리약' 은 이상과 같은 의미를 상징적으로 표현한 것으로 볼 수 있다. 이 입론의 핵심은 궁극적 사실은 오로지 현실적 존재(氣)의 생성 과정이라는 과정철학의 '존재론적 원리' 임을 말하는 것이다. 즉 주자 리기론의 원리 '존재는 존재 아닌 때가 없었다' 고 하는 '동정무단, 음양무시(動靜無端, 陰陽無始)' 와 같은 것이다.

여기서 '기는 리가 낳은 바' 라고 한 바와 같이 주자는 왕왕이 기를 리가 '낳은 것' 이라고 한 적이 있다. 그러나 주자는 항상 '리기불상리(理氣不相離)' 의 관점에서도 입론하여 양쪽 관점을 종합하여 리기 관계를 볼 것을 강조하였다. 그리하여 주자는 다음과 같이 말하였다.

> 주자(염계)와 강절(소옹)이 태극을 말할 때 음양과 함께 섞어 말하였다. …… 역(易)에 태극이 있는데, 이것이 양의를 낳았다〔生〕라고 한 경우는 실리(實理)에서 말한 것이다. 만약 그 낳는다는 것〔生〕을 말하면 같이 낳는 것〔俱生〕이요, 태극은 여전히 음양에 있다. 다만 그 순서를 말하면 반드시 이 실리가 있고 난 다음에 음양이 있다. 그 리는 하나이다. 그러나 현실적 사물에서 보면

음양이 태극을 함유하고 있고, 그 근본을 미루어 보면 태극이 음양을 낳는다.[114)]

즉 '사물에서 보면' 이라는 관점과 '그 근본을 미루어 보면' 이라는 관점을 대립시키고 있다. '낳음〔生〕의 순서에서 실리가 먼저' 라는 것은 리의 영원적 객체로서의 성격을 말하고 있는 것이다. 다만 과정철학처럼 리의 기에의 연관과 그 역할 등이 자세히 분석되지 않았을 뿐이며, 따라서 그 표현이 소박하고 단조로웠을 뿐이다.

주자는 또 고고(枯槁; 무생물)에도 리(=性)가 있다고 하였는데, 이것을 통하여도 주자의 리기론이 유기체주의라는 것을 알 수 있다. 주자는 이렇게 말하였다.

하늘이 만물을 낼 때에 혈기지각(血氣知覺)이 있는 것도 있는데, 사람과 동물이 그것이고, 혈기지각은 없고 다만 생기만 있는 것도 있는데, 초목이 그것이고, 생기(生氣)는 끊어졌으나 다만 모양과 냄새, 맛만 있는 것이 있는데, 고고(枯槁; 무생물)가 그것이다. 이것들은 비록 나누어진 것은 다르나 그 리는 같지 않은 적이 없다. …… 만약 생기가 없다고 하여 생리(生理)가 없다고 하면 이는 천하에 본성 없는 사물이 있게 되고, 리가 천하에 있어 비고 빠진 데가 있게 되니, 그것이 어찌 옳겠는가?[115)]

만유의 생성 변화의 최종적 구성 요소로서 '기' 를 상정했다면 이러한 존재론이 가능하다. 화이트헤드 역시 자연계를 네 개의 '제활동(諸活動)의 정합체(整合體)' (aggregation of activities)를 상정하여 무기물, 식물, 동물,

114) 『어류』 권75, p.1929.

115) 『대전』 권59, 「答余方叔」.

인간으로 나누고 있다.[116] 과정철학 역시 궁극적 현실태로서 현실적 존재를 상정하므로 유기물 무기물 사이의 질적인 차이를 인정하지 않는 것이다. 이러한 유기체적 우주관(자연관)에서 주자 사상(존재론)과 과정철학의 닮은 점을 보는 것이다.

5. 태극과 리

주자는 『중용장구』 제1장 주에서 "하늘이 음양오행으로 만물을 화생하는데, 그때 기는 형체를 만들고, 리도 거기에 부여된다."라고 하였다. 또 주자는 "이 세계에는 리와 기가 있다. …… 사람과 사물이 생길 때 리를 받아서는 본성을 갖추고, 기를 받아서는 형체가 갖추어진다."[117]라고 하였다. 이때 본성은 사람과 물, 즉 만유의 '개체성'을 말하는 것으로 리와 구별되어 쓰인 개념이다(물론 본성이 리이므로 '성즉리(性卽理)'라는 명제가 성립되었지만). 그러므로 주자는 "이 성자(性字)는 하늘에서 품부된 것을 말하고, 태극은 리라고 해야 한다."[118]라고 하여 본성과 리(태극)를 구별하여야 한다고 하였다. 그렇다면 이 태극과 리는 어떤 관계에 있는가?

주자는 다음과 같이 말하였다.

> 천지 만물의 리를 총괄하는 것이 바로 태극이다. 태극은 본래 이름이 없고, 다만 하나의 별명〔表德〕일 뿐이다.[119]

116) Whitehead, *Modes of Thought* (The Macmillan Co., New York, 1958), pp.38-39.

117) 『대전』 권58, 「答黃道夫」.

118) 『어류』 권94, p.2372.

119) 동서, 권94, p.2375.

태극은 천지만물의 리를 총괄하는 것이라고 하였다.[120] 주자는 다시 "사람마다 하나의 태극이 있고, 사물마다 하나의 태극이 있다."[121]라고 하였다. 또 그는 말하기를

> 대개 전체〔統體〕가 하나의 태극이다. 그러나 또한 하나의 사물이 각각 하나의 태극을 갖추고 있다.[122]

라고 하였다. 그렇다면 이때 '통체태극(統體太極)-각구태극(各具太極)'의 관계는 어떠한가? 즉 태극(의 리)와 개별적 물성(物性)과의 관계는 어떠한가? '개별성'(개체성)은 기의 생성에 있어서 형상(形相)으로서의 리의 진입에 의하여 사물이 형성됨으로써 성립되는데, 그 개별성은 통체태극과 어떤 관계에 있는가?

주자는 이에 대해

> 본래 하나의 태극일 뿐이다. 그런데 만물이 제각기 품수한 것이니 또 자연히 각자가 전부 하나의 태극을 갖추고 있다. 그것은 마치 하늘에 있는 달과 같이 하나일 뿐이다. 그것이 강과 호수에 흩어져 있으니 가는 곳마다 보이지만 달이 나뉘어졌다고 말할 수는 없는 것이다.[123]

---

120) 馮友蘭은 「總天地萬物之理」의 '總' 자를 해석하여 "태극은 천지만물의 리의 總和"라고 하였다. 풍우란, 전게서, p.899. 태극을 이데아 중의 이데아로 보면 리의 '총화'라고 할 수 있고, 과정철학의 신과 영원적 객체와의 관계에서 보면 태극이 (천지만물의 리를) '총괄'(한다)고 볼 수 있다. 주자의 경우는 명확히 구별된 것 같지 않다. 勞思光 역시 주자의 이 말이 '총화', '총괄' 두 의미가 있는데, 이 문구에서는 전자에 가까워 풍우란이 그렇게 해석했으나 주자가 분명하게 말하지 않았다고 하였다. 노사광 저, 정인재 역, 『중국철학사』(송명편) (탐구당, 1987), pp.330-333.

121) 『어류』 권94, p.2371.

122) 동서, p.2374.

라고 하여 달이 물에 비친 것을 예로 들어 설명하였다. 주자는 또 이것을 표현하기를 "나뉘어져 조각나는 것이 아니라, 다만 달이 여러 강에 비치는 것과 같다."[124]라고도 하였다. 이것은 '통체태극-각구태극'의 존재 양상, 즉 '리일분수(理一分殊)'에 대해 하나의 '월인만천(月印萬川)'이라는 '비유'로써 설명한 것인데, 그 의미는 '부분의 합이 전체가 아니다'라는 우주론적 형이상학을 나타내고 있는 것이다. 즉 각구태극은 통체태극의 분할이 아니라는 것이고, 태극의 분할이 개별 사물의 본성, 즉 개별성을 이루는 것이 아니라는 것이다.

과정철학에서 신은 그 '원초적 본성'에 있어서 모든 영원적 객체를 파악(prehension)하고 있다. 그리고 이 영원적 객체는 신의 비젼(vision)으로 인해 특수한 현실적 존재의 생성에 선택적으로 관련되어지는 것이다. 이것이 현실적 존재의 개념적 파악이요, 영원적 객체의 진입이다.

화이트헤드에 의하면 한 현실적 존재가 일어나고 감응하는 세계란 다수의 존재자들로 성립한다. 그러나 이 세계에는 많은 충돌하는 요소들이 있으나 복합적이면서도 그 세계내의 모든 존재자들의 조화 있는 감응을 성취하려는 목적이 있다. 이것이 현실적 존재의 주체적 목적이다(이 주체적 목적을 영원적 객체라 부르기도 한다). 이 목적은 신에 의해 제공된다. 신은 그 원초적 본성에 있어서 모든 영원적 객체를 파악하고 있다. 즉 신은 실재의 양극(兩極)인 '현실성'과 '가능성'을 포괄하고 있다. 그러므로 신은 우주 질서의 근거이며 '구체화의 원리'(principle of concretion)이다.

태극은 여러 리를 총괄하는데, 리는 기의 형상이므로 만유의 생성에 형상으로 임재(관계)한다. 그리하여 만유는 만유의 개별적 '본성'(=物性)이라는 특수성을 가지면서 태극의 분할 소유가 아닌, 온전한 그 본질을 이

---

123) 동서, p.2409.

124) 동상.

어받는다. 이러한 리와 태극과의 관계를 주자는 간단히 "태극은 천지 만물의 리를 총괄하는 것이다."라고 하였다. 이러한 점에서 태극은 과정철학의 신과 그 위상이 비슷하다. 과정철학에서의 신과 영원적 객체의 이러한 관계를 참고할 때 주자의 다음과 같은 입론은 쉽게 이해된다.

(문) 『대학혹문』에서 "사람과 만물이 그 기품에 있어서 차이가 있으나 리는 같지 않은 적이 없다."라고 하시고, 『맹자집주』에서는 "기로써 말하면 지각운동은 사람과 만물이 다르지 않은 것 같으나 리로써 말하면 인의예지의 품부를 만물이 어찌 다 타고 났겠는가?"라고 하셨는데, 두 설이 다른 것 같습니다. 기가 다르다고 하여 품부된 리가 어찌 따라서 다르겠습니까?

(답) 만물의 근원을 논하면 리는 같으나 기가 다르고, 만물의 개체〔異體〕를 보면 기가 오히려 서로 비슷하고 리가 절대로 같지 않다. 기의 다름은 순・박(純駁)의 차이요, 리의 다름은 편・전(偏全)의 차이이다. 다시 깊이 생각하면 자연히 의심이 없어질 것이다.[125)]

여기서 '리는 같으나'〔理同〕라고 한 것은 보편자로서의 영원적 객체를 말하는 것이요, '리의 편전'은 이 보편자가 현실적 존재에 진입하여 주체적 목적을 제공하고, 그리하여 그 현실적 존재의 생성에 참여한(구현된) 경우를 말하는 것이다. '기가 오히려 비슷하다'라고 한 것은 사람과 만물 모두 기라는 현실적 존재의 생성 과정이므로 그 점에서 질적인 차이가 없다는 것이요, '기의 순박'은 현실적 존재의 개별성을 말하는 것이다. 이 기의 순박에 의한 현실적 존재의 개별성이라는 것은 이 우주에 있어 현실적 존재의 생성은 똑같은 반복이 없다는 것이며, 기는 다시 태허로 돌아

125) 『대전』 권46, 「答黃商伯」.

가는 순환반복이 아니라 새로운 기가 다시 이어지는 '생생불식(生生不息)'이 되는 것이다. 과정철학적인 의미에서 이 우주에는 동일한 현실적 계기(현실태)는 없으며, 따라서 이 우주에는 창조적 진전이 있는 것이다.

주자는 또 다른 데에서 "리와 기의 편전을 의심하는 문제에 있어서 본원을 논하면 리가 있은 연후에 기가 있다. 그러므로 리는 편전으로써 논할 수 없다."[126]라고 하였는데, 이때의 '본원'에서 말하는 리는 보편자로서의 리, 가능태로서의 리를 말하는 것이다.

이상에서 논한 바와 같이 주자의 리기론에서의 리는 화이트헤드의 과정철학에서의 '영원적 객체'와 형이상학적 범주로서의 성격이 같다고 할 수 있다. 특히 리기 관계, 태극과 리의 관계, 리일분수, 리기선후 문제 등이 과정철학의 우주론적 형이상학과 비교됨으로써 그 의미가 비교적 선명히 들어나고 있다. 그것은 주자의 리기론이 과정철학과 마찬가지로 우주론적 형이상학이기 때문이다.

6. 주자 이후 리기 논쟁의 과정철학적 분석

주자의 리기론에 대한 형이상학적 이해의 부족은 주자 이후 여러 가지 철학적 문제를 일으켰다.

조선조 주자학에서 주리론을 전개한 퇴계는 "그전에는 리의 본체가 무위(無爲), 즉 작용이 없는 것만 보고 그 묘한 작용이 능히 겉으로 드러나 움직이고 있음을 몰랐다. 그리하여 리를 거의 죽은 물건으로 볼 뻔하였으니, 잘못되어도 크게 잘못된 것이 아니겠는가?"[127]라고 하여 리를 형이상

126) 『대전』 권59, 「答趙致道」.

127) 『退溪全書』 권18, 31면, 「答奇明彦別紙」. 이하 『退溪全書』는 『退全』이라 약함.

학적 '본체'로 파악하면서 리의 능동적 작용성을 강조하였다. 퇴계는 또 말하기를

> 공자와 주자(염계)가 음양은 태극이 낳은 것이라고 한 말을 볼 때[128] 만약 리기가 일물(一物)이라면 태극이 양의(=음양)이니 어찌 낳는 자가 있겠는가?[129]

라고 하였다. 또 문인이 "리는 감정〔情意〕도 없고 운동〔造作〕도 없다고 하였으니, 태극이 음양을 낳을 수 없을 것 같습니다."라는 질문에 대해 퇴계는 "리에 동정이 있으므로 기에 동정이 있다."라는 주자의 말[130]을 인용하고 나서, "감정이 없다고 한 것은 본연(本然)의 본체요, 능발능생(能發能生)은 지묘(至妙)의 작용이다. …… 리가 스스로 작용이 있으므로 자연히 양을 낳고 음을 낳는 것이다."라고 하여 '리동(理動)'을 강조하였다.[131]

퇴계의 이러한 '리동설(理動說)'은 물론 '리의 체용설'로써 보충 설명되고 있지만, 주자의 리기론의 원리 중 하나인 '리기불상잡(理氣不相雜)'의 측면에 치중하여 리를 본 것이다. 이는 리의 '초월성'을 상대적으로 (보다 더) 강조한 것이다. 퇴계는 이러한 입장에서 나흠순(羅欽順; 호 整庵)의 '리기일물설(理氣一物說)'을 비판하기도 하였다.

율곡은 '리통기국(理通氣局)'을 강조하고, 나아가 리기의 관계 해명에 초점을 맞추었다. 율곡은 그것을 '리기지묘(理氣之妙)'[132]라고 표현하였

---

128) 여기서 공자의 말은 『주역』의 "太極生兩儀"를 말하고, 周子의 말은 『太極圖說』의 "無極而太極"을 말한다. 공자를 들먹인 것은 음양과 태극이『주역』에 나오는데, 공자가『주역』의 십익(十翼)을 찬술했다고 보고 하는 말이다.

129) 『退全』 권41, 20면, 「非理氣爲一物辨證」.

130) 『대전』 권56, 「答鄭子上」.

131) 『퇴전』 권39, 28면, 「答李公浩問目」.

132) 『栗谷全書』 권10, 17면, 「答成浩原」. 이하 『栗谷全書』는 『栗全』이라 약함.

다. 율곡은 말하기를 "고목사회(枯木死灰; 죽은 나무나 재)의 기는 생목활화(生木活火; 산 나무 타는 불)의 기가 아니지만, 고목사회의 리는 생목활화의 리이다."[133]라고 하였다. 리기지묘는 리기 관계를 중시한 것이지만, 리의 형이상학적 원리성(=形相性)과 기의 형이하학적 생성 과정을 균등하게 인정하면서 주자 리기론의 본질을 파악하려 한 노력의 결과이다. 그러므로 율곡 역시 나정암의 리기일물설을 비판하였다. 그것은 나정암의 리기설이 리의 초월성(=원리성)을 부정하고, 만유일기설(萬有一氣說)에 치중하여 기에서 리를 보아야 된다고 했기 때문이다. 여기서는 리의 '까닭〔所以〕'으로서의 근거, 즉 원리성이 현저히 후퇴되고 마는 것이다. 과정철학적 의미에서 말하면 영원적 객체로서의 리의 성격이 후퇴하게 되는 것이므로 주자 리기론에서 멀어진다고 율곡은 보았던 것이다.

율곡의 리통기국설에 대해 유기론적 입장에 있었던 임성주(任聖周; 호 鹿門)는 나정암 사상의 영향을 받아 '담일청허(湛一淸虛)의 기'를 상정하여 그것이 천지에 가득 차 있고, 고금에 유행한다고 하면서 "리일분수는 리를 주로 하여 말한 것이다. 분자(分字)는 마땅히 리에 속하게 해야 한다. 만약 기를 주로 하여 말하면 '기일분수(氣一分殊)'라고 말해도 된다."[134]라고 하여 '기일분수설'을 내세웠다. 이는 기론자들의 일반적 특징인 '담일청허의 기'를 상정했기 때문이다(장횡거는 그 '원초적 기'의 상태를 '태허(太虛)'라고 했다).

그러나 과정철학에 비추어 보면 이 우주의 궁극적 실재가 현실적 존재(의 생성)이라고 한다면(그러므로 과정이 곧 실재가 된다), 담일청허의 기는 그야말로 '기의 본원(本原)'이라는 가상의 '실체'(substance)를 상정한 것이다. 화이트헤드의 표현을 빌리면 '잘못 놓여진 구체성의 오류'인 것이

---

133) 동상.

134) 『鹿門集』 권19, 3-4면, 「鹿廬雜識」.

다. 기는 기 아닌 때가 없으며, 기는 유행 아닌 때가 없다고 하는 것이 성리학 일반의 존재론적 원리인 것이다. 즉 기의 자체 운동성의 본유성(원래부터 갖고 있음)을 인정하고 있는 것이다. 이러한 것을 나타낸 성리학적 명제가 바로 '동정무단, 음양무시(動靜無端,陰陽無始)' 이며, 또는 '기기자이(其機自爾)' (그 운동의 기틀이 원래 그러함, 즉 원래 움직였음)인 것이다. 그러므로 율곡은 기론자의 이러한 기의 '실체관' 을 날카롭게 비판하였던 것이다.[135]

'리일분수' 는 우주 존재 실상인 '부분과 전체' 의 문제와 태극이나 신(God)의 초월성과 내재성이라는 양극성(兩極性; dipolarity)을 설명하는 명제이지만, '기일분수' 는 기나 현실적 존재의 생성이 바로 실재(궁극적 사실)라는 리기론과 과정철학의 존재론의 원리에서 볼 때 성립될 수 없는 것이다. 왜냐하면 생성이 실재라고 보는 것은 실체를 부정하는 입장이기 때문이다.

또 리를 중시하는 입장에서 이현일(李玄逸; 호 葛庵)은 율곡의 설에 대해 "이씨(율곡)의 설을 볼 것 같으면 이 리는 다만 허무공적(虛無空寂)한 사물로서 만화(萬化)의 근원이 될 수 없고, 오직 음양기화(陰陽氣化)만이 조화를 행한다는 것이 되니 그릇되지 않았는가?"[136]라고 비판하였다. 이는 율곡의 리의 성격을 오해한 것이다. 즉 율곡이 퇴계에 비해 상대적으로 기의 생성을 중요시한 데 대해 리가 퇴계처럼 '실체화' (퇴계 존재론에 있어서의 '리동설')되지 않은 데서 그 리의 작용성(기에 대한 역할)이 현저히 감퇴되는 것으로 비쳤던 것이다. 율곡의 리가 초월성(=원리성)이 없는 것이 아니라 실은 이갈암이 생각했던 것보다 더 강하였다. 그러므로 이는 율곡의

135) 율곡은 서화담의 '一氣長存說' 및 一陽未生之前의 陰氣를 氣(陰陽)의 근본으로 보는 점에 대해 비판하였다. 『율전』 권9, 18면, 「答朴和叔」.

136) 『葛庵集』 권18, 16면, 「栗谷李氏論四端七情辨」.

존재론에 대한 이해의 결여에서 온 것이고, 그것은 또한 성리학의 기본적 난제인 '가치 실재론'과 존재론적 '본체론'의 미분화(리의 이중성)에서 기인하는 것임은 물론이다(가치로서의 리를 중시하다 보면 본체로서의 리를 능발능생(能發能生)하는 실체로 보게 된다).

이상에서 본 바와 같이 주자 이후 그의 리기론이라는 우주론적 형이상학에 대해 사변적 논란이 있었지만, 주자의 언표가 단순하고, 또 리기 관계 논술이 양면성을 띠지 않을 수 없어 학자들 사이에 다대한 오해와 논란이 있었던 것이 사실이다. 더욱이 앞서 말한 리의 이중성, 즉 가치 실재로서의 리와 존재 원리로서의 실재성(=원리성; 형상성)이 혼융 미분화되어 있었기 때문에 더욱 학자들은 혼란을 겪지 않을 수 없었다. 거기다 주자의 리와 태극과의 관계가 과정철학처럼 구분되어 있지 않은 점도 주자 이해의 어려움을 더하여 주었다. 이러한 성리학의 체계상의 문제와 더불어 주자 리기론이 형이상학적 우주론이므로 그 형이상학의 난해함도 학자들 오해의 중요 원인이 있었다고 할 수 있다. 그런 중에도 율곡의 리기론은 주자 리기론의 그 존재론적 체계의 핵심을 잘 파악하고 있었다고 할 만하다.

퇴 · 율 이후 조선조 주자학의 철학적 전개는 '사단칠정론(四端七情論)'과 더불어 이러한 리기 존재론의 형이상학적 문제를 다루면서 이루어졌으므로 먼저 주자 리기론에 대한 정확한 분석이 필요하다. 여기에서 그 분석 방법의 하나로 주자 리기론과 화이트헤드의 과정철학의 비교가 이루어졌다. 이 비교의 결과를 이용하면 주자 이후의 주자학, 특히 조선조 주자학의 여러 철학적 논쟁들을 더욱 세밀히 분석하여 해석할 수 있는 길이 열리는 것이다.

7. 결어

이상 논한 것을 요약하면 다음과 같다.

(1) 주자의 '리'는 서양철학과의 비교에서 종전에 '이데아', 아리스토텔레스적 의미의 '형상(形相)', 또는 '보편자' 등과 비슷한 것으로 보아왔으나 한편으로는 부적절함이나 미진함을 느껴왔다. 그 하나의 문제 제기가 일본 학자 야스다(安田二郎)의 '의미'로서의 리였다. 본고에서 과정철학의 '영원적 객체'와 비교됨으로써 주자 리의 성격이 더욱 분명해졌다.

(2) 주자의 리기 관계 문제로 '리선기후', '리생기(理生氣)' 등의 문제에 대해 종전에 많은 논란이 있었는데, 이것도 과정철학의 '현실적 존재'와 '영원적 객체'의 관계를 통하여 새로운 이해를 하게 되었다. 아울러 '기강리약(氣强理弱)'이라든가 '고고유성(枯槁有性)'의 주자 리기론의 난제도 그 의미를 해명할 수 있게 되었다. 즉 유기체 우주론에 바탕을 둔 우주론적 형이상학으로서의 입론임을 확인할 수 있다.

(3) 태극과 리의 관계에서 주자의 경우 과정철학의 '신'과 '영원적 객체'처럼 자세한 설명은 되지 않았지만, 그 위상은 상호 유사한 것이다. 특히 태극이 천지만물의 리를 총괄한다는 것은 과정철학적 설명이다. 그리고 '통체태극-각구태극'(즉 리일분수)은 바로 주자 리기론이 유기체 철학으로서 존재의 실상인 '부분과 전체' 문제를 설명한 형이상학적 이론인 것을 알 수 있다.

(4) 주자 이후 조선조 성리학 논쟁에서 이루어진 몇 가지 문제를 예로 들어 이상의 비교 결과를 토대로 분석해 보았다. 존재론의 범위에서 말할 때, 율곡이 퇴계의 '리동설'과 서화담의 '기론' 및 나정암의 '리기일물설' 등을 비판한 이유를 분석해 냄으로써 율곡의 리기론이 주자 리기론의 그 형이상학적 체계에 핍진해 들어간 모습을 볼 수 있다.

3장

주자 태극론(太極論)의 철학적, 종교적 의미

1. 서언

주자(朱子)의 '태극(太極)' (The Great Ultimate)은 리(理) 중의 리, 최고의 궁극자(an ultimate)로서 정초된 것이다. 그러므로 화이트헤드(Whitehead)의 과정철학(process philosophy)의 신(God)과 그 위상을 비교할 수 있다. 화이트헤드는 종교는 형이상학의 도움을 필요로 한다고 하였다. 그러므로 그는 과정철학이라는 형이상학의 토대 위에서 신의 문제를 다루었다. 주자의 태극론도 그의 '리기론(理氣論)' 이라는 형이상학적 우주론의 체계 위에서 논의되고 있으므로 그의 태극론은 철학적인 것과 종교적인 것의 두 원천임을 알 수 있다. 그러므로 태극을 해석함에 있어서 화이트헤드의 과정철학과 그것을 원용한 신관(神觀; 종교론)과 비교한다면 주자 태극론의 철학적 의미는 물론이려니와 종교적 의미도 보다 명료하게 드러낼 수 있을 것이다.

주자는 태극을 해석하기를 '조화(造化)의 추뉴(樞紐)', '품휘(品彙)의 근저(根柢)' 라고 하여 '변화의 원리' 요 '만물의 존재 근거' 라고 하였다. 이는 곧 화이트헤드의 신과 같이 '우주의 궁극적 한정' 의 의미로 규정하고 있는 것이다. 주자는 주돈이(주렴계)가 '무극이태극(無極而太極)' 이라고 한 것을 '무형이유리(無形而有理)' 라고 해석하면서 이것이 그런 의미를 나타내는 것이라고 하였다. 태극과 이 세계와의 관계는 서로 떨어지지도 않으면서 그렇다고 서로 섞이지도 않는, 즉 '불상리, 불상잡(不相離, 不相雜)' 의 관계이다. 이는 태극의 음양(세계)과의 관계에서 '무형이유리' 로서 초월성을 가지면서 음양(=세계)과 또한 서로 떨어지지 않는 내재성을 가지는 것을 말한다. 이는 과정철학의 신이 '양극성' (dipolarity), 즉 '원초적 본성' 과 '결과적 본성' 으로 인하여 이 세계와 관계하고 있는 것과 비교된다. 태극의 음양(세계)과의 관계 역시 '초월과 내재' 의 '양극성' 을 갖는다고 할 수 있다. 또한 태극이라는 이 궁극자는 만물과의 관계에 있어서 자신의 전체성을 그대로 만물에게 온전히 부여한다고 한다. 이를 '리일분수(理一分殊)', 또는 '통체태극(統體太極)-각구태극(各具太極)' 이라고 표현하는데, 이것 역시 태극이 이 세계와 관계하는 방식이 '초월과 내재' 라는 것을 나타낸다. 즉 '리일' 과 '통체태극' 은 초월성, '분수' 와 '각구태극' 은 내재성을 나타낸다.

주자의 태극론을 연구하는 학자들에 의하면 불교 및 기독교와 비교하여 태극의 의미를 논하고 있는데, 그 내용은 주자의 태극론은 유신론(theism)도 아니고 범신론(pantheism)도 아닌 융합적 신관으로서 범재신론(汎在神論), 즉 만유내재신론(萬有內在神論; panentheism)이라고 한다. 화이트헤드가 추구하는 '형이상학적 종교' 역시 기독교 인격신의 신관을 배격하고 불교적 사유체계를 관심있게 주목하고 있는 것을 볼 때, 이 점에서도 주자의 태극론과 매우 유사하다고 할 수 있다.

화이트헤드는 또 우주 전체를 해석함에 있어서 종교적 통찰이 공헌하는 바가 크고, 우주의 섭리를 통찰하는 데는 '우주 종교적 감정' (cosmic religious feeling)이 수반되어야 한다고 하였다. 주자 내지 성리학자 모두 역시 자연의 섭리에 대한 감탄을 시작(詩作)하고 있는 사람들로서 그곳에서 우주 종교적 감정을 또한 볼 수 있다. 그러므로 주자 태극론도 그의 이러한 우주 섭리에 대한 경탄, 즉 우주 종교적 감정을 떠나 논할 수 없는 것이다. 그러므로 주자의 태극론에서 동양적 '우주 종교' (cosmic religion)의 일면을 엿볼 수 있다.

이와 같이 주자의 태극론을 과정철학과 비교해보면, 유교는 종교적 차원과 철학적 차원을 동시에 갖는 가르침이라고 할 수 있다. 이 두 원천에서 종교적 면을 더 강조하면 절대자로서의 '태극의 리' 를 높이게 되는 '주리론(主理論)' 이 될 것이며, 존재의 시원(始源)과 생성과정의 면을 더 강조하면 '현실적 존재' 의 생성이라는 '기(氣)의 존재론' 이 될 것이며, 또 '현실적 존재' 와 '영원적 객체' 의 관계에 촛점을 맞춘다면 소위 '리기이원론' 이 될 것이다. 그러나 과정을 말하는 철학의 경우도 존재의 생성에 신의 역할 없이는 이루어지지 않으므로 화이트헤드의 철학에서도 신은 철학적, 종교적 의미를 동시에 갖는다고 할 수 있다.

주자학의 태극론이 수반하는 종교적 형식은 『중용』에서 말하는 '천지(우주)의 화육(化育)에 참여' 하는 것으로 화이트헤드의 신관에서의 신과 인간의 동역적(同役的) 관계, 신에 대한 경외와 다를 바 없는 것이다. 더구나 유교의 도덕론으로서의 속성은 태극이 인간 주체의 근거인 '성(誠)' 이 되고, 다시 이것이 도덕의 근거인 '성(性)' 이나 '양지(良知)' 가 되는 양태로 태극이 다시 인간 주체로 내면화(내재화)되는 특색이 있는 것이다. 이 성, 즉 인의예지의 덕이 발로되는 기전을 말하면 '인간의 마음' 이므로 심학(心學)에서는 '양지' 와 같은 도덕의 근거를 절대자로 보게 되는 것이다(양지는 동시에 우주의 본체이기도 하므로). 따라서 주자학의 경우 인이라고 하는 우주의 위대한 역할을 종교적으로 깊이 믿게 되면 그것은 생생불식(生生不息)하는 우주 섭리에 경탄하는 '우주 종교'가 될 것이며, 이것을 도덕 실천의 면에서 말하면 우주와 인간 마음의 절대자에 대한 '경외'라는 종교적 도덕론이 될 것이다.

이와 같이 주자의 태극론을 과정철학의 신관과 비교하여 철학적, 종교적 차원의 의미를 탐색할 수 있다.

2. 주자 태극론의 체계와 논리

주자의 태극론은 송학의 시조 주돈이(周濂溪)의 『태극도설』에 대한 주해인 『태극도설해』를 통하여 형성되었고, 이것은 송학의 우주형이상학을 대표한다. 중국 전래의 기의 자연철학과 장재(張橫渠)의 기의 우주론, 정이(程伊川)의 리기론을 종합하여 집대성한 것이다. 『태극도설』의 구조는 태극(無極而太極) - 음양동정(陰陽動靜) - 오행(五行) - 만물화생(萬物化生)의 순서로 기에 의한 존재의 생성 과정을 설명하고 있다. 여기서 중요한 것은 비록 기의 생성론이라고 하지만, '태극'과 음양 이하의 관계는 형이상과 형이하와는 다른 차원이라는 것이다. 그러므로 태극의 성격을 설명한 '무극이태극'(무극이면서 태극이다)을 어떻게 해석하는가 하는 것이 핵심적인 문제였다. 종래의 기의 생성론에 의하면 태극에서 만물화생까지 일기(一氣)의 생성전개로 보았지만, 주자는 태극을 '리'로 해석하여 존재의 근거로 해석하였다. 그리하여 이 리는 일반적인 개별 존재의 원리 내지 근거인 '리'에 대해서 모든 리를 포괄하는 '가장 큰 궁극자'(The Great Ultimate)로서 우주의 근거(본체)가 되었다. 뿐만 아니라 이것은 고대의 천(=하늘)과 같은 우주의 주재자 성격은 퇴화되면서, 무신론인 송학에 와서는 만유가 그 안에 있는 우주형이상학의 '절대자', '궁극자'로서의 위상을 갖게 되었다. 나아가 천인합일의 송학의 도덕형이상학의 체계에 따라 인간의 도덕적 근거인 '성(誠)'이 되기도 하였다(주돈이의 『通書』 참조).

주자 태극론의 주요 내용은 '무극이태극'의 성격, 태극과 음양과의 관계 그리고 음양과 오행 및 만물의 문제라고 할 수 있다. 태극과 음양(및 오행 만물)은 또 리와 기로 전환하여 말할 수도 있으므로 '리기론'과 함께 논의해야 한다. 주자는 태극에 대해 "태극은 다만 하나의 리이다."라고 하여[137] 태극과 리는 잘 구분되고 있지 않다. 그는 그러면서 태극은 만물의 개별적 리의 총칭, 즉 포괄자로서 설명하고 있다. 즉 "천지 만물의 리를 총칭(포괄)한 것이 바로 태극이다."라고 하였다.[138] 또 그는 말하기를 "소위 태극이라 하는 것은 천지 만물의 리를 합하여 하나로 이름 지은 것이다."라고 하였다.[139] 태극을 리라고 하고, 또 태극과 리의 역할 구분이 명확하지 않으므로 태극-음양 관계를 흔히 리-기 관계로 치환하여 일반화시켜 논하기도 하였다. 태극과 리의 관계는 과정철학의 '신'과 '영원적 객체' 사이의 이론에 의하여 보완하면 좋을 것이다.

태극과 음양과의 관계는 궁극자(절대자)와 이 세계와의 관계, 즉 과정철학적으로 말하면 신과 이 세계와의 관계이다. 태극과 음양과의 관계는 서로 떨어지지도 않으면서 그렇다고 서로 섞이지도 않는, 즉 '불상리, 불상잡'의 관계이다. 즉 음양을 떠나서 별도로 태극이 존재하는 것이 아니고, 태극은 음양으로 하여금 음양되게 하는 '까닭〔所以〕', 즉 '근거'나 '원리'이다. 음양은 기, 즉 질료적인 것(아리스토텔레스적 의미에서)으로 유형(有

137) 『太極圖說解』(『性理大全』 권1 所收).

138) 『朱子語類』 권94. 「總天地萬物之理, 便是太極」이라 할 때 '總' 자는 두 가지 의미가 다 있다(이하 『朱子語類』는 『語類』라 약함).

139) 『朱子大全』 권78, 「隆慶府學濂溪先生祠記」(이하 『朱子大全』은 『大全』이라 약함).

形), 태극은 리, 즉 질료적인 기의 근거로서 무형(無形), 따라서 태극은 음양을 초월하여 그것을 제약(한정)한다고 말할 수 있으나 음양을 떠나서 별도로 존재한다고 말할 수 없다는 것이다.

음양과 오행, 오행과 만물 사이는 태극과 음양 사이의 불연속적 관계와는 달리 형이하 세계에서의 연속적 관계이다. 형이하의 기는 시간과 공간 세계에 있는 존재자이고, 음정양동은 그러한 존재자인 기의 두 가지 양태에 지나지 않는다. 그리하여 음정양동의 기의 배합 정도에 의해 오행의 수화목금토(水火木金土)가 생기는 것이다.

주자에 의하면 태극은 바로 '형이상의 도'로서 '조화의 추뉴'요, '품휘의 근저'라는 것이다.[140] 즉 우주 변화의 어떤 원리(principle)요, 만물의 뿌리(존재 근거)라는 것이다. 그는 이를 다음과 같이 말하였다.[141]

> 극(極)이란 이름을 붙인 원인을 생각해 보면 추극(樞極)이란 뜻을 취한 것 같다. 성인이 태극이라고 말한 것은 천지만물의 뿌리〔根〕를 가리키려고 한 것이다.

여기서 '뿌리'란 것은 하나의 비유인데, 존재의 '근거'라는 의미이다. 그리하여 주자는 주돈이가 이 태극의 형이상학적 의미를 해석하기 위하여 『태극도설』에서 '무극이태극'(무극이면서 태극이다)이라 하였다고 보았다. 즉 그는 이를 다음과 같이 설명하였다.[142]

> (주돈이가) 그것을 토대로 무극이라 한 것은 하늘의 소리도 없고 냄새도 없

140) 『태극도설해』.
141) 『대전』 권45, 「答楊子直」.
142) 동상.

음〔無聲無臭〕의 미묘를 드러내려고 한 것이다. 그러나 '무극이태극' 이라 할 때 태극은 본래 무극이므로 무극의 뒤에 별도로 태극을 낳는다든가 태극의 위에 앞서서 무극이 있다든가 하는 것이 아니다.

주자는 또 말하기를

무극이라고 하지 않으면 태극이 하나의 사물과 같아서 변화의 근본이 되지 못하고, 태극을 말하지 않으면 무극은 공적(空寂)에 빠져 변화의 근본이 될 수 없기 때문이다.

라고 하였다.[143)]

주돈이가 '무극이태극' 이라 하여 '무극' 으로써 태극을 해석한 것은 주자에 의하면 태극의 형이상학적인 본체의 설명으로서 큰 의미가 있다고 본 것이다. 주자의 이 설명에서 태극의 성격은 더욱 분명해졌다고 할 수 있다.

주자가 주돈이의 태극을 형이상학적 본체로서 해석한 중요한 이유는 태극도에 나와 있는 바와 같이 태극을 상징하는 그림 ○(가운데 흰 원)이 본체를 나타내는 '무극이태극' 에서 시작하여 음양동정을 나타내는 과정, 다시 음양에서 오행이 분화되는 과정, 거기서 다시 마지막 만물의 생성을 나타내는 '만물화생(萬物化生)' 에 이르기까지 그 모양이 그대로 불변적으로 이어져 내려가게 그려져 있다는 것에서 착안하였다. 즉 주돈이의 『태극도』는 만물의 본체인 태극은 만물 개체마다에도 들어 있다는 것을 잘 나타내고 있다.

143) 『大全』 권36, 「答陸子靜」.

위의 예문에서도 볼 수 있는 바와 같이 무극에서 태극이 나온다든가 태극앞에 무극이 선재한다든가 하지 않고, '무극이태극'의 원의에서 형체는 없지만 이치는 있다는, 즉 '무형이유리'(형체가 없으나 리는 있다)인 태극이 '무성무취의 미묘함'(소리도 없고 냄새도 없다)임을 나타낼 뿐이라고 설명하였다.[144] 당시 도가류의 '기유출론적(氣流出論的)' 해석으로서 '자무극이위태극(自無極而爲太極)'(무극에서부터 태극이 된다=나온다)이라는 말이 있었다. 그리하여 『송사(宋史)』「도학전(道學傳)」의 〈주렴계전〉에서도 그렇게 해석하였는데, 주자는 그렇게 되면 태극을 기로 보아 기의 분화발생으로서의 음양·오행·만물의 생성〔流出〕으로 보게 되어 태극이 만물의 뿌리가 될 수 없다고 생각하였다. 주자는 이것이 주돈이의 본뜻도 아니라고 보고 기론적(氣論的) 해석을 강하게 비판하였다.[145]

주자의 이 해석을 통하여 송학과 주자학의 형이상학적 우주론의 입장은 더욱 분명해졌다. 다시 말하면 주자의 『태극도설해』를 통하여 송학의 우주론, 즉 형이상학적 우주론이 확립되었던 것이다. 생성론적으로 '무극이태극'을 해석하면 태극은 형이하의 대상적 존재인 기의 세계가 되어 이 기의 세계도 눈에 보이지 않는 무극의 기로부터 생기는 것이 된다. 따라서 기의 세계에서 방황, 형이하의 대상적 존재인 기의 세계에서 벗어날 수가 없다는 것이다.[146]

---

144) 주자에게 있어 접속사 '而'자는 태극의 이와 같은 근거의 理의 성격을 충분히 말해줄 수 있는 언어적인 표현의 묘미가 있다고 생각되었는지 모른다. 그러므로 그는 이 '而'자를 가볍게 보아서는 안 된다고 하였다. 『성리대전』 속의 『태극도설해』의 細注 참조.

145) 馮友蘭은 그의 『中國哲學史』에서 주돈이의 본의는 재래 道家流의 流出論的 입론이었으나 주자는 이와는 다른 각도에서 형이상학적으로 이를 해석하였다고 지적하였다. 『中國哲學史』(홍콩: 문란도서공사, 민국 56), p.907.

146) 이러한 탈피의 노력은 이미 『易乾鑿度』에 가장 잘 나타나 있고, 『周易正義』 序에서도 "理則包無"(리는 무를 포함한다) "易理備包有無"(역리는 유·무를 다 포함한다)

송대 이전에 불교에서는 유교의 도가 '기적(氣的)' 이라는 비판을 하였고,[147] 이 문제가 주돈이를 비롯한 송대 사상가들의 철학상의 하나의 과제가 되었다. 다시 말하면 주돈이의 '무극이태극', 소옹(邵康節)의 '도' '태극', 장재(張橫渠)의 '태허(太虛)', 정호(程明道)의 '천리(天理)', 정이(程伊川)의 '소이연지고(所以然之理)' 등 어느 것이나 기적(氣的)이거나 혹은 리적(理的)인 차이는 있지만 기의 생성론적 존재론을 극복하려는 노력의 하나로 볼 수 있다.

주자 역시 이 태극을 정이의 설을 계승하여 '소이연지고(=리)' 로 본 것인데, 그것은 바로 시간적으로 선행하는 실체적 존재가 아님을 강조한 것이다. 이런 견지에서 주자는 노자의 '무(無)' 를 생성론적으로서 이해하여, 형이하적으로 존재하는 눈에 보이지 않는 혼돈의 기를 노자가 무라고 하였다고 노자설을 배척하였다. 그것은 태극을 기적(氣的)인 것으로 본다면 태극의 소위 '초월성'[148]이 부정되기 때문이다.

이 태극의 초월성 여부를 두고 주자와 육구연(陸象山)과의 논쟁이 있었는데, 이 논쟁을 통하여 주자의 입장은 더욱 명확해졌다. 육구연은 태극을 '중(中)' 이라 보아야 한다고 했다. 즉 육구연은 말하기를,

> 대개 극이란 중이다. 무극을 말하면 이는 무중(無中)이라 하는 것과 같으니 어찌 가능한가.[149]

라고 말하고 있다. 물론 여기서의 理는 불교에서 빌려온 느낌이 많다. 友枝龍太郎, 『朱子の思想形成』(東京: 春秋社, 1969), p.186 참조.

147) 宗密, 「原人論序」『大藏經』 권45 ; 友枝龍太郎, 전게서, p.189 참조.

148) 여기서의 태극의 '초월성' 은 유신론의 신과 이 세계와의 관계에서의 창조주와 피창조물 이라는 단절적 초월성을 말하는 것이 아니라 '근거성', '원리성' 으로서의 초월성을 말한다. 리 · 기 관계에서 '理氣不相雜' (리 · 기는 서로 혼잡되지 않는다)의 명제를 생각해 보라.

149) 『陸象山全集』 권2, 「與朱元晦」.

라고 하였다. 여기서 육구연이 '중' 이라 해석한 것은 '사물의 가운데' 란 의미에서, 즉 『상서』「홍범편」의 '황극(皇極)' [150] 그대로의 의미로 본 것이다. 이것은 그가 기본적으로 태극의 초월성 자체를 부정하는 입장에 서 있었기 때문에 그렇게 말한 것이다. 그는 또 다음과 같이 말하였다.[151]

> 『역』의 「대전(大傳)」에 말하기를, 「형이상자를 도라 한다」라고 하였다. 또 일음일양을 도라고 하였다. 일음일양이 이미 형이상자인데, 왜 태극인가?

이와 같이 육구연은 초월적인 리를 부정하고 기 가운데서 유동(流動)하는 리를 인정하였다. 그러므로 이에 대해 주자는 다음과 같이 반박하였다.[152]

> 『역』의 「대전」의 태극이란 무엇인가? 그것은 양의 · 사상 · 팔괘의 리가 삼자(앞의 세 가지) 의 앞에 갖추어져 삼자 속에서 둘러싸여져 있는 것이다. 성인의 뜻은 그 궁극에 있어 지극하여 이름을 붙일만한 이름이 없어 다만 태극이라고 한 것이니, 이는 마치 천하의 어떠한 지극한 것도 이것을 능가하는 것이 없다는 것과 같다. 처음부터 중을 가지고 명명한 것이 아니다.

이것을 리기 관계를 인식하는 방법, 즉 '리합간(離合看)' 의 간법(看法)[153]

---

150) '황극' 은 원래 『尙書』「홍범편」에 나오는 말인데, 주자는 「황극변」에서 "황은 임금이란 뜻이고, 극은 '至極', '표준' 의 의미로서 사물의 중앙에 있어서 사방이 보고 바르게 된다는 의미이다. 그러므로 극을 가운데 있는 '표준' 이라고 보아야지 '가운데' 라고 하면 안 된다." 라고 하였다.

151) 『육상산전집』 권2, 「與朱元晦」.

152) 『大全』 권36, 「答陸子靜」.

153) 주자는 『역』에서 일음일양을 도라고 하였는데, 음양을 어떻게 도라고 할 수 있습니

으로써 설명하면, 주자의 입장은 리합간의 입장이나, 육구연의 입장은 리의 형이상학적 성격을 인정하지 않는 단순한 합간의 입장이다. 그러므로 음양오행의 기가 중정(中正)을 얻은 것 그대로를 '극'이라고 불렀던 것이다.

그렇다면 육구연과 주자의 입장의 차이는 어디에서 오며, 주자가 '소이연지리'로서의 태극을 강조하는 의미는 어디에 있는가? 육구연은 주체적으로 자증(自證; 체험)한 그대로가 도이고 리이므로 자연히 사물 그대로, 리기음양 그대로가 태극이었고, 따라서 형이상학적 본체로서의 태극은 필요하지 않았던 것이다. 이에 대해 주자는 현실의 모습은 인간도 자연도 많은 모순을 함유하여 인륜의 이법(理法)·여러 사물의 조리(條理)가 본연의 모습대로 나타나고 있지 않기 때문에 근거의 리가 이상(이데아)으로서 올려져 형이상화되고 본체화되지 않을 수 없었던 것이다.[154] 이런 의미에서 육구연의 리가 항상 자연과 인간의 기 세계에 내재하고 있는데 반해 주자의 리는 자연과 인간의 기 세계에 대해서 '초월-내재'의 관계에 있는 것이다. 이와 같이 주자의 리는 이중성[155]을 갖고 있다고 할 수 있다.

까? 라고 물은 데 대하여 대답하기를 "그것은 마땅히 분리해서 보기도 하고 합해서 보기도 해야 한다(當離合看)."라고 하였다(『어류』 권74, p.1895). 또 말하기를 "도는 마땅히 리와 기를 합해서 보아야 한다. 리는 虛한 물건이어서 氣質이 없으면 이 리는 의존할 데[安頓處]가 없다. 『역』에서 일음일양을 도라고 하였는데, 이것은 리와 기를 겸하여 말한 것이다. 음양은 기이고, 일음일양은 리이다."라고 하였다(동서, p.1896).

154) 인륜의 理法·庶物의 條理로서 리가 형이상화되고 본체화되었다는 것은 주자의 리를 도덕적 관점에서 본 것이다. 주자에 있어 자연(우주)의 법칙과 그것에 근거한 인간의 도덕적 규범이 일치하는 것이 희망이었다. 즉 천인합일이었다. 이는 근대 자연과학이 발달하기 이전 중세적인 종교 관념이요, 종교윤리였다고 할 수 있다. 거기에는 우주 종교적 감정이 있었으며, 사회적 삶에 있어서 나타나는 禮(=理)의 실천은 종교적 실천과 다르지 않았다. 友枝龍太郎, 전게서, p.199.

155) 友枝龍太郎은 '統體太極-各具太極' '所以然-所當然'을 理의 二重構造라 하고, 인식론적 측면에서의 '悟覺知-識別知'와 상응한다고 한다. 友枝龍太郎, 전게서, p.198.

주자에게 있어서 리의 이중성은 두 측면에서 말할 수 있다. 하나는 태극의 초월과 내재의 측면에서 말할 수 있다. 이때는 태극이 모든 리의 총칭, 즉 포괄자로서의 리이면서 그것이 만물에 온전히 내재한다는 만물과의 관계에서의 속성이다(즉 리일분수). 다른 하나는 이 태극이 만물의 개체에 내재할 때(즉 분수의 리가 될 때), 그 개별리의 모습이 '소당연지칙(所當然之則)' 으로 내재한다는 것이다. 다시 말하면 만물의 개별적 리의 속성은 '올바르고 당연한 모습으로 있어야 한다' 는 것으로 이때는 '당위적 의미' 를 가지고 규정한 것이다. 존재론적으로 말하면 이러한 개별 사물의 리는 사물의 성질〔物性〕로 규정되어야 할 것임에도 천인합일 사상인 주자학에서는 '사물의 당연한 모습' 으로 규정되고 있다. 즉 주자는 "배는 물 위에서 가고, 수레는 육지에서 간다."라고 하였다.[156] 물론 주자는 그러면서 "꽃병에는 꽃병의 이치가 있고, 등잔에는 등잔의 이치가 있다. 물은 밑으로 내려가고, 불은 위로 타 올라가고, 쇠는 녹이면 모양을 바꿀 수 있고, 나무는 곧게 하거나 구부릴 수 있고, 흙에는 무엇을 심을 수 있듯이 만물마다 성질〔性〕이 있고 이치〔理〕가 있다."라고 하여[157] 과학적인 의미의 사물의 성질〔物性〕도 언급하여 앞에서 말한 '있어야 할 모습' 과 분리되지 않고 있다. '소이연지고' 가 근거이기 때문에 '소당연지칙' 이 되지 않을 수 없다는 필연성을 강조함은 물론 양자가 궁극적으로 같다는 것이다. 요는 주자의 '통체태극-각구태극', '소이연지고-소당연지칙' 의 리의 이중성에서 태극의 초월과 내재의 양극성(bipolarity)[158]을 볼 수 있다.

156) 『어류』 권4, p.61.

157) 동서, 권97, p.2484.

158) 여기서의 '양극성' 은 과정철학의 신의 양극성에서 빌려 온 것인데, 엄밀히 말하면 약간 다른 점이 있다. 즉 신의 양극성은 '원초적 본성' 과 '결과적 본성' 인데, 두 본성 모두 신의 이 세계와의 관계성을 말하는 것인데 반하여, 태극의 초월과 내재의 그것은 '원리성' (근거성)과 '내재성' 을 말하는 것이다.

주자 나이 57세 때 완성한 『역학계몽(易學啓蒙)』에 나타난 태극 · 음양의 리기 문제를 살펴보아도 『태극도설해』의 논리가 그대로 나타나 있다.[159] '일기(一氣)' 는 음양의 기체(基體)이기는 하나 그것을 음양의 근거로 볼 수는 없으므로 '일기' 를 가지고 천지를 설명할 경우에 태극을 어떻게 보는가가 문제이다.[160] 주자는 하도(河圖) · 낙서(洛書)의 중앙을 5나 10으로 한 것은 "그 가운데를 허(虛)로 한다." 라고 하고, 또 "하도의 5나 10을 허로 하는 것은 태극이 된다." 라고 하고,[161] 또 "낙서에서 그 가운데를 허로 하는 것 역시 태극이다." 라고 하였다.[162] 이로써 보면 주자가 태극의 근거의 리를 도외시하고 별도로 역을 해석하려고 한 것이 아님을 알 수 있다. '천지 사이에는 일기뿐이다.' 라고 한 것은 『역』 계사전의 '천1 지2 천3 지4' 를 따라 천지 · 음양의 문제를 다룬 것이고, 하도 · 낙서의 수가

159) 『大全』 권76, 「易學啓蒙序」.

160) 氣論者는 천지에 가득 차 있는 것이 기라는 것을 근거로 하여, 항상 기의 원초성, 즉 始源을 상정하여 그것을 '一氣' 라 명명하고(이때 '一' 字는 전체를 나타낸다), 또 그것을 강조하기 위하여 그 양태를 '太虛' 등으로 부른다(장횡거의 기론). 그러나 주자학의 理氣論에서는 이 일기를 음양의 근거로 보지 않는다. 왜냐하면 리기론은 리와 기의 관계에 의해서 존재를 설명하려고 하기 때문이다. 이는 화이트헤드의 과정철학과 같다('현실적 존재' 와 '영원적 객체' 의 관계). 그렇다면 이 일기를 어떻게 보는가가 중요한 철학적 문제로 대두된다. 잠정적 해답은 이렇다. '一氣' 는 과정철학의 '창조성' 이나 대승불교 연기론의 방편적 개념인 '一心' 이나 '空', 또는 '緣起' 와 같이 보는 방법이다. '창조성' 은 순수 잠세태로서 궁극자이나 실재성이 없는 것이며, '일심' 등은 대승불교의 깨달음이라는 구원론을 위한 방편적 개념이다. 이와 같이 일기는 성리학의 형이상학적 우주론에서 궁극적 범주이나 실재하지 않는 요청적(전제된) 개념이라고 보아야 한다. 정이천-주자 계열의 리기론에서 기는 자체 운동성으로 인하여 이미 움직였고, 다만 음양을 묶어 말할 때 편의상 일기라고 할 뿐이다. 그리하여 이미 움직였으므로 현실적으로는 '태허의 기' 가 있는 것이 아니라 '淸濁粹駁의 기' 가 있는 것이다. 이를 리기론에서는 '動靜無端, 陰陽無始' 라는 유명한 명제로 나타낸다. 이하 제2장 (3)절을 참조.

161) 『易學啓蒙』, 本圖書 第一의 설명.

162) 동상.

기수 · 우수 2종류로 나누어져 있었기 때문이다.

주자는 원괘획(原卦畵) 제2 설명 뒤에서 '역유태극(易有太極)' 을 ○으로 표시하고 말하기를

> 태극이란 것은 상수(象數)가 아직 나타나지 않았으나 그 리는 이미 갖추어져 있는 것, 또 형기(形器)가 이미 갖추어져 있으나 그 리는 조짐이 없는 것을 말한다. 하도 · 낙서에 있어서 모두 중(中)을 허(虛)로 하는 상(象)이다. 주자(周子)가 말하기를 "무극이면서 태극이다."라고 했고, 소자(邵子)가 말하기를 "도가 태극이다."라고 했고, 또 말하기를 "심(心)이 태극이다."라고 한 것은 이것을 말하는 것이다.[163]

라고 하였다. 여기에서 '상수가 아직 나타나지 않았으나 그 리는 이미 갖추어져 있는 것' 은 도서도 나타나지 않고 괘획도 정립되어 있지 않으나 양의(음양) · 사상 · 팔괘의 리가 혼연하게 태극에 구비되어 있다는 것으로 태극과 음양을 불리(不離)의 관점에서 보는 '불리간(不離看)' 의 관점이다. 그리고 그다음의 '형기(형태=모양)가 이미 갖추어져 있으나 그 리는 조짐이 없는 것' 은 천지 현실의 세계는 이미 있고, 도서도 나타나고 괘획도 정립되어 있지만, 그 소이연의 리에는 형적(형태나 자취)이 없어 볼 수 없다는 것으로 태극과 음양을 섞지 않고 보는 '부잡간(不雜看)' 의 관점이다. 이러한 관점은 『태극도설해』의 논리가 그대로 표현된 것이다.

주자의 입장은 리나 태극이 먼저 존재하는 '실체' (substance)이고, 그 뒤에 기=음양이나 만물이 생기는 것이 아니다. 실체적 존재로서의 리나 기를 상정하고 그 선후를 논하면, 가장 단순하게 생각할 수 있는 것이 건

163) 동서,「原卦畵第二」.

곤미판(乾坤未判)·대연미분(大衍未分)의 원기(元氣; 천지가 생기기 이전의 원초적인 기)를 태극으로 보는 것이 될 것이다. 이것은 중국 전통의 일기생성론(一氣生成論)이다. 그러나 주자는 태극이 리라고 하여 존재의 궁극자로 보았고, 또 그것을 실체로 보는 것을 강하게 비판하였다. 기로 본다면 태극은 실체가 되기 때문에 더욱 반대한 것이다. 그것이 주자의 '무극이태극'에 대한 중요한 해석임은 앞에서 본 대로이다. 주자 사후에도 이 태극을 리로 보면서도 하나의 '실체'로 잘못 보는 경향이 있었다.[164] 주자의 이러한 태극론은 재래의 '기의 생성론'을 초월한 것임이 분명하다.

주자의 태극에 관한 사상에서 한가지 유념할 것은 그것이 존재의 근거일 뿐만 아니라 인간 주체의 근거로도 파악되고 있는 점이다. 『태극도설해』에서 인간의 수령(秀靈)을 말하고 성인(聖人)을 언급하면서 "오직 성인이라는 자는 수기(秀氣) 중의 정일(精一)한 것을 얻어 태극(○ 표시)의 체용을 온전히 하는 자이다. 이것을 가지고 일동일정(一動一靜)하여 각각 그 극에 이르고, 천하의 일의 까닭을 항상 적연부동(寂然不動; 움직임이 없음)의 가운데서 감통(感通)한다."라고 하여 성인은 태극의 체용을 구현하는 자라고 하였다. 이로써 보면 태극은 단순히 존재의 근거일 뿐만 아니라 또한 '주체적 존재'인 '인간의 근거'이기도 한 것이다. 그러므로 주자의 태극설에 대한 이해는 『통서해(通書解)』에 있어서의 태극·성(誠)·성인(聖人)의 문제를 해명하여 같이 보아야 한다.

주자는 『통서해』에서 '성'을 태극에 해당시켜, 성의 원류로 보고, 성의 통(通)과 복(復)을 태극의 양동(陽動)과 음정(陰靜)에 해당시키고, 또 성의

164) 友枝龍太郎은 이 문제에 대해 『朱子語類』의 편자 黃士毅가 태극을 대상적 존재로서 취급했으므로 理先氣後 문제가 『朱子語類』의 首卷에 집결되어 후세 논란의 표적이 되었으나, 葉士龍의『語錄類要』에서는 그것이 하등 문제가 되지 않았다고 말한 바 있다. 友枝龍太郎, 전게서, 부록 「주자어류의 성립」.

정무(靜無)와 동유(動有), 적연부동(寂然不動)과 감통(感通)을 태극의 미발음정(未發陰靜)과 이발양동(已發陽動)에 해당시킨 것은 '주체의 근거' 인 성을 존재의 근거인 태극과 등치시킨 것임을 나타낸다.[165] 태극설은 당초 이발미발설(已發未發說)의 영향을 받아 이발·미발의 심의 문제를 그대로 음정·양동의 존재 문제로 옮겨가 형성된 것인데, 『태극도설해』의 완성은 『통서해』에 영향을 주어 『통서해』에서는 다시 의식의 문제로 돌아가 주체의 양상과 존재의 양상이 전적으로 동일하다는 소위 천인합일 사상이 형성되고, 주체의 근거인 성을 태극이라고 하기에 이른 것이다. 이러한 사상은 주자의 「인설(仁說)」에서도 그대로 나타나며,[166] 성을 태극으로 보고, 성이나 태극을 리로 본 점에서 주자 사상은 주돈이의 사상보다 일보 나아갔다고 할 수 있다.

3. 주자 태극론의 철학적, 종교적 의미

1) 유신론, 범신론, 범재신론

주자는 자연의 질서를 '주재(主宰)' 의 작용이라고 보았다. 즉 그는 "대개 천은 하나의 지강지양(至强至陽)의 사물인데, 자연히 끊임없이 움직인다. 이러한 까닭에는 반드시 주재자가 있다."라고 하였다.[167] 그는 또 "그

---

165) 『通書解』 誠上第一에서는 "誠則所謂太極也"라 하고, 또 "乾道之元. … 卽圖之陽動也, 乾道變化 … 卽圖之陰靜也."라 하고, 또 '元亨誠之通' 의 주해에서 '通' 과 '復' 을 말하는 등 『通書』와 『太極圖說』을 비교하면서 설명하였다.

166) 「仁說」에서는 하늘의 도는 '元亨利貞', 인간의 도는 '仁義禮智' 인데, 상응한다고 하였다.

167) 『어류』 권68, p.1684.

렇다고 만약 하나의 주재가 있어서 마치 세상에 동상처럼 있는 것은 절대 아니다."라고 하였다.[168] 이는 인격신을 상정하지 않는다는 것이다. 이 '주재자'는 바로 주자가 존재의 근거, 즉 궁극자로서 말하는 '태극'을 지칭하여 말한 것으로 생각된다. '주재'라는 것이 매우 실재성을 지칭하는 것이므로 주자가 태극을 역시 매우 실재적으로 보고 있는 것 같다. 그러므로 또 주자는

> 푸르고 푸른 것이 천인데, 두루두루 움직이고 쉬지 않는 것이 바로 그것이다. 그러나 하늘에 어떤 사람이 있어 죄악을 비판한다고 하면 안 된다. 그렇다고 주재가 전연 없다고 해도 안 된다.[169]

라고 하고, 또

> 큰 천지가 많은 만물을 낳고, 움직이며 두루 통하면서 잠시도 쉬지 않는다. 사시와 주야가 흡사 하나의 사물이 있어 그렇게 하는 것 같다. 그러나 천지는 스스로 무심(無心)의 심(心)을 갖고 있다. …… 이것은 어떤 사람이 여기에 있으면서 주재하는 것과 흡사하다.[170]

라고 하였다. 이것 역시 천지를 인격신처럼 보지 않지만, 주재가 있다는 것을 강조한 것인데, 결국 주자는 자연의 섭리를 강조하고 있는 일종의 '리신론(理神論)'(deism)[171]처럼 보이지만, 사실은 그렇지 않고 태극의 '초

---

168) 동서, 권3, p.48.
169) 동서, 권1, p.5.
170) 동서, 권4, p.60.
171) 신과 세계와의 관계에 대해서 범신론이나 萬有內在神論(=범재신론)에 대해서 신을

월과 내재' 를 통한 범재신론으로서 이는 과정철학의 형이상학적 신관과 흡사하다. 그러므로 주자는 곧이어서 이 주재를 리라고 해석함으로써 인격적 유신론을 부정하였다. 즉 그는 말하기를 "소위 주재란 바로 리이다."라고 하고,[172] 또 제(帝)라는 것은 리가 위주이다."라고 하였다.[173]

줄리아 칭(Julia Ching)은 말하기를

> 유교 고전인 『시경』과 『서경』의 '上帝' 에 대하여 주자가 신인동형적(神人同形論的) 표상(즉 인격신적 표현)에 대해 주석한 것을 보면 '세계의 주재자가 하늘에 사람이 있는 것처럼 존재한다고 말하는 것도 옳지 않지만 그런 주재자가 없다고 해도 잘못이다.' 라고 했다. 주자에게 있어 천과 상제는 지고한 주재자인 神을 지칭한다.

라고 말하였다.[174] 또 그는

> 비록 주희가 인격적 절대자로서 보다는 형이상학적 절대자로서의 신을 강조했다고 해도 지고신(至高神)에 대한 믿음은 지속되고 있는 것이다.

라고 하여[175] 인격신으로서의 천이나 상제에 대한 종교적 믿음의 잔재를 긍정하려고 하였다. 그러나 이 문제는 그렇게 해석하는 것 보다 과정철학

세계로부터 초월한 원인으로 보지만, 세계창조 후 인격신과 같은 신의 세계진행에 대한 간섭이나 특수 은총을 부정하고 세계를 수선이 필요 없는 시계처럼 보는 입장을 특별히 가리킨다. 이것은 초월신론과 개념상 구별된다. 『철학사전』(동경: 평범사), p.1461 참조.

172) 『어류』 권1, p.4.

173) 동서, p.5.

174) 줄리아 칭 지음, 임찬순 외 옮김, 『유교와 기독교』(서광사, 1993), pp.170-171.

175) 동상.

의 형이상학적 신관과 비교해서 논하는 것이 오히려 의미가 더 명료할 것이다.

『중국철학사』를 쓴 일본인 학자 카노(狩野直喜)는 한정(definite)과 무한정(indefinite)의 의미로 주자의 태극을 다음과 같이 해석하였는데, 태극의 성격을 이해하기 위해 한번 음미해 볼 만하다. 즉 그는 말하기를

> 대개 '무극이태극' 이란 동일한 근본 뜻을 가리키는데, 그 무형에 있어서 indefinite하다는 점에서 무극이라고 이름 붙인 것이다. 주렴계는 생각하기를, 만약 형태가 있고, 따라서 definite한 것이 되면 만물의 원인이 되기는 불가능하다고 여겨 여기서 이 이름을 생각하였던 것이다. 그러면서도 이것은 동시에 reality가 되지 않으면 안 된다. 주자의 말을 빌려 말하자면 그 리 있음을 가지고 태극이라고 한다는 것이다.

라고 하였다.[176)]

또한 주자 연구가로 유명한 『朱子の 思想形成』이란 역저를 낸 일인 학자 토모에다(友枝龍太郎)는 태극을 '없는 것(ないもの)' 이면서 '없어서는 안 되는 것(なければならないもの)' 이라고 표현하고,[177)] 또 서양철학적인 안목으로 주자학의 리기론 철학을 잘 분석해낸 일인 학자 야스다(安田二郎)는 주자 존재론에 있어서의 리의 의미를 하나의 '의미' 로 보고자 하였는데,[178)] 이러한 해석의 경우 태극이 가지는 '무극이태극' 이란 소위 무적(無的) 성격, 즉 '초월성' 이나 '형상성' (원리성)의 일면을 이렇게 설명한 것이다.

---

176) 狩野直喜,『中國哲學史』(東京: 岩波書店, 昭和 28), p.366.

177) 友枝龍太郎, 전게서, p.221.

178) 安田二郎,『中國 近世思想 硏究』(東京: 筑摩書房, 昭和 51), p.82.

토모에다는 태극과 음양(세계)의 관계에 대해 또 다음과 같은 비유를 하나 인용하였다. 즉 『필록근사록강의(筆錄近思錄講義)』를 쓴 일본인 학자 우찌다(內田周平)의 설을 다음과 같이 인용하였다.[179)]

> 도와 음양과의 관계는 리합(離合)하여 보지 않으면 분명해지지 않는다. …… 상잡(相雜)이 아니라는 것은 기독교의 신과 만물과의 관계와 다르고, 상리(相離)가 아니라는 것은 불가(佛家)의 소위 진여(眞如)와 만법(萬法)과의 관계와 다르다.

불교와 기독교를 예로 들어 교묘하게 비교 설명하였다. 상잡이 아니라는 것, 즉 별개의 것이라 해도 그 성격상 기독교의 창조주와 피창조물인 신과 만물과의 관계처럼 완전히 분리된 별개는 아니라는 것이고, 또 상리가 아니라는 것, 즉 밀접한 관련이 있다고 하여 불교의 범신론처럼 진여가 만법 속에서 찾아지는 것과는 다르다는 것이다. 다시 말하면 합간(合看)하여 보면 리의 '초월성' 이 부정되고 리간(離看)하여 보면 리의 '내재성' 이 부정된다는 의미를 담고 있다. 다시 말하면 유신론도 아니고 범신론도 아니라는 것이다.

잘 알려진 바와 같이 성리학 형성 초기에 있어 정이(程伊川)가 불교의 '사사무애(事事無碍)의 설' 을 취하지 않고 '리사무애(理事無碍)의 설' 을 수용하여 '사리일치(事理一致)', '체용일원(體用一源)' 의 사유방법을 세운 것도 리의 이러한 초월적 성격을 드러내기 위해서였다.[180)] 이 리의 초월적

179) 友枝龍太郎, 전게서, p.195.

180) 화엄의 사사무애설은 연기의 존재론을 토대로 궁극적으로 존재의 절대 평등성을 강조하려는 것이 목적이므로 유기체적 세계관이 인간 사회에서는 예에 의한 계층적 질서로 보는 유교 도덕론의 입장에서는 이것을 받아들일 수 없었던 것이다. 반면에 리사무애는 리기론, 즉 우주론적 형이상학을 체계화하는 데 유효하였기 때문에

성격은 바로 형이상학적 본체를 말하는 것이다. 그렇다면 정이나 주자가 이러한 형이상학적 본체를 강조하는 이유는 어디에 있는가? 토모에다는 그 이유를 다음과 같이 설명하였다.[181)]

> 그것은 송대 사회의 모순을 넘어서려는 요청이겠지만, 사상사적으로는 고대에 있어서 천(하늘)의 성격이 나타난 것이 아닌가 한다. 『논어』의 천은 기독교의 인격신이 아니고, 또 노자의 도나 무는 존재의 근거라고 하는 의미가 있으나, 그렇다고 불교의 일체공의 사사무애가 아니므로 이러한 천이나 도의 성격을 받아 형성된 송학이 불교와 기독교의 중간에 선다고 하는 것이 이유 없는 것이 아니다.

그러므로 이러한 여러 가지 학설을 종합하여 볼 때 주자의 태극론은 과정철학의 신관과 비교되는 바가 있음을 알 수 있다. 기독교를 유신론(theism)이라 하면, 불교는 범신론(pantheism)이나 기독교와 불교의 중간에 서는 송학은 과정철학의 형이상학 신관과 같이 범재신론, 즉 만유내재신론(萬有內在神論; panentheism)이라고 할 수 있다.[182)]

줄리아 칭은 신유학의 '절대자'[183)] 문제를 다루면서 그것은 서양 중세의 에크하르트나 현대의 테이야르 드 샤르댕에 의해 대표되는 신의 신비

원용한 것이다. 그러므로 화엄철학 본래의 뜻과는 다르다고 볼 수 있다.

181) 友枝龍太郎, 전게서, p.196.

182) 화이트헤드 저, 류기종 역, 『종교론』(종로서적, 1986), p.51-52 및 류기종, 「화이트헤드의 종교관」, 『과정철학과 과정신학』 (전망사, 1988), p.216.

183) 화이트헤드는 "무릇 철학 이론에는 偶有性(accidents)에 힘입어 현실적인 것이 되는 어떤 궁극자(an ultimate)가 존재한다. …… 스피노자의 철학이나 절대적 관념론 등의 일원론적 철학에서는 이런 궁극자가 신이며, 이와 동등한 의미에서 '절대자'(Absolute)라고도 불린다."라고 하였다. 화이트헤드 저, 오영환 역, 『과정과 실재』(민음사, 1991), p.56. 본고는 궁극자와 같은 의미로 본다.

적 개념과 유사하면서, 특히 셸링, 헤겔, 화이트헤드 등의 철학적 표현과 더욱 가깝다고 하였다.[184] 줄리아가 말하는 신유학의 이 절대자는 만물과 선의 근원이며 우주를 주재하고 우주의 내적이고 궁극적인 의미를 설명해 주는 것이며, 또한 만물은 그것에로 돌아가는 그러한 것을 말한다고 한다.[185] 그에 의하면 신유학의 절대자는 '태극', '천리(天理)', 또는 단순하게 '리'라고 부른다고 한다. 또 '인(仁)', 즉 우주적 생명력으로 불리는 윤리적 덕으로 지칭하기도 한다고 한다.[186] 그는 절대자는 유기체적 철학에서 가장 중심적인 위치를 차지하고 있다고 한다.[187]

유신론에서는 신과 인간의 관계는 예배와 찬양이며, 범신론에서의 신과 인간의 관계는 명상과 합일인 반면에 범재신론에서의 신과 인간의 관계는 순리(順理)와 순명(順命)에 서서 신과 공역적(共役的)이며 동역적(同役的)인 창조행위로 인간이 참여하는 관계이다.[188] 이는 성리학에서 중요하게 여기는 『중용』의 소위 "성(誠)은 하늘의 도요 그것을 본받는 것은 인간의 도〔誠者 天之道, 誠之者 人之道〕"로서 "천지가 바로 서고 만물이 길러지는 것〔天地位焉, 萬物育焉〕"을 목표로 천 · 지 · 인 삼재(三才)로 인간이 천지에 동참하여 천지의 화육(化育; 생명의 생장)을 돕는 그러한 우주관이다. 다시 말하면 이러한 우주관은 『역』과 『중용』에서도 말한 바와 같이 '생

---

184) 임찬순 외 옮김, 전게서, p.164.

185) 줄리아는 이 절대자를 주자에 의해 발전된 태극과 같은 존재와 생성으로서의 절대자와 왕양명에 의해 발전된 마음으로서의 절대자로 나누어 보았다. 이는 중국 철학에서 세계와 자아의 엄격한 분리를 모르는 전통 때문이라고 한다. 그러므로 존재의 생성과 원리는 또한 모든 도덕적 선의 근원과 원리가 된다고 한다. 임찬순 외 옮김, 전게서, pp.164, 167.

186) 동상. 줄리아 칭은 태극과 인을 구분하지 않고 말하였지만, 존재의 궁극적 범주로서는 같지만, 양자는 과정철학의 신과 창조성처럼 다르게 보아야 한다. 이하에서 설명된다.

187) 임찬순 외 옮김, 전게서, pp.164, 167.

188) 김경재, 「최수운의 범재신론」, 전게 『과정철학과 과정신학』, p.105.

(生)의 철학'으로서 우주 전체를 유기체로 보고 그 생생(生生) 작용(=생명현상)을 깨달으며 거기에 참여하여 그 생생 작용을 돕는 그런 우주 종교이다.[189)]

2) 주자의 '태극'과 과정철학의 '신'

과정철학의 신 개념 설명은 주자 태극론을 이해하는 데 매우 유효하다. 주자학과 과정철학은 우주를 유기체로 보는 점에서 같다. 그러므로 주자 태극론에서 말하는 '태극', '리', 그리고 '기'는 과정철학의 '신'(God), '영원적 객체'(eternal object; 영원한 대상), 그리고 '현실적 존재'(actual entity; 현실적 실질)와 유사한 개념이다. 주자는 그의 우주론에서 태극을 리라고 설명하였다. 그러면서 태극은 또 리와 달리 천지 만물의 리의 총칭, 즉 '리의 포괄자'라고 하여 구별하기도 하였다. 리 · 기로 존재의 생성을 설명하면서 그 포괄자로서의 만물의 리의 총칭을 말한 것이다. 이는 과정철학에서 영원적 객체와 현실적 존재로써 과정을 설명하면서 최종적으로 전 우주의 질서를 위해서 신이 요청된다고 한 것과 흡사하다.[190)]

개별 사물의 '형상적인 것'과 '질료적인 것'[191)]을 말할 때 그 형상적인

---

189) 다만 유교는 역사적으로 이러한 인간의 활동을 인간 사이의 도덕적인 관계에 국한시키고, 그것도 상하 인간관계의 의무도덕에 치우친 사회적 의미로 변질시킨 데 한계가 있다.

190) 안형관은 "화이트헤드는 한정과 질서의 원리가 우주를 설명하는 데 필수적이라는 것을 확신하고 있다. 우주에서 밝혀진 질서를 설명하기 위해서는 질서의 원리가 필요하고, 그런 의미에서 신은 형이상학적 요청이라고 볼 수 있다."라고 하였다. 안형관, 「신 문제에 대한 화이트헤드의 접근방식」, 토마스 학회, 『형이상학』 제1집, 1992, p.15.

191) 아리스토텔레스적 의미에서의 '형상'과 '질료'와 비교해서 유사성을 지칭하여 말한 것이다.

것을 리로써 말하는 것이 가장 일반적인 리 개념의 적용이다. 과정철학에서는 '가능태' 로서의 '영원적 객체' 을 말한다. 이것이 현실적 존재에 진입(ingression)하여 현실적 존재가 생성된다고 한다.[192] 태극은 이러한 개별 리의 구체화를 총체적으로 한정하는 궁극자이다. 영원적 객체가 현실적 존재의 해당 합생 과정에 진입할 때마다 신의 '원초적 본성' 이 기능한다. 다시 말하면 '영원적 객체' 는 신의 초월성으로부터 오는 하나의 '형상' 이다.[193] 주자는 '통체태극(統體太極) - 각구태극(各具太極)' 을 말하고, 개별 리인 '각구태극' 은 '통체태극' 의 '분유(分有)' (전체성의 온전한 나누어 가짐)라 하여 '리일분수' 라는 말로써 양자의 관계를 설명하였다. 각구태극은 통체태극의 부분적인 나누어 가짐이 아니라 그 전체성을 동시에 가지는 특수한 관계이다. 과정철학에서 신은 '원초적 본성' 과 '결과적 본성' 을 통하여 이 세계와 밀접한 관계를 이루고 있다. 태극 역시 '통체태극 - 각구태극' 의 속성은 태극과 현실 개개사물과의 관계를 말하고 있다.

현실적 존재의 합생 과정을 유도하는 설득적 유인으로서 움직이는 것이 신의 원초적 본성에서 직접 도출된 '주체적 목적' (subjective aim)이다. 각각의 합생 과정에 대해 신이 최초의 주체적 목적을 공급함으로써 신은 세계에 있어서 내재한다. 각 현실적 존재가 자기 원인적이므로 신의 이러한 내재는 적나라한 힘으로서가 아니고 설득적 유인이라는 방식으로 관련하고 있다.[194] 원초적 본성에서 볼 때 신은 현실적 존재가 자기를 형성해 가도록 처음 동기 부여, 목적 부여를 해줌으로써 만물을 새로운 창조적 미래로 불러내는 존재론적으로 부르는 소리요 힘이다.[195] 다시 말하면

192) 오영환 역, 전게서, p.81.

193) 동서, pp.122-123.

194) 山本誠作, 『ホワイトヘッドの宗教哲學』(京都: 行路社, 1987), p.135.

195) 김경재, 「화이트헤드의 과정사상과 율곡의 이기론」, 전게 『과정철학과 과정신학』, p.85.

신은 그 '원초적 본성'에 있어서 영원적 객체를 '파악'(prehension)하고 있다.[196] 그리고 이 영원적 객체는 신의 비전(vision)으로 인해 특수한 현실적 존재의 생성에 선택적으로 관련되는 것이다. 이것이 현실적 존재의 '개념적 파악'이요, 영원적 객체의 현실적 존재에의 '진입'(ingression)이다.[197]

신의 '결과적 본성'은 현실적 존재가 합생을 끝내고 다른 현실적 존재의 여건이 될 때 '불사적(不死的) 객체화'가 된 현실적 존재들을 물리적으로 파악(prehension)하는 것을 말한다.[198] 이 '물리적 파악'은 신이 현실적 존재를 자신 안에 수용하는 것을 말한다. 이와 같이 신은 '양극성'(dipolarity), 즉 '원초적 본성'과 '결과적 본성'으로 인하여 이 세계와 관계하고 있다.[199] 이는 태극의 음양(세계)과 관계에서 '초월과 내재'의 '양극성'을 갖는 것과 같다.

신을 통해서 우주는 성립된다. 그러므로 신은 '세계 구체화의 원리'(principle of concretion)이다.[200] 다시 말하면 신은 궁극적 한정이다.[201] 신 속에서 전 우주의 총합이 이루어진다. 과정철학에서 신은 하나의 현실적 존재로서 다른 현실적 존재와 더불어 같이 있다.[202] 그러나 태극은 과정철학의 신처럼 하나의 현실태(현실적 존재)로 규정되고 있지 않다. 신이 하나의 현실적 존재라는 것은 신과 이 세계와의 밀접한 관련성을 말해주고 있다. 태극은 그러한 방식으로 설명되고 있지 않아도 태극이 음양·오

---

196) 오영환 역, 전게서(민음사), pp.122-123.
197) 동서, p.82.
198) 동서, p.190.
199) 동서, pp.590-603.
200) 오영환 역, 『과학과 근대세계』(서광사, 1991; 3쇄), p.254.
201) 동서, p.260.
202) 오영환 역, 전게서(민음사), p.73.

행·만물 그 속에 있지 별도의 하나의 사물로서 있는 것이 아니라는 설명이 그것을 말해준다.

궁극적으로 또 원초적으로 신은 왜 존재해야 하는가 하고 그 존재 이유나 필연성을 우리는 물을 수 있다. 그러나 신은 그 존재 이유를 제시할 수 없다. 왜냐하면 이유를 밝힌다는 것은 어떤 한정의 이유를 밝히는 것인데, 신은 '궁극적 한정'이므로 그 이유나 근거를 밝힐 수 없는 전제이다. 왜냐하면 신은 구체적 존재가 아니라 현실태의 근거이고, 신의 본성이 바로 합리성의 근거이기 때문이다. 따라서 신은 '궁극적 비합리성'이다.[203] 태극 역시 궁극적 비합리성임을 여러 표현을 통해서 엿볼 수 있다. 먼저 '무극이태극'을 '무형이유리(無形而有理)'라고 형식논리적으로 보면 마치 모순되는 듯한 표현, 즉 변증법적 표현을 한 것이 그 일례이다. 또 주자는 "태극은 이름이 없다. 태극이란 다만 하나의 별명〔表德〕이다."라고 하였다.[204] 즉 이름 붙일 수 없는 그 무엇, 즉 궁극자라는 것이다. 그러면서 태극은 기본적으로 '태극'(The Great Ultimate)이라는 이름의 의미, 즉 '큰 용마루〔大屋脊〕'라는 뜻을 취하고 있다. 이는 일반적인 것이 아닌 최고의 포괄자라는 것을 나타내고 있다. 포괄자에 일반적인 잣대를 갖다 댈 수 없다는 것, 즉 그것을 초월해 있다(근거가 되고 있다)는 의미를 암시하고 있다.

화이트헤드는 우주의 섭리를 통찰하는 데 종교적 감정이 필요하다고 보았다. 이 종교적 감정은 아인슈타인이 말한 '우주종교적 감정'(cosmic religious feeling)과 같은 것으로 자연의 이법에 대한 감탄, 자연의 아름다운 조화에 대한 경이 같은 것이다. 그는 우주를 전체적으로 해석함에 있

203) 오영환 역, 전게서(서광사), p.282 및 오영환, 「Whithead의 신관」, 『기독교사상』 18권 1호, 1974, p.85.

204) 『어류』 권94, p.2371.

어서 종교적 통찰이 공헌하는 바가 크다고 보고, 경험을 통해서 인식되는 만물은 그 근본적 성격상 신이 실재하여야 한다는 것이 논리적으로 요청된다고 하였다.[205] 그는 또 우주론적 진리의 통찰을 지향하는 종교야말로 독단으로 타락하지 않을 수 있다고 하였다.[206] 이 우주론적 통찰이 다름 아닌 화이트헤드의 '자연 형이상학' 이다. 형이상학적 지지를 받는 종교는 형이상학적 신 개념이 요청된다. 그러므로 화이트헤드의 신관은 '형이상학적 신관' 인 것이다.

이와 비교해 볼 때 주자의 태극론은 이러한 형이상학적 신관과 별로 다르지 않다.[207] 주자학에서 태극이 자연의 이법이면서 인간 도덕 주체의 본질로 형이상학화 된 것도 이러한 맥락에서 이해해야 한다. 즉 도덕론에 있어서의 형이상학적 원리(근거)의 요청인 것이다. 주자학의 종교적 감정 역시 이 우주의 신비에 대한 찬미에서 출발하였고, 그러한 이법의 나타남을 도식화한 것이 『태극도설』이며, 또한 『역』의 괘획(64개 상징)인 것이다. 이러한 것은 일종의 '자연의 정식화' 이다. 그의 우주형이상학과 이러한 우주종교적 감정을 분리해서 생각할 수 없다. 주자는 〈어느 봄날〉이라는 시에서 "서쪽에 있는 공원에 봄기운이 한창이라 하여 급히 신을 신고 언덕에 올라 보았더니, 천 가지 만 가지 아름다운 꽃이 저마다 아름다움을 자랑하네. 누가 알리 이 천지자연 조화의 숨은 마음을." 이라고 읊어 자연의 변함없는 질서를 말하고 그 조화의 신비를 감탄하고 있다. 송대 성리

205) 오영환, 전게 논문, p.80.

206) 동상, p.81.

207) 화이트헤드는 "인도와 중국을 통틀어보면 종교적 사유는 …… 우주 안에 실재하는 어떠한 궁극적 인격성에 대하여 거부하고 있다. 이것은 유교철학이나 불교철학이나 힌두철학에 있어서도 타당한 말이다. 거기에도 인격적인 구체적 표현들이 있을 수 있다. 그러나 저변에 깔린 근본은 역시 비인격적이다." 라고 하였다. 류기종 역, 전게서, p.47.

학자들의 우주 시는 대략 이러한 취향을 담뿍 담고 있다. 이 시는 하나의 예에 불과하다. 주자의 태극론은 형이상학적 신관으로서 화이트헤드의 신이 그의 과정철학 기초 위에서 논의되고 있는 바와 같이, 그의 '리기론' 이라는 철학(형이상학적 우주론)의 체계 속에서 논의되고 있으므로 철학적인 것과 종교적인 것의 두 원천임을 알 수 있다.[208] 화이트헤드는 그의 유기체적 자연관의 우주론을 그의 종교론에 적용하려고 하며, 그것을 위해서 논리적 정합성, 적합성, 예증성이라는 세 진리 기준을 가지는 형이상학의 지지를 요구한다고 하였다.[209] 그러므로 화이트헤드의 신관은 그의 형이상학적 체계 속에서만 파악될 수 있다. 그에 의하면 아리스토텔레스는 그의 형이상학을 완성시키기 위해서 '원동자' (제1운동자; Prime Mover), 즉 신을 도입하는 것이 필요하다고 보았으나, 아리스토텔레스의 원동자로서의 신은 그의 물리학이나 우주론이 오늘에 와서는 받아들일 수 없기 때문에 성립될 수 없다고 한다.[210] 그러므로 화이트헤드는 원동자로서의 신 개념 대신에 '구체화의 원리' (the Principle of Concretion)로서의 신을 요구하고 있다.[211] 이 주장이 지지되기 위해서는 '현실적 계기' (actual occasion; 현실적 존재)의 과정에 대한 일반적 의미가 논의되어야 한다고 한다.[212] 이와 같이 주자의 태극 역시 그의 리기론에 대한 일반적 의미가 먼저 논의되고, 그 토대 위에서 태극이 논의되어야 하는 것이다. 그러므로 주자의 태극론은 철학적(형이상학적) 차원과 종교적 차원이 동시

---

208) 줄리아 칭은 "유교는 오히려 하나의 가르침이고, 그것은 종교적 차원과 철학적 차원을 동시에 갖는 그러한 것이다."라고 한 바 있는데, 같은 맥락이다. 임찬순 외 옮김, 전게서, p.37.

209) 류기종 역, 전게서, p.65, 69.

210) 오영환 역, 전게서(서광사), p.254.

211) 동서, pp.254-255.

212) 동서, p.255.

에 있다고 할 수 있다. 다시 말하면 주자 태극론을 통하여 주자의 우주형이상학과 그것을 토대로 한 형이상학적 신관, 즉 우주종교를 알 수 있다.

그러므로 주자의 이러한 형이상학적 종교론에서 종교적인 면에 치중하여 리를 보면 리의 포괄자로서의 태극을 강조하게 되어 리기론에서 '주리론적(主理論的) 사고방식'을 낳게 되며, 태극 논의의 기초인 기의 생성·변화 과정에 촛점을 두면 '기의 존재론'이 되며, 리와 기의 관계에 시각을 맞추면 '리기이원론(理氣二元論)'이 된다고 할 수 있다. 전자는 종교적 의미 영역이며, 후자 두 가지는 철학적 의미 영역이라고 할 수 있다.

4. 결어

이상에서 주자의 태극론이 가지고 있는 '형이상학적 신관'으로서의 종교적 성격을 화이트헤드의 과정철학과 비교하여 고찰해 보았다.

주자의 태극론은 주돈이의 『태극도설』에 대한 해석을 통하여 성립되었는데, 태극을 '조화의 추뉴', '품휘의 근저', 즉 우주 변화의 원리요, 존재의 근거라고 하여 형이상학적 우주론의 '궁극자'로서의 의미를 분명히 하였다. 그리하여 이 궁극적 한정의 성격을 잘 나타낸 것이 주돈이의 '무극이태극'(무극이면서 태극이다)이며, 그 의미는 한마디로 '무형이유리'(형태는 없지만 리는 있다)라고 하였다. 이 태극과 음양(세계)과의 관계는 '불상리, 불상잡(不相離, 不相雜)'의 원리로 나타내는 바와 같이 초월과 내재의 양극성(이중성)이 있는 것으로 설명하였다. 또한 태극과 만물과의 관계의 또 다른 표현으로 '리일분수', '통체태극-각구태극'이라고 표현하기도 하였다.

초월과 내재의 양극성으로 대표되는 주자 태극의 의미는 태극론이 함유하고 있는 신관이 유신론도 아니고 범신론도 아닌 범재신론, 즉 만유내재신론임을 나타낸다. 이 점에서 화이트헤드의 형이상학적 신관과 상통한다. 주자의 자연 섭리에 대한 경탄으로서의 '우주 종교적 감정'은 화이트헤드가 우주 전체를 해석함에 있어서 종교적 통찰이 필요하고, 그것을 위해서는 우주 종교적 감정이 수반되어야 한다는 생각과 일치한다. 주자에 있어 이러한 우주 종교적 감정과 태극론의 우주형이상학 체계는 밀접한 관련이 있다. 그러므로 주자 태극론은 철학적, 종교적 차원의 의미를 동시에 갖고 있다고 볼 수 있다.

유신론에서는 신과 인간의 관계는 예배와 찬양이며, 범신론에서의 신과 인간의 관계는 명상과 합일인 반면에 범재신론에서의 신과 인간의 관계는 순리와 순명(順命)에 서서 신과 공역적이며 동역적(同役的)인 창조행위로 인간이 참여하는 관계이다. 여기에 주자 태극론이 갖는 종교적 의미의 중요한 점이 있다.

제2부

조선조 성리학의 철학적 전개

4장

화담 서경덕 유기론(唯氣論)의 성리학적 의의

1. 서언

중종 14년에 있었던 기묘사화 이후 학풍이 크게 변하여 주자학도 이론 방면에서 사색이 심화되어 갔고, 그에 따라 저술 활동도 점차 활발하였다. 퇴계 이황, 율곡 이이에 이르러 최고봉에 도달하였지만, 그 이전에 선하를 이룬 사람으로 대조적인 두 사람이 있다. 화담(花潭) 서경덕(徐敬德; 1489~1546)과 회재(晦齋) 이언적(李彦迪; 1491~1553)이 그들인데, 화담은 송대 기(氣) 철학자 장횡거(張載)의 학설을 받아들여 나름대로 독창적으로 '유기론(唯氣論)' 을 전개하였다.

두 사람의 사상 경향을 '주리(主氣)', '주기(主理)' 로 도식적으로 표현하는 데는 다소 무리가 있겠으나, 회재의 무극태극에 대한 논변 자체가 '리(理)' 에 관한 것이고, 화담의 기론(氣論)이 유기론이므로 그 사상 성격을 상대적으로 그렇게 말할 수 있다. 이것은 사상사적으로 그 흐름을 개괄적으로 말하는 것일 뿐, 그 사상 내용에 있어서 화담 → 율곡, 회재 → 퇴계로 연결시키는 것은 옳지 못하다. 이는 퇴 · 율 양인의 화담, 회재 두 사람에 대한 비평만 보아도 쉽게 알 수 있다.

퇴계는 화담에 대해 "그의 견해는 정밀하지 못하다. 그의 학설을 보면 하나도 병통이 없는 것이 없다."라고 평하고,[1] 또 화담이 '리(理)' 자를 투철하게 파악하지 못하였다 하면서 그의 기론을 비판하였다.[2]

화담의 기론을 잘 이해하고 있던 율곡도 그의 '자득(自得)의 견해', 즉 독창적 사색의 태도를 칭찬하면서도 그의 기론을 비판하여 화담이 '리통기국(理通氣局)'을 모른다고 비판하였다.[3] 화담의 '자득의 견해'란 '리기불상리(理氣不相離)의 묘(妙)'를 본 것이라 율곡은 말하였는데, 실은 이 칭찬 속에는 율곡 자신의 철학적 입장이 투영된 것일 뿐, 화담의 기일원론적 유기론과 그의 리기불상리의 '리기지묘론(理氣之妙論)'은 내용이 매우 다른 것이다. 이러한 비교가 이 논고에서도 이루어졌다.

화담 기론의 핵심 범주는 '기(氣)'인데, 이는 성리학에서 매우 중요한 개념이다. 마침 이러한 기와 리, 태극 등의 범주로 우주론을 설명하는 성리학(주자학)과 그 우주형이상학이 비슷한 사상이 있다. 화이트헤드(Whitehead)의 과정철학(process philosophy)이 그것이다. 성리학의 리기론, 태극론 등은 우주형이상학이므로 설명하기가 매우 어렵고, 또 이해하기도 어렵다. 화이트헤드 철학 역시 그러하다. 그러므로 비슷한 사고양태를 보이는 두 우주론을 비교하는 것은 성리학 해명에 매우 유익하다고 생각한다. 물론 고금의 시간의 차이, 용어의 차이, 비슷한 사고양태라고 해도 전통에서 오는, 또는 상이한 언어에서 오는 사고방식의 차이가 기본적으로 내재하고 있으므로 비교가 쉽지는 않다. 그러나 우리 인식은 원래

1) 『퇴계전서』 권25, 20면, 「答鄭子仲講目」. 면은 한적 판심면. 이하 같음.

2) 동서, 권 41, 22면, 「非理氣爲一物辨證」.

3) 『율곡전서』 권 10, 37-38면, 「답성호원」.

비교인식으로밖에 이루어질 수 없으므로 비교가 부득이하다. 불교가 처음 격의불교(번역불교)에서 시작된 것이나 마찬가지다.

여기에서는 화담의 사상을 과정철학과 비교하되, 기의 개념 및 기를 둘러싼 논의에 간간이 과정철학적 해설을 섞어 넣는 데 그쳤다. 그러므로 과정철학의 내용은 매우 일반적인 것만 인용하고, 번거로움을 피하고자 일일이 출처를 밝히지 않았다. 성리학(주자학)과 과정철학의 자세한 비교는 제1부를 미리 참고해 주기 바란다.

2. 서화담의 기

화담은 어려서부터 사색하기를 좋아했다. 그가 어렸을 때 나는 새를 보고 그 이치를 종일 궁리하였다든가,[4] 14세 때에는 『서경』의 '기삼백편(朞三百篇)' 을 혼자 연구했다든가,[5] 18세 때에는 『대학』의 '치지재격물(致知在格物)' 조를 읽음에 격물(格物)을 하지 않고 독서해서 무엇하겠는가 하고 천지만물의 이름을 벽에 써 놓고 매일 이치를 궁리하였다[6]고 하는 등의 사실을 볼 때 그의 학문 태도가 오늘날의 자연과학적인 탐구 경향을 띠고 있었음을 잘 알 수 있다. 물론 자연과학이라는 것이 오늘날의 학문이므로 화담의 학문 성격을 '자연과학' 이라고는 할 수 없지만, 그러한 경향을 가진 '자연철학' 이라고 할 수 있다.

그의 학문은 자신의 직접적인 사색과 체험을 중시했으므로 저술하기를 좋아하지 않아 남긴 글이 적다. 그의 사상을 아는 데 중요한 자료인

4) 『화담집』 서.
5) 동서, 권3, 「年譜」.
6) 동상.

「원리기(原理氣)」「리기설(理氣說)」「태허설(太虛說)」「귀신사생설(鬼神死生說)」 등의 글도 임종 2년 전에 병상에서 베개에 의지하여 쓴 것이다. 그러나 그가 "많은 성인이 이에 관하여 말을 못했고 주렴계(周敦頤), 장횡거도 밝히지 못했으며 소강절(邵雍)은 일자(一字)도 내지 못한 곳이다."라고 한 말[7]을 보면, 대개 장횡거 · 소강절의 기론이나 상수지학(象數之學)을 많이 참고한 것 같다.[8]

화담은 주자학의 일반적 리기 개념을 벗어나서 장횡거의 '태허설'을 수용하여 우주의 본체를 기라 하는 기일원론적(氣一元論的) 유기론을 주장하였다. 그는 말하기를

> 태허가 담연무형(湛然無形)하니 이를 선천(先天)이라 일컫는다. 그 크기는 밖이 없고 그 선(先)은 시작이 없고, 그 유래는 궁구할 수도 없다. 담연허정(湛然虛靜)한 것이 기의 본원이다. 밖이 없는 먼 데까지 가득 차고 충실하여 빈틈이 없으니 조금도 무엇을 받아들일 수 없다. 그러나 움켜쥐려면 비어 있고 잡으려면 아무것도 없다. 그렇지만 오히려 존재〔實〕하니 그것을 없다〔無〕라 할 수 없다. 이 경지에 이르면 들을 소리도 없고 맡을 냄새도 없다. …… 그 담연의 본체를 말하면 일기요, 그 혼연의 주위를 말하면 태일(太一)이다. 주렴계는 여기에서 할 수 없이 다만 '무극이태극(無極而太極)'이라고만 말하였다. 이것이 곧 선천이니 기이하지 않은가.[9]

라고 하였다. 태허의 담연무형한 것은 선천의 기이며, 이는 시간과 공간의 제약으로부터 독립해 있는 무제한, 무시종, 항구불멸의 실재라고 본

---

7) 동서, 권2, 12면, 「原理氣」.
8) 율곡도 "그의 학문은 횡거에게서 나왔다."라고 하였다. 동서, 권3, 「연보」.
9) 동서, 권2, 12면, 「原理氣」.

것이다. 화담은 또 말하기를 "태허는 허(虛)하면서 허하지 않다. 허는 바로 기이다. …… 이미 허라 했으니 어떻게 기라 하는가, 허정(虛靜)은 곧 기의 체(體)요, 취산(聚散)은 기의 용(用)이다."라고 하여[10] 허를 기라 하고 기의 체용(體用)을 설명하였다. 이는 우주의 본체를 기로 본 것이며, '태허'는 그 본체를 형용한 말임을 알 수 있다. 이러한 입장에서 화담은 노자의 '유생어무(有生於無)'와 불가의 '적멸(寂滅)'을 비판하였다.[11]

여기서 선천이란 소강절의 학설로서 원래는 선천도(先天圖)를 말하는데(先天易圖라고도 한다), 그것은 『주역』 성립의 시초인 복희의 「팔괘방위도(八卦方位圖)」를 가리킨다. 이에 대해 문왕과 공자에 의하여 성립된 역을 후천역(後天易)이라 한다. 소강절은 이 선천역도에 천지 만물의 이치가 들어 있다고 생각했다. 그러므로 이 선천역도는 소강절의 신비한 우주창조론이라고 할 수 있는 것이다. 그러므로 소강절은 "천지만물은 도(혹은 태극)에 의하여 생긴다고 생각했다. 그리하여 하늘은 도에 의하여 생기고, 땅은 도에 의하여 이루어지고, 사물은 도에 의하여 나타나고, 사람은 도에 의하여 행한다."라고 하였으며,[12] 우주 생성 과정은 "태극은 하나인데 움직이지 않으면서 둘을 낳고, 둘이므로 신비하다. 신비함은 수(數)를 낳고, 수는 상(象)을 낳고, 상은 기(器)를 낳는다."라고 하였다.[13] 이는 상과 수의 변화 과정을 말한 것이다. 다시 말하면 태극이 양의를 낳고, 양의가 사상을 낳고, 사상이 팔괘를 낳고, 팔괘가 서로 얽혀 만물을 낳는다는 것이다. 여기서 도나 태극은 천지 만물의 본원이 되고 있다.

화담이 소강절의 선천을 빌려 말하고자 한 것은 우주의 본원, 또는 우

---

10) 동서, 권2, 14면, 「太虛說」.

11) 동상.

12) 『황극경세』 「관물내편」.

13) 동서, 「관물외편」.

주의 시초를 상정하여 말한 것이라고 볼 수 있다. 즉 우주의 시원을 말하기는 어렵지만, 좌우간 언제부터인지, 또 그 크기는 어디까지인지는 모르지만 태초부터 우주에는 '기'로 가득 차 있었다는 것이다. 그 상태를 화담은 '태허'라고 불렀다.

태허란 원래 장횡거의 용어이다. 그는 기의 본체를 '태허'라고 하였다. 즉 그는 말하기를 "태허는 형체가 없는데, 기의 본체이다. 그 모이고 흩어지는 것〔聚散〕이 변화의 현상〔客形〕이다."라고 하였다.[14] 이것은 기는 만물의 근원이라는 뜻이다. 그러므로 만물은 기에 의해서 생겨나고 다시 기로 돌아간다. 만물은 덧없지만 기는 언제나 존재한다. 그는 또 말하기를

> 태허에는 기가 없을 수 없고, 기는 모이어 만물이 되지 않을 수 없으며, 또한 만물은 흩어져서 태허가 되지 않을 수 없다. (기는) 이것에 따라 드나드는데(出入), 이것은 부득이하여 그런 것이다.[15]

라고 하였다. 기는 무형이므로 태허라고 한 것이다. 그러므로 장횡거의 기론에서는 노자의 '유가 무에서 생긴다'는 설을 취하지 않는다.

화담이 말한 태허 역시 장횡거와 같은 의미의 기의 본체를 말한다. 또 선천이라 한 것은 후천의 현상계에 대해 우주의 본원, 즉 본체계를 시원적으로 소급하여 말한 것이다. 그러나 사실 선천과 후천은 사물의 양면과 같아서 인위적으로 나누어 본 것일 뿐 선천과 후천은 동시에 있는 것이다. 그러므로 "그 앞섬〔先〕은 시작이 없고, 그 유래는 궁구할 수도 없다"라고 화담은 말한 것이다. '담연무형', '담연허정'은 태허, 즉 기의 본원(본체)을 형용한 것이다.

---

14) 『정몽』「태화편」.
15) 동상.

그다음 이 기는 우주에 충만하여 침투되지 않은 데가 없다고 하였다. 그리고 또 이 기는 형체가 없고, 그러므로 만질 수도 볼 수도 없다고 하였다. 그런 의미에서 무(無)이나, 아무것도 없다는 것이 아니므로 '공무(空無)'는 아니다. 이는 비유하면 마치 공기와 같다. 또 일기의 '하나', 또 태일(太一)의 '하나'는 숫자의 하나가 아니고, 전체를 말하는 것이다.

화담은 "주렴계가 할 수 없이 '무극이태극'을 말하였다."라고 하였는데, 사실 이 말은 잘못된 것이다. 주렴계의 이 말은 주렴계가 태극이 리라고 분명히 말하지 않아 도가류(道家流)의 해석 여지를 남겨두었지만, 성리학의 우주론이나 리기론의 논리에서 볼 때 태극이 기의 시원이나 본체를 말하고 있는 것은 아니다. 주자의 해석과 같이 최고 궁극자(과정철학의 신과 같은 위상)를 말하고, 이것의 원리성을 말하기 위하여 '무극'이라는 말을 덧붙여 형용한 것이다. 그러므로 화담의 위와 같은 표현은 기론자의 잘못된 해석이다. 이를 해명하기 위하여 화이트헤드의 과정철학을 원용하는 것이 도움이 될 것이다.

기론자가 기로써 우주를 설명하는 방식은 과정철학에서 모든 존재를 원자적인 '실체'(substance)의 집합으로 보지 않고 '현실적 존재'(actual entity)의 연쇄(nexus), 즉 유기적 제관계로 보는 관점과 거의 같다. 과정철학에서 말하는 이 '현실적 존재'는 기처럼 사물의 기본 구성요소로서 정신적인 것, 물질적인 것 구분 없이 모든 존재(형성)의 '기체(基體)'(기본 구성단위)를 이룬다. 그러므로 이 우주에 가득 찬 것이 기이며, 이 기는 어디에도 침투하지 않음이 없고, 또 자체 운동성을 가지고 있다는 설명과 같은 것이다. 화이트헤드는 존재의 근거를 말하기 위하여 이 현실적 존재 이상으로 나아갈 필요가 없다고 하였다.

그전의 소위 '실체'라는 것은 존재의 구체성(존재의 실상)을 잘못 놓았다(보았다)는 것이다. 원자적 실체의 집합으로 생각하는 종전의 실체적 물질관, 기계적 우주관이 잘못되었다는 것이다. 이는 기론자가 기를 우주에 가득 찬 것이라고 생각하는 것과 발상이 같다. 기론자는 이 핵심적인 사물의 기체인 기를 중시하여 기 이외에 존재의 시원을 추상적으로 탐구할 필요가 없다고 보고, 기를 중요시한 것이다.

과정철학에서 존재는 과정, 즉 현실적 존재의 '합생' (concrescence) 과정이므로 기론에서처럼 기의 본래 모습(본원)을 상정하지는 않는다. 기는 이미 자체 '운동인' 에 의하여 이미 움직였으므로 사실 그 시원을 논할 수 없는 것이고, 시원을 논한다면 그것은 이론 체계상 필요로 한 하나의 '요청적 개념' 일 뿐이다. 기론자가 기의 시원(선천)을 논하는 것은 형이상학적 원리를 논하는 것이 아니다. 더욱이 기만으로써는 궁극자 문제를 논하기가 어렵다. 그러므로 리기론에 가서는 형이상학 체계로서 이 기와 더불어 존재의 '원리' (아리스토텔레스적 의미에서의 형상)로서의 리 및 '최고 궁극자' 로서의 태극(The Great Ultimate)을 중요 범주로 등장시키고 있는 것이다. 형이상학 체계에서는 자연학과 달리 현실체(현실적 존재; 현실적 계기)와 더불어 형상적인 것, 즉 원리가 함께 있어야 하기 때문이다.

과정철학에서 두 가지 중요한 범주는 이 '현실적 존재' 와 더불어 '영원적 객체' (eternal object)이다. 현실적 존재는 기에, 영원적 객체는 리에 해당된다.

이상에서 본 바와 같이 기론에서는 기로써 우주 만유(萬有)의 생성과 변화를 설명하는 데는 부족함이 없으므로 자연 유기적, 즉 기일물적(氣一物的)인 우주관을 갖게 된다. 이는 과정철학의 '현실적 존재' 의 속성과 비교해 보면 수긍할 수 있다. 그러나 기만으로 우주는 결코 원만히 설명하지 못한다.

3. 서화담의 리

선천의 기는 동정합벽(動靜闔闢)에 다 같이 작용하는데, 그 작용이 결코 다른 존재에 의해 사역되는 것이 아니고, 스스로 또 필연적으로 그렇게 된다고 하였다. 화담은 이것을 '리(理)의 때〔時〕' 라고 표현하였는데, 이것은 기가 스스로 그러한 가운데 '소이연(所以然)의 리' 가 있어 그러하지 않을 수 없는 것을 의미한다. 화담은 그것을 이렇게 말하였다.

> 갑작스레 약동하여 홀연히 열리는데 무엇이 그렇게 시키는가. 스스로 그렇게 할 수 있었던 〔自能爾〕 것이요, 또한 스스로 그렇게 하지 않을 수 없는 것이니, 이를 '리의 시(時)' 라 한다. 『역경』에서는 "감이수통(感而遂通)" 이라 이르고, 『중용』에서는 "도는 스스로 도이다〔道自道〕" 라 하고, 주렴계는 "태극이 움직여 양을 낳는다〔太極動而生陽〕" 라고 일컬은 바이다. 움직임〔動靜〕과 열고 닫힘〔闔闢〕이 없을 수 없으니 어찌하여 그런가 하면 기틀이 스스로 그렇게 되는 〔機自爾〕 것이다.[16]

여기서의 '자능이(自能爾)', '기자이(機自爾)' 는 서화담의 독특한 표현으로[17] 기 자체에 생성적 능동성, 변화의 기틀이 있다는 것이다. 이것은 기의 자체 운동성(운동인)이 있음을 말한다. 과정철학적으로 말하면, 우선 존재는 실체의 기계적 집합이 아니고 생성 '과정' 이라고 하는 것을 상기할 필요가 있다. 현실적 존재는 현대 물리학의 미립자에 대응하는 개념으

---

16) 동서, 권2, 12면, 「原理氣」.

17) 장재도 『정몽』, 「태화편」에서 "太虛不能無氣, 氣不能不聚而爲萬物, 萬物不能不散而爲太虛, 循是出入, 是皆不得已而然也." 라고 하였고, 주자도 『태극도해』에서 "動靜이란, 所乘의 機이다." 라고 하여 유사한 표현을 하였다.

로 현대 물리학의 시공연속체의 장(場; field)의 개념을 형이상학적으로 일반화시킨 개념이다. 현대 물리학에 의하면 물질은 결국 공허한 공간에서의 미립자의 운동으로 귀착된다. 특히 양자론에 의하면 물질은 에너지와 호환 관계에 있다고 한다. 이와 같은 성격의 '현실적 존재'는 자체 운동인을 가진 '기'와 흡사하다.

현실적 존재는 그 이전의 없어진〔滅〕 여타 수많은 현실적 존재를 소여(자료)로 하여 크게는 신의 섭리에 의해 어떻게 현실적으로 존재할 것인가(어떻게 구체적 사물로 존재할 것인가)의 기본 목적(방향)을 부여받은 다음 자체 운동인에 의해 움직이기 시작하여, 그다음 구체적인 이데아(아리스토텔레스적 의미의 形相)인 영원적 객체가 거기에 진입(ingression)함으로써 현실적 존재로 구체화된다(실현된다). 이것이 현실적 존재의 합생(cocrescence)이다. 그리하여 이 우주에서 하나의 새로운 존재가 추가된다. 그것이 나중에 없어지면 다시 또 다른 현실적 존재의 소여가 된다. 그러므로 많음〔多〕가 하나〔一〕를 위하여 이바지하고, 하나는 다시 수많은 우주의 많음〔多〕 속에 하나' (존재)를 더 부가하는 것이 된다. 현실적 존재는 이와 같이 여러 다른 현실적 존재와 밀접한 연관 속에 있다. 마치 인다라망경계문과 같은 존재의 대연쇄를 이루고 있다. 다시 말하면 유기물, 무기물 구분 없이 이 우주는 현실적 존재의 사회(society)로 이루어져 있다. 인간의 감각으로 알 수 있는 사물에서부터 고도의 신비한 인간의 초감각적 인식에 이르기까지 모두 이 현실적 존재의 작용으로 이루어진다.

이와 같은 설명은 기론에서 우주에 충만한 태허의 기, 부득이하게 이미 움직인 기, 그리하여 이러한 기의 취산에 의해 만물이 형성되고 소멸된다는 것과 비슷한 발상이다. 다만 기론의 기의 취산론은 과정철학의 현실적 존재의 합생 과정을 단순하고 소박하게 설명한 것일 뿐이다.

선천은 이미 기의 그 자체 운동인에 의해 움직였다. 그러므로 선천, 후천은 편의상의 인위적 구분에 불과하다. '존재는 과정' 이고 과정은 이미 시작된 것이다. 다음에 보이는 화담의 리가 기에 앞설 수 없다는 리에 대한 강한 부정도 사실은 이러한 맥락을 갖고 있다. 『역』의 적연부동(寂然不動)(선천)-감이수통(感而遂通)(후천)의 설명 구조 역시 마찬가지이다. 불교에서 한 가지 사물의 실상을 설명하기 위하여 체용(體用) 논리를 자주 사용하는데, 중국도 이미 그런 표현법이 예로부터 있었다고 볼 수 있는데, '대귀적' 표현법이 바로 그 원형이며, 이는 한자의 생성 자체에서 유래한 것이다.

앞에서 인용한 화담의 말을 분석해 보자. 『중용』의 '도자도(道自道)' 는 도가 자기를 실현한다는 의미로 별문제가 없다. 그러나 주렴계의 '태극동이생양(太極動而生陽)' 〔태극이 움직여 양을 낳았다〕은 태극이 리이므로 원래 '생한다' 는 능동성을 부여할 수 없는 것이다. 앞에서 보아온 바와 같이 화담의 경우는 주렴계의 태극을 기로 보았기 때문에 이것을 문자 그대로 해석한 결과이다. 그러나 엄밀히 말하면 리는 기를 낳을 수 없다. 과정철학에서는 현실적 존재와 영원한 대상의 상호 작용을 설명할 때 후자의 전자에의 '진입' 이라는 말을 쓴다. 이런 점에 비추어 볼 때 태극은 리로 보아야 하고, 그것과 음양과의 관계를 말할 때 문자에 얽매이지 말고 그 본의를 이해해야 할 것이다. 또 『역』과 같이 '태극동이생양' 이라고 표현한 것은 동양적 언어 표현의 기법상 한계가 있으므로 전체 체계를 보아 이 문구는 융통성 있게 해석해야 할 것이다. 율곡이 이 부분의 해석에 융통성이 있어야 된다고 말한 것도 바로 그러한 사정을 잘 말해주는 것이다.[18] 이것을 화담은 '리의 시' 라 했는데, 이는 불명확한 표현이며, 불필

18) 율곡은 말하기를 "성현의 설도 아직 미진한 바가 있다. '태극이 양의를 낳았다.' 라는 말만 하고, '음양이란 본래부터 있는 것이요, 처음으로 생긴 때가 있는 것이 아니다.' 라는 말을 하지 않았다. 그러므로 문자만 보고 뜻을 풀이하는 사람은 '기가 생기지

요한 말이다. 그의 말을 추론해 보면 기의 동정 합벽하는 운동이 있기 시작하는데, 그 후 그 운동이 조리가 있고 무질서하게 움직이지 않는다는 것을 나타내기 위하여 그렇게 말한 것 같다. 화담의 다른 글과 함께 보면 그의 언어 맥락에서 리는 '기의 신비로운 질서성', '본원의 기에로의 회귀성' 등을 말하는 것이라고 보인다. 또 화담의 글에서 '리'나 '주재(主宰)'라는 용어가 쓰이고 있다. 그러나 이것은 위와 같은 기 자체의 능동성을 전제하고 있음을 잊어서는 안 된다. 그는 말하기를

> 기 밖에 리가 없으니 '리'는 기의 '주재'이다. 소위 주재라는 것은 밖에서 와 주재하는 것이 아니라, 그 기의 작용에 있어 그 소이연(所以然)의 바름〔正〕을 잃지 않을 수 있는 것을 가리켜 주재라 일컫는다. 리는 기에 앞설 수 없다. 기가 시작이 없으니 리도 본래 시작이 없다. 만일 리가 기보다 앞선다고 하면 이 기는 처음〔始〕이 있게 된다. 노자가 '허가 기를 생한다〔虛能生氣〕'라고 하였는데 이는 기가 시작이 있어 유한하다는 것이다.[19)]

라고 하였다. 여기에서 리가 기의 주재적 의미(화담은 '재(宰)'라고 표현하였다)를 갖는다 하더라도 먼저 본체로서의 기가 있은 다음에 그 기의 정당한 작용〔用事〕 입장에서 그 질서적 법칙성을 리라고 그는 보았다. 리는 '기의 주재'라고 하더라도 그 '리의 시'는 선천의 기 이후인 후천에서 비로소 말해지고 있기 때문에, 리와 기의 관계를 "기 밖에 리가 없다.", "리는 기에 앞설 수 없다."라고 말한 것이다. 즉 선천에서는 리를 말하지 않았다. 이는 리를 원리성으로 보지 않는 기론자의 입장이다. 또 기론자는

않았을 때는 다만 이 리만 있을 뿐이다.'라고 말하니, 이는 진실로 하나의 병폐이다." 라고 말하였다. 『율곡전서』 권9, 19면, 「답박화숙」.

19) 『화담집』 권2, 14면, 「리기설」.

기에 의한 우주 설명이 과정철학과 같이 '존재는 과정' 이라는 식으로 설명을 할 수 있으므로 원리로서의 리를 가정하면 기가 시작이 있고 유한하게 된다고 여겼기 때문이기도 하다.

리기혼일론자 나정암(羅欽順) 역시 이러한 말을 하였다. 즉 그는 말하기를 "천지고금에 일기 아닌 것이 없다. 기는 하나이지만 동정왕래 등으로 무궁하게 변화 순환한다. 사시운행에서 인간윤리까지 천만 가지가 다 기로 인하여 나타나는데, 어지럽게 섞여 있지만 무질서하지 않다. 그렇게 되는 까닭을 모르는 것, 이것이 리이다."라고 하였고,[20] 또 말하기를 "리는 다만 기의 리이다. 그러나 기를 리로 보면 안 된다."라고 하였다.[21] 화담의 리의 이해와 유사함을 볼 수 있다.

화담의 기론에 있어서 리는 주자학의 태극과 같은 최고의 궁극자로서의 의미가 아니고, 작용〔用事〕에 있어서의 소이연, 즉 기의 작용의 '질서성' 이다. 그가 "밖에서 와서 주재하는 것이 아니다." 또는 "기의 용사에 있어서 ……"라고 하였으므로 과정철학에서 보듯이 영원한 대상이 현실적 존재에 진입한다는 형이상학과는 다른 것이다. 이것이 기론자의 리에 대한 생각이다. 기론자에 있어 리는 매우 처리하기 곤란한 범주이다. 왜냐하면 기의 충만성과 침투성과 기체성(基體性) 및 자체 운동성 때문이다. 그리하여 이러한 특성을 가진 기로써 우주 만유의 생성과 변화를 다 설명할 수 있다고 보기 때문이다. 그러므로 "리는 기에 앞설 수 없다."라고 단언한 것이다.

성리학에서 리기 관계는 선후 문제〔理先氣後〕와 리의 동정(능동성) 문제가 중요한 문제인데, 이는 과정철학과 비교하여 다소 보완하여 볼 필요가 있다. 영원한 대상의 경우 그것은 잠세태(potentiality)라는 '가능성' 으

---

20) 『곤지기』 권상 11장. 번역문은 역자가 축약 번역하였다.

21) 『곤지기』 속 권상, 38장.

로서 구체화되려는 초조함으로 가득 차 있다. 그것은 현실적 존재의 정신적 파악(conceptual prehension)에 의해 포악되어(진입하여) 현실적 존재의 합생에 의하여 성육화(구체화; incarnation)된다. 반면 현실적 존재는 신으로부터 창조성을 권유하는 '원초적 목적' 을 부여받아 창조적 생성(합생)을 해 나간다. 그 과정은 앞에서 설명한 대로이다. 이때 영원한 대상이 현실적 존재로 진입한다 하였으므로 그런 의미에서 영원한 대상(리)은 현실적 존재(기)에 앞선다고 할 수 있다. 그러나 이것으로 '리선기후' 에 대한 설명은 불충분하다.

과정철학은 현실적 존재와 영원한 대상 사이에 '신의 매개' 를 개입시킴으로써 합생의 과정을 보다 체계 있게 설명하고, 이로 인하여 영원한 대상과 현실적 존재 사이의 관계 또한 분명하게 설명한다. 그 설명이란 간단히 말하면 현실적 존재가 영원한 대상을 개념적으로 포악하는 방식으로 그 영원한 대상이 해당 합생 과정에 진입할 때마다 신의 '원초적 본성' 이 기능한다고 한다.

또한 과정철학에서 영원한 대상과 신의 관계 설명이 충분한 반면에 태극론에서는 태극이 리라고 하고, 또 '리일분수' (統體太極-各具太極)로써 태극과 이 세계와의 관계를 설명할 뿐, 태극과 리의 관계에 대한 설명이 불충분하여 상대적으로 리기 관계만 오히려 복잡하게 전개되고 말았다. 물론 이것은 창발적 진화론이냐 순환론적 자연관이냐라는 우주관의 차이라든가, 또는 '유신론' 의 전통에서의 신관과 태극론의 '범재신론' (=萬有內在神論)적 신관과의 차이에서 오는 것이기도 하다. 또한 성리학에서는 리가 '도덕적 가치' 라는 관념적 실재의 의미도 가지기 때문에 복잡하게 되는 것이다.

여하튼 성리학에서 '리선기후' 의 문제는 과정철학적으로 해석하여 그 이해를 다소 도울 필요가 있다. 여기서 화담이 리기선후 문제를 논한 것도 성리학의 이러한 원초적 문제를 다룬 것이지 자신이 리를 중요하게 여기거나, 또는 폄하하려고 한 것은 아니다. 왜냐하면 기론자들은 기로써 우주 문제는 충분히 자족적으로 설명될 수 있다고 믿고 있기 때문이다. 다시 말하면 기론자들은 기로써 '존재는 과정' 이라고 설명할 수 있다고 보았다.

화담은 무시무종(無始無終)한 일기(一氣)를 말하면서 '리기의 극미(極微)' 라는 표현을 하였는데, 이는 일견 관련 없는 말로서 의미가 불명확하다고 보인다. 그러나 추론하면 그가 주자학의 태극과 같은 궁극자, 마치 유신론에서의 신과 같은 '리적인 것' 을 그가 상정하지 않고, 우주의 근원을 기로 보았기 때문에 기의 묘한 작용 속에 리적인 요소를 상정한 것이 아닌가 생각된다. 이것은 일종의 기의 본원에 대한 또 하나의 형용이라고 할 수 있다. 그는 말하기를

> 기가 담일청허한 것은 이미 무시무종한 때문이다. 이것은 '리기의 극묘(極妙)' 한 소이(所以)이다. …… 비록 한 조각 촛불의 기가 눈앞에서 흩어지는 것 같이 보이지만 그 여기(餘氣)는 마침내 흩어지지 않는다. 어찌 기가 무(無)에서 없어진다 하랴.[22]

라고 하였다. 뒷부분은 우주에 가득 찬 기의 총량은 불변이라는 것인데, 이는 잘못하면 '순환론' 에 빠질 수가 있다. 그러므로 율곡은 "리는 변화가 없으나 기는 변화가 있다. 원기는 생기고 또 생기어 끊임없다〔生生不息〕. 그리하여 가는 것이 지나가면 오는 것이 잇는다. 가버린 기는 이미 있지 않은데, 화담은 일기가 영원히 있다고 생각한다. 그렇게 되면 가는

22) 『화담집』 권2, 14면, 「리기설」.

기는 가지 않고 오는 기는 뒤를 잇지 않는다. 그러므로 화담에게 기를 보고 리라고 여기는 병폐가 있게 된다."라고 하였다.[23] 즉 『역』의 생생불식과 같이 우주의 변화는 비록 반복되지만 부분적으로는 끊임없는 생멸이 일어난다고 보아 기론자의 기 불멸론에 의한 정체적 우주론을 비판하였다. 여기서 율곡이 비판한, 기를 보고 리라고 여긴다는 것은 화담이 '담일청허의 기'를 리처럼 궁극자로 보았다는 것이다. 율곡은 화담이 '리기 불상리'의 관계는 잘 보았지만 근본적으로 '담일청허의 기'를 우주의 근원(리)으로 보는 것은 잘못이라고 비판하였다. 즉 율곡은

> 리기불상리의 묘처(妙處)는 분명히 보았다.…… (그는) 담일청허의 기가 없는 사물이 없다고 생각하여 스스로 여러 성인이 전하지 못한 묘함을 얻었다고 생각했지만, 그 차원 위에 다시 '리통기국(理通氣局)' 한 구절이 있다는 것을 몰랐다. 계선성성(繼善成性)의 리는 없는 사물이 없으나 담일청허의 기는 있지 않은 경우가 많은 것이다.[24]

라고 하였다. 주자학과 율곡의 리기론에 있어서는 담일청허(湛一淸虛)한 기도 역시 기이므로 궁극자로서의 우주의 원리가 될 수 없다고 본 것이다. 사실 율곡이 화담은 '리기불상리의 묘처'를 보았다고 했지만, 엄밀히 말하면 기론자에게 있어 이 말은 해당되지도 않고, 타당하지도 않다.

화담의 기론은 우주의 본체를 기로 보았으므로 생성, 변화의 문제는 쉽게 설명할 수 있다. 기 자체의 움직임의 기틀을 말하였으므로 선천에서 후천으로, 일기에서 음양동정으로 생성, 변화 과정은 용이하게 설명된다. 그러나 사실 기론자로서 기의 원인자(원리성), 궁극자에 대한 설명은 한계

23) 『율곡전서』 권10, 37-38면, 「답성호원」.
24) 동상.

에 부딪힌다. 그리하여 기의 본원(본체)을 음양의 근원으로, 즉 궁극자, 원인자로 보려 한다. 화담이 담일청허의 기는 '청허(淸虛)하다' 고 형용한 것도 그러한 의도가 숨어 있다. 또 우주의 기는 총량불변이라고 한 것도 그러한 의도라고 볼 수 있다. 그러므로 그는 이렇게 말하였다.

> 이미 일기(一氣)라 하였으니 一은 스스로 二를 포함하고, 이미 태일(太一)이라 하였으니 一은 곧 二를 간직하고 있다. 一은 二를 낳지 않을 수 없으며, 二는 스스로 생(生)하고 극(克)할 수 있다. …… 一은 二를 생하니 二란 무엇을 일컫는가. 그것은 음과 양이며, 동과 정이며, 또 감(坎)과 리(離)를 말한다. 一이란 무엇을 일컫는가. 음양의 시원이며 감 리의 본체로서 '담연(湛然)하게' 하나가 되는 것이다.[25]

여기에서 二는 음양이라 하였지만, 一은 담연한 기를 가리키고 있는 것이다. 율곡이 그가 기를 보고 리로 여긴다는 비판은 이를 두고 한 말이다. 기론자들이 부딪히는 궁극자, 즉 원인자 문제를 율곡이 지적한 것이다.

그러나 화담은 한편으로 다른 곳에서 동정과 생극(生克; 생멸)의 '소이(所以)' 를 또 말하여 '리적(理的)인 것' , 즉 '원리' 를 생각하고 있음을 보여주었다. 즉 그는

> 이미 二이면 이에 합벽과 동정과 생극이 없을 수 없다. 그 개벽, 동정, 생극할 수 있는 '소이' 를 추급하여 '태극' 이라 이름한다.[26]

라고 말하였다. 그러나 그의 기론에 있어서 이 말은 비중이 낮다고 볼 수

25) 『화담집』 권2, 12면, 「原理氣」.

26) 동서, 권2, 14면, 「理氣說」.

있다. 그가 리기로 우주와 존재 문제에 대한 전체적인 설명의 맥락에서 보아도 이 말은 성격이 다른 말이다. 본체를 '담일청허한 기' 로 보는 기의 우주론의 체계에서는 역시 원인자, 궁극자의 문제를 처리하기에는 부족하다. 그렇다면 기론자들이 '리적인 것' 을 나타내려고 하는 이유는 무엇인가? 역시 기론으로써는 형이상학적 근원자에 대한 설명을 할 수 없기 때문이 아니겠는가?

나정암이 장횡거의 '태허의 기' 를 비판한 것도 그런 이유이며,[27] 주자 자신이 장횡거의 '태허' 를 순전히 기로만 볼 수 없었던 것[28]도 이런 맥락에서 이해할 수 있다고 보인다. 장횡거의 태허는 기의 본체이고, 기 또한 만물이 흩어져 돌아가는 곳이다. 그러므로 태허-기-만물이 전적으로 동일 실체에 있어 상태상의 차이에 불과한 것이 된다. 그런데 장횡거는 또 "천지의 유형(有形)의 제 현상은 모두 신화(神化)의 찌꺼기이다."라고 하였다.[29] 이것은 태허와 유형의 기가 각각 상태의 차이를 나타낼 뿐만 아니라 거기에 '가치의 차이' 가 있음을 나타내고 있는 것이다. 즉 기나 만물은 본체로서의 태허에 돌아갔을 때 비로소 밝게 되고 신이 된다는 것이다. 그러므로 이 때 태허는 현실의 천지만물을 초월한 성격을 갖는다. 나정암은 장횡거의 태허가 갖는 이러한 초월적 성격에 대해 불만족스럽게 여겼다. 장횡거가 또 "태허로 부터 천(天)의 이름이 있다. 기화(氣化)로부터 도의 이름이 있고, 허(虛)와 기를 합하여 성명(性命)이 있고, 성(性)과 지각(知覺)을 합하여 심(心)의 이름이 있다."라고 하였는데,[30] 나정암은 여기서 합

---

27) 『곤지기』 권하 22장. 나정암은 "장자(장횡거)의 『정몽』의 '태허로부터 天의 이름이 있다' 라는 몇 마디 말은 역시 리기를 二物로 보고 있는 것이다."라고 비판하였다.

28) 주자는 장횡거의 '태허가 바로 리이다' 라는 데 대하여 "그것은 리를 가리키고 있는데, 표현이 분명하지 않다." 라고 비판하였다. 『주자어류』(북경: 중화서국, 1986) 권 99, p.2534.

29) 『정몽』「태화편」.

한다는 말에서 장횡거가 리기이물론적인 관점을 취하고 있다고 불만족스럽게 여겼다. 이와 같이 장횡거는 기론자이면서 태허를 '초월화' 시켜 봄으로써 태허를 기 및 만물과 이원적으로 보게 되었던 것이다. 기론자에 있어서의 원리성(원인자), 궁극성이 문제가 되고 있음을 여기서 다시 확인할 수 있다.

주자 역시 장횡거의 '太虛卽氣' 에 대해 "그것은 리를 가리키고 있는데, 표현이 분명하지 않다."라고 하였다.[31] 주자의 생각 역시 장횡거의 태허가 한편으로는 리적 성격을 띠고 있어서 전적으로 기만으로 볼 수 없다는 것이다. 화담의 경우도 역시 장횡거와 마찬가지이다. 그의 기론의 입장에서는 원인자, 궁극자의 문제 처리가 원만하게 이루어질 수 없었던 것이다. 리의 '소이' 등 여러 가지 표현이 이러한 사정을 대변하고 있는 것이다.

화담은 우주의 생성 변화를 기의 취산(聚散)으로 설명하였다 함은 앞에서 언급한 바인데, 그는 취산에는 대소(大小), 현미(顯微), 그리고 구속(久速)이 있으므로 만물의 다양화를 낳는다고 하였다. 이는 일기와 만물, 즉 일과 다의 문제에 대한 설명으로서 기론에서는 쉽게 할 수 있는 것이다. 그것은 기는 취산이라는 움직임이 그 본질적 속성이기 때문이다. 그런데 취산에 있어 리의 철학과 기의 철학 사이에는 관점이 다르다. 유기론은 기가 흩어지면 없어지지 않고 본원의 기로 복귀한다고 하고, 본원의 기는 전체 양이 불변이라고 한다. 그러나 주자학과 같은 리의 철학에서는 기의 세계는 '동정무단(動靜無端), 음양무시(陰陽無始)' 를 본질적 사태 그 자체로 보기 때문에 흩어진 기는 사라지고, 새로운 기가 또다시 원초적으로 생겨나서 그 뒤를 잇는다고 한다. 즉 『역』의 '생생불식(生生不息)' 을 우주의 근원적 본질로 보는 것이다. 이것은 리의 철학에서는 원인자는 영원한 대상

30) 동상.

31) 주 28) 참조.

(리)으로써, 궁극자는 신(태극)으로써 처리하기 때문에 기의 세계는 동정무단 사실 그 자체로 인정할 수 있는 것이다. 이러한 점이 두 사상의 차이점이다.

과정철학적으로 보면 기론에서 존재의 생성, 변화를 설명하는 것도 다소 미흡하게 보인다. 기론에서는 우주에 가득 찬 것은 기이며, 어디에나 침투하고 있으며, 취산의 움직임이 있어 그것에 의해 사물이 형성되고, 흩어지면 본원의 기로 다시 돌아간다고 설명하였다. 그리고 그 본원의 기(기의 본체)는 담일청허하다고 형용하였다. 그러나 이것만으로 존재의 실상을 설명하기에는 충분하지 못하다. 과정철학으로 설명을 다소 보완하여야 할 것이다. 특히 왜 다양한 사물이 생성되느냐 하고 물으면 역시 기론으로써는 설명하기가 곤란하다. 역시 리의 범주가 동원되지 않을 수 없다. 또한 과정철학이 '창조적 진화론' 의 입장을 취하는 반면에 기론이나 리기론은 '순환론적인 자연관' 을 갖고 있는 점도 대비된다. 그리하여 어떻게 사물의 '개체성' 이 독특하게, 그런 의미에서 창조적으로 생성되느냐 하는 문제에 대해서는 기론이나 리기론의 설명이 미흡하다.

유기론은 우주의 생성과 현상을 설명하는 데는 움직임의 속성을 가진 기로 적합하게 설명할 수 있지만 우주의 질서나 조화, 창조성에 대한 설명은 할 수 없는 한계가 있다. 뿐만 아니라 자연법칙에서 인간 도덕규범을 연역해 내는 천인합일적인 자연법사상에서 담일청허의 기로써는 가치의 표준인 '인극(人極)' [32]을 연역해 낼 수 없는 것이다. 여기에서 화담의 철학에서 인생론과 윤리설을 볼 수 없는 이유를 우리는 알 수 있다. 그의 철학이 관조적인 우주론의 성격이 강한 것도 그러한 이유이다.

---

32) 인간의 도, 도덕, 규범을 말하는데, 주렴계(주돈이)가 『태극도설』에서 말하기를 "성인은 中正仁義로써 욕망과 이해득실을 잠재우고, 靜(욕심 없음)으로써 人極을 세운다."라고 하였다.

화담은 그의 글의 전체 맥락을 볼 때 리의 철학에서 말하는 태극을 궁극자나 신으로서 깊이 있게 추구하지 않았다. 그러므로 그는 어디까지나 자연 관찰이 뛰어난 자연철학자에 머물러 있었다고 할 수 있다. 다만 그는 우리나라에서 처음 장횡거의 기론을 수용하여 자기 나름으로 이해하고 전개시킨 데 특이점이 있다.

흔히 일반적으로 화담의 철학은 율곡에게 영향을 주었다고 한다. 그러나 여기에는 약간의 주의가 필요하다. 율곡이 그를 칭찬한 것은 퇴계에 비추어 볼 때 그가 리기불상리의 진리를 간파하였다는 점뿐이고, 근본적으로 그의 기론은 전적으로 비판 대상이 되었다. 퇴계, 율곡을 주기학파, 주리학파로 나누고, 이 관점에서 율곡이 화담을 칭찬했으므로 그의 영향을 받았다고 하는 것은 잘못된 것이다. 율곡의 리기론은 그야말로 과정철학적이라는 점을 망각해서는 안 된다. 그가 주자학을 수용했지만 리기론만은 과정철학적으로 잘 이해하여 주자 리기론의 핵심을 압축하였다고 할 정도로 이해가 깊었다. 그의 젊은 시절의 노장과 불교에 대한 섭렵이 그러한 이해를 도운 결과라고 하겠다. 그러므로 엄밀히 말하면 화담의 사상은 율곡에게 영향을 준 것은 하나도 없고, 오히려 율곡과 달라 그에게 비판을 당했다고 하는 것이 올바른 표현이다.

3. 결어

화담은 장횡거의 기론을 기초로 하여 자연철학적 관심을 가지고 우주론을 전개하였다. 기론자들이 말하는 '기'는 우주에 충만한 것으로 어디에도 침투하고 공기처럼 보이지 않으면서 만물을 구성하는 실질적인 구성요소이며, 자체 운동인이 있어 이미 움직였고, 아리스토텔레스적 의미의 질료성과 유사한 성격을 가지고 있는 기체(基體)였다. 이러한 성격을 가진 기는 과정철학의 '현실적 존재'와 흡사하다.

기론자들은 기의 이러한 성격 때문에, 특히 자체 운동인 때문에 기만으로써 우주의 생성과 변화를 충분히 설명할 수 있다고 생각했다. 이는 과정철학에서 존재의 근거를 설명하기 위하여 이 '현실적 존재' 이상으로 나아갈 필요가 없다는 것과 같다. 그러므로 기론이나 과정철학이나 '존재는 과정'이라고 생각한 것이다. 덧붙여 말하면, 기의 자체 운동인은 오늘날 양자론에서 물질은 에너지와 호환 관계에 있다는 것과 잘 비교될 수 있다.

그러나 존재의 생성은 기로써 설명이 되나 만물의 다양성의 이유나 우주 전체의 질서와 조화는 잘 설명이 되지 않는다. 여기에 성리학에서 '리'가 등장하지 않을 수 없고, 과정철학에서는 '영원한 대상'이 나오지 않을 수 없다. 기론자들은 '기'만으로 이러한 원인자, 궁극자를 설명할 수는 없으나, 그 필요성은 느끼고 있었으므로 화담의 경우 '무극이태극', '리의 때', '소이연의 올바름', '기의 주재' 등으로 표현하였다. 그러나 최종적으로 이러한 것들이 '기의 작용〔用事〕에 있어서'라는 단서가 붙어 있다. 이는 기의 질서성, 법칙성으로서의 '리적인 것'을 말하고 있는 것이다.

기론자는 이러한 '리적인 것'을 처리하는 것이 곤란하였다. 그리하여 화담의 경우 그의 연원인 장횡거의 태허와 같이 '기적인 것'으로써 대체하였는데, 그것을 리적인 것과 유사하게 만들려고 생각했다. 기의 본원을 '담일청허하다' 든가, 기가 흩어지면 '본원의 기'(즉 태허)로 돌아가고, 그 본원의 기는 총량불변이라고 말하였다. 이러한 형용은 기적인 것을 리적인 것으로 보이게 하려는 시도의 하나이다. 그러므로 리기론자들이 기론자들은 기를 리로 간주하는 병폐가 있다고 한 것인데, 그 평이 근거 없는 말이 아니다.

우주에 대한 원만한 설명은 기론만으로는 불충분하다. 즉 우주에 대한 체계적 설명에는 역시 과정철학처럼 '현실적 존재'와 '영원한 대상'이라는 이념적 존재와 현실태라는 두 실재가 필요하다. 이는 리기론에서 리와 기의 두 범주로 우주형이상학을 체계 세우고 있는 이유이기도 하다. 우리는 화담의 철학에서 자연과학적 관심이 많은 한 학자가 장횡거류의 기론을 받아들여 자연철학을 어떻게 전개하는가, 그리고 그러한 기론에서 설명하는 우주론에서 '리적인 것'은 어떻게 처리되고 있는가를 과정철학과 비교해 봄으로써 분명히 알 수 있었다.

또 율곡이 화담을 칭찬했다 하여 회재-퇴계, 화담-율곡이라는 도식으로 율곡이 화담의 영향을 받았다고 한다면, 이는 매우 잘못된 견해이다. 율곡이 '리기의 묘처'를 화담이 보았다고 한 것은 물론 한마디 칭찬이지만, 두 사람의 학설을 전체적으로, 또 본질적으로 비교해 보면 전연 다르다. 이는 기론을 과정철학과 비교해 봄으로써 더욱 분명히 나타난 중요한 사실이다.

5장

회재 이언적의 무극태극논변(無極太極論辨)의 주자학적 의의

1. 서언

회재 이언적(1491~1553)은 조선조 중종 때의 정치가요 사상가이다. 초명은 '적(迪)' 이었으나 왕의 사자(賜字)에 의해 '언(彦)' 자를 더 붙였다. 자는 복고, 호는 회재(晦齋) 또는 자계옹(紫溪翁)이라고 한다. 본관은 여주, 경상도 경주부 양좌촌(현 경주시 안강읍 양동리) 출생이다.

그는 16세기 전반기 사화로 어수선한 시대에 생장하고 살았던 사람으로 그 자신 55세 때에 을사사화를 당하였고, 그로 인하여 유배를 가기도 하였다. 한훤당 김굉필, 일두 정여창, 정암 조광조, 퇴계 이황과 함께 '동방오현(東方五賢)' 으로 그 후 영남지방에서 칭송되었는데, 이들은 모두 당시 16세기 사림파의 영수들이었다. 그런데 이들 중 회재 위로는 한훤당, 일두, 정암 3인은 별다른 저술이 없으나 회재는 성리사상과 경세제민 사상에 관한 저술을 남겨 사림파 이데올로기의 이론적 체계화를 이루었다.

그의 경학사상으로는 『대학장구보유』 및 『속대학혹문』을 통하여 볼 수 있고, 그의 철학사상(성리사상)은 망재(忘齋) 손숙돈(孫叔暾)과 망기당(忘機堂) 조한보(曺漢輔) 사이에서 논변한 '무극태극논변(無極太極論辨)'을 통하여 볼 수 있다. 또 그의 경세제민의 경세론은 「일강십목소(一綱十目疏)」, 「홍문관상소(弘文館上疏)」, 「진수팔규(進修八規)」 등 3편의 상소문(「진수팔규」는 올리지 못하였다)과 대저 『중용구경연의』를 통하여 알 수 있다.

퇴・율 이전 시기에 있어서 화담 서경덕(1489~1546)이 경기 지역을 대표한 학자였다면, 회재 이언적은 영남 지역을 대표한 학자로서 화담이 기론(氣論)을 주창했다면 회재는 '태극'이라는 '리(理)'의 의미를 천명했다. 그러므로 두 사람의 사상 경향을 '주기(主氣)', '주리(主理)'로 도식적으로 표현하는 데는 다소 무리가 있겠으나, 회재의 무극태극에 대한 논변 자체가 '리'에 관한 것이고, 화담의 기론이 유기론(唯氣論)이므로 그 사상 성격을 상대적으로 그렇게 말할 수 있다. 이것은 사상사적으로 그 흐름을 개괄적으로 말하는 것일 뿐, 그 사상 내용에 있어서 화담-율곡, 회재-퇴계 식으로 연결하는 것은 옳지 못하다. 이는 퇴・율 양인의 화담, 회재 두 사람에 대한 공정한 비평만 보아도 쉽게 알 수 있다.

나중에 율곡이 화담을 칭송하고 회재의 벼슬살이의 행동 처신에 대해 비판(나중에 그것은 회재에 대한 오해라는 것이 밝혀졌다)한 데 반하여, 퇴계는 화담의 기론을 비판하고 회재의 무극태극논변을 높이 평가하면서 '동방사현'으로 추숭한 것은 매우 대조적이다. 회재가 문묘에 배향된 것도 퇴계의 이러한 칭송의 영향이 컸던 것임은 물론이다.

앞에서도 말한 바와 같이 회재는 정치가요 사상가였다. 그는 조선 전기 대표적인 사림파의 영수로서 도학의 정치 이념인 '민본'의 경세론을 피력했을 뿐만 아니라, 그의 주자학 연구(무극태극론), 경학 연구(주자의 『대학장구』에 대한 연구이므로 주자학 연구라고도 할 수 있다)에서도 독창성과 심오함을 보여 주었다. 즉 회재는 퇴계에 앞서 주자학의 핵심 사상인 '무극태극론'에 대해 올바른 이해를 한 점에서 사상적으로 큰 의의가 있다. 특히 망기당과의 논쟁이 조선조 최초의 학적 논쟁인 점에서 더욱 의의가 있다고 할 수 있다.

회재의 무극태극론에서 다루는 '태극'은 성리학에서 매우 중요하게 다루는 개념이다. 마침 이러한 태극과 기, 리, 인(仁), 이 네 범주로 우주론을 설명하는 성리학(주자학)과 그 우주관이 비슷한 사상이 있다. 화이트헤드(Whitehead)의 과정철학(process philosophy)이 그것이다. 성리학의 리기론, 태극론 등은 우주형이상학이므로 설명하기가 매우 어렵고, 또 이해하기도 어렵다. 화이트헤드 철학 역시 그러하다. 그러나 비슷한 사고 양태를 보이는 두 우주론을 비교하는 것은 성리학을 해석하는 데 매우 유익하다.

여기에서는 회재의 사상을 과정철학과 비교하되, 태극 개념 및 양인의 학설에 간간이 과정철학적 해설을 섞어넣는 데 그쳤다. 그러므로 과정철학의 내용은 매우 일반적인 것만 인용하고, 번거로움을 피하고자 일일이 출처를 밝히지 않았다. 성리학(주자학)과 과정철학의 자세한 비교는 앞의 제1부를 미리 참고해 주기 바란다.

2. 이회재의 무극태극논변

회재의 이 무극태극논변은 조선조 성리학사나 주자학사에서 볼 때 최초의 이론 논쟁이란 점과 그 주제가 형이상학적인 문제였다는 데 큰 의의가 있다. 이것은 그때에 이르러 주자학의 이해가 이론적으로 심화된 것을 의미함은 물론이다. 퇴계도 그의 행장에서 "삼서(『대학장구보유』·『구인록』·『중용구경연의』)는 선생의 학문을 볼 수 있는 것이지만, 그 깊이 있는 견해〔精詣의 見〕와 혼자 얻은 독창성〔獨得의 妙〕은 망기당 조한보와 무극

태극을 논변한 글 4~5편에 잘 나타나 있다."라고 하였다.[33)]

회재의 무극태극논변은 그가 27세 되던 해 그의 외숙 망재 손숙돈(孫叔暾)과 망기당 조한보(曺漢輔)와의 사이에 왕복했던 무극태극논변을 얻어 보고 「서망재망기당무극태극설후(書忘齋忘機堂無極太極說後)」라는 논문을 지어 비판함으로써 시작되었다. 망기당 조한보는 회재보다 훨씬 선배였던 것 같다. 그러나 손숙돈과 조한보에 관한 전기가 자세하지 않고, 그들의 유저가 전해오지 않으므로 두 사람의 무극태극에 관한 설을 자세히 알 수는 없다. 다만 회재의 논문 속에 나타난 것으로 미루어 보면 손숙돈의 설은 육상산(陸九淵) 류에 속하는 것[34)] 같고, 조한보의 설은 도가나 선불교의 영향을 받은 것 같다.[35)]

조한보의 무극태극에 대한 견해를 회재의 논변의 편지 중에서 발췌하여 정리하면 대략 다음과 같다. 즉 "태극은 곧 무극이다. (본체에서) 어찌 유(有)와 무(無)를 논하며 내외(內外)를 갈라 명칭〔名數〕에 구애되겠는가? 큰 근본을 체득하면 일상 인륜의 온갖 변화에 일마다 통달의 도 아닌 것이 없다. 큰 근본과 통달한 도가 혼연히 하나가 된 즉 어디서 무극과 태극, 중(中)의 있고 없음을 구별하여 논할 수 있으리요, 태허(太虛)의 본체는 본래 적멸(寂滅)하다. 허(虛)하면서 영(靈)하고 적(寂)하면서 묘(妙)하니, 영묘의 본체가 태허에 충만하여 곳곳마다 노정된다."라고 하였다.[36)] 이것을 보면 조한보는 그의 호가 암시하는 바와 같이 도가적 사유나 선불교적 사유 경향이 있었던 것으로 보인다.

---

33) 『退溪全書』 권49, 「晦齋李先生行狀」.

34) 태극에 대해 朱子와 陸九淵 사이에 논쟁이 있었다. 육구연의 주장은 "대개 極이란 中이다. 無極을 말하면 無中과 같으니 어찌 가능한가?"라고 하여 (『육상산전집』 권2, 「與朱元晦」) 초월적인 리를 부정하고 기 중에서 리를 보아야 한다고 하였다.

35) 『晦齋集』 권5, 6-8면, 「書忘齋忘機堂無極太極說後」. 면은 한적 판심면. 이하 같음.

36) 동상.

회재는 이에 대해 "무극이태극이란 것은 이 도란 사물이 처음 있는 것이 아니지만 실제로는 만물의 뿌리라는 것을 형용한 것이다."라고 하여[37] 주자의 『태극도설해』의 요점을 먼저 서두에 세우고 다음과 같이 비판하였다.

> 그가 태허의 본체는 본래 적멸(寂滅)하다고 하여 '멸' 자로서 태허의 본체를 설명하였는데, 이는 우리 유가의 설이 아니다. 하늘의 일이 무성무취(無聲無臭)하니 이를 '적'이라 함은 가하다. 그러나 지극히 적한 가운데에 소위 심원하여 그침이 없는 오목불이(於穆不已)한 것이 있기 때문에 화육(化育)이 유행(流行)하여 상하가 밝게 드러나는 것인데 어찌 이 '적' 자 밑에 '멸' 자를 붙일 수 있으랴.[38]

조한보가 회재의 위의 「후설(說後)」의 글을 얻어 보고 반박 서한을 회재에게 보내고, 다시 이에 대해 회재가 보낸 비판 답서가 「답망기당제일서(答忘機堂 第一書)」이다. 회재의 이 답서를 통해 조한보의 논변을 살펴보면 그는 주로 '무극적멸(無極寂滅)'의 본체론과 '존양상달(存養上達)'의 수양론을 논한 것 같은데,[39] 그는 본체에 관하여 "무(無)는 無가 아니라서 영원독립(靈源獨立; 영묘한 근원으로 홀로 있음)하여 있고, 유(有)는 有가 아니라서 오히려 시진(澌盡; 녹아 없어짐)에 돌아간다."라고 하고,[40] 수양에 대해서는 "무극지진(無極之眞)에 마음을 두어 허령(虛靈)의 본체로 하여금 내 마음의 주인으로 삼게 한다."라고 하였다.[41] 이와 같이 조한보가 불교적

37) 동상.
38) 동상.
39) 동서, 권5, 8-14면, 「答忘機堂第一書」.
40) 동상.

색채와 장자적인 소요유(逍遙遊; 자유의 경지에 놀다) 이론을 원용하여 설명하므로 회재는 주자학적 입장에서 이를 비판하였다. 그는 말하기를

> 대저 이른바 태극이란 것은 유교의 본체요 모든 변화의 중심으로서, 자사(子思)의 이른바 천명지성(天命之性)이란 것입니다. 무릇 그 충막무짐(沖漠無眹)한 가운데 만물이 이미 질서 있게 갖추어져 있습니다. …… 주자(周子; 주렴계)가 그것을 무극이라고 한 것은 장소도 없고 형체도 없어 사물이 있기 전에 있으면서도 사물이 있은 후에도 서 있지 않은 데가 없고, 음양 밖에 있으면서도 음양 속에 유행하지 않음이 없으며, 전체를 관통하여 있지 않은 곳이 없으면서 또 처음부터 소리와 냄새를 말할 수 없음을 가리킨 것입니다. 노자(老子)의 '無에서 나와 有로 들어간다' 거나 불교의 소위 '空' 과는 다릅니다.[42]

라고 하여 주자 『태극도설해』의 설명 방식을 그대로 가져와 무극, 태극을 설명하였다.[43] 그리하여 이 입장에서 조한보를 비판하기를 "망기당의 '영원(靈源)' 은 리를 말한 것이 아니라 기이다. (주렴계가) 지무(至無; 지극히 없음)한 가운데 지유(至有; 지극히 있음)한 것이 있으므로 '무극이태극' 이라 하였고, 리가 있은 뒤에 기가 있으므로 '태극이 양의(兩儀; 음양)를 낳는다' 라고 한 것이다."라고 하였다.[44] 회재는 이와 같이 리는 본체로서 영구

---

41) 동상.

42) 동상.

43) 『성리대전』 속의 주자의 『태극도설해』를 보면, 도의 해석 부분의 세주(역시 주자의 것이다)에 다음과 같이 주자의 설명이 있다: "무극이라고 말하는 것은 (태극이) 方所(장소), 形狀(모양)이 없어서 사물이 있기 전에 있다고 여겼는데, 사물이 있은 뒤에도 있지 않음이 없고, 또 음양의 바깥에 있다고 생각했는데, 음양 가운데에서 움직이고 있지 않음이 없고, 또 모든 존재를 통틀어 어디에나 다 있다고 여겼는데, 그것을 증명할 소리, 냄새, 그림자, 소리 울림 등 이 없는 것이기 때문이다."라고 하였다.

44) 『晦齋集』 권5, 8-14면, 「答忘機堂第一書」.

하므로 '적멸(寂滅)'이라 할 수 없음을 강조하여 '무극이태극'이 가지고 있는 리로서의 의미를 설명하려 하였다. 그리하여 그는 또 "형태가 있고 속 내용이 있는 것〔有形有質者〕은 생사나 시종이 없을 수 없으나 그 생사 시종의 까닭은 실로 이 형태 없고 속 내용 없는 것〔無形無質者〕의 작용이니, 무형무질자가 어찌 일찍이 없어지는 때가 있겠습니까?"라고 하였다.[45)]

위의 글에서 회재가 "지무한 가운데 지유한 것이 있으므로 무극이태극이라 하였다."라고 한 것은 주자의 해석, 즉 '무형이유리(無形而有理)' 그대로이다. 그러나 그 밑의 "리가 있은 뒤에 기가 있으므로 '태극이 양의를 낳는다'라고 한다."라고 한 것은 이 부분만 보면 설명이 잘못된 것 같으나, 그다음에 이어서 회재는 "그러므로 비록 리가 기를 떠나지는 못하나 실상은 기와 섞이지 않는다."라고 하였다. 그러나 '태극이 양의를 낳는다'라고 한 것은 오해하기 쉬운 문구이므로 "리가 있은 뒤에 기가 있으므로"라고 표현하면 안 된다. 이것은 당시 아직 논리와 언표(言表)가 정밀하지 못한 것을 반영한다.

회재는 노장의 '무'는 존재의 '근원'으로서의 도를 가지고 논한 것이고, 불교의 '적멸'[46)]은 심신이 일체의 활동을 그만둔 상태, 즉 깨달음의 경지를 말하는 것이라 생각하여 유교의 리나 태극과는 전연 다른 범주로 생각했다. 조한보가 이것과 태극을 비교하여 말한 데 대해 회재가 주자 태극설에 의거하여 비판하였다. 주자의 『태극도설해』는 주렴계의 『태극도설』에 대한 해설이지만, 태극을 리로 해석하고, 태극과 음양과의 관계

---

45) 동상.

46) 주자의 『태극도설해』(도의 해설 부분 細注 - 역시 주자의 설명이다)에 보면 "무극을 말하지 않으면 태극이 하나의 사물과 같게 되어 변화의 뿌리가 되기에 부족하고, 태극을 말하지 않으면 무극이 空寂에 빠져 만물의 뿌리가 될 수 없다."라는 주자의 말이 있다. 이언적도 이 '공적'의 말을 참작하여 '적멸'에 대해 공박한 것으로 보인다.

를 논하는 등 주자에 이르러 비로소 철학적 해석이 깊이 있게 이루어졌다. 이 해석을 과정철학과 비교 분석해 보면 그의 뛰어난 철학적 식견을 충분히 알 수 있다. 주자의 뛰어난 해석 중 첫 번째 해석이 바로 '무극이 태극'의 해석이다. 즉 주자는 '형태는 없고 리가 있다〔無形而有理〕'라고 간략하게 정의하였다.

과정철학과 비교해 볼 때 주자의 리기태극론에서 리와 태극과의 관계가 조금 불충분하지만, 태극을 리라고 함으로써 기의 태극론을 불식하고 리기의 형이상학을 체계 세운 것이며, 태극과 음양과의 관계가 명확하게 설명된 것이다. 주자에 있어 태극은 최고의 궁극자(The Great Ultimate)로서 과정철학의 신(God)과 같은 위상이다. 그러므로 태극을 '여러 리 중의 리'〔衆理之總名〕[47]라고 부르기도 한다. 따라서 개별적인 리는 기와 불상리잡(不相離雜; 서로 떨어지지 않음)의 관계 속에서 사물을 형성해 가는데, 여기서 태극과 리와의 관계가 문제이다. 주자는 개별리와 태극과의 관계를 '리일분수', 또는 '통체태극-각구태극'으로써 설명하였다. 젊은 회재에게 성리학의 중요한 부분인 우주론, 특히 이러한 태극설에 대한 정확한 이해가 이루어진 것을 확인할 수 있다. "대저 이른바 태극이란 ……" 이하의 글은 주자의 『태극도설해』에서 따온 것이다.

마지막에 노자의 "무에서 나와 유로 들어간다"는 말은 노자의 "유는 무에서 생겼다"는 말을 가리킨다.[48] 노자의 이 설은 사실 태극론과 모순되는 것이 아니다. 노자의 뜻은 無인 道가 유의 근거라는 것인데, 노자의 이 도는 만물(존재)의 근거를 말하는 점에서 실은 태극의 위상과 같은 것이다. 노자는 "무명(無名)은 천지(우주)의 시작이다."라고 하였다.[49] 이는

47) 『주자어류』(북경: 중화서국, 1986) 권94. p.2375. 주자는 "總天地萬物之理, 便是太極."라고 하였고, 羅整庵도 "太極卽衆理之總名"이라고 하였다. 『困知記』 권상, 11장.

48) 『노자』 40장.

도는 이름이 있는 어떤 사물이 아니라는 말이다. 이것은 인간의 인식을 초월해 있으므로 언어로 표현할 수 없다는 것이다. 노자는 또 말하기를 "한 물건이 있는데 형용이 불가능하다. 그것은 천지보다 먼저 생긴 것이어서 소리도 없고 형태도 없으며, 독립적 존재요, 또 영원히 사멸함이 없는 존재이다. 그것은 모든 곳에 두루 미쳐 끝나는 데가 없고, 모든 것을 만들어내는, 이 세계의 어머니라고도 하겠다. 나는 그 이름을 모르겠으므로 임시로 '도'라고 불러 둔다."라고도 하였다.[50] 노자의 무는 '공무(空無; 정말 비어있음)'가 아니고 이와 같이 인식을 초월해 있다는 뜻이다. 그러므로 노자의 도는 존재의 근거를 말하고 있는 점에서는 태극과 같은 것이다.

다만 회재는 이 노자의 무(無)를 '기적(氣的)인 무'로 해석하여 一에서 二가 나오듯이 유(有)가 나오는 '근원'으로 보았기 때문에 무극이태극과 다르다고 한 것이다. 즉 무(=도)를 존재의 근거나 원리성이나 아리스토텔레스적 의미의 형상으로 보지 않은 것인데, 이는 노자의 도를 사실 잘못 본 것이며, 성리학의 형이상학에서 도의 무를 비판한 것이다. 이에 앞서 주자는 『태극도설해』에서 말하기를 "노자가 有·無를 말한 것은 유·무를 둘로 본 것이요, 주자(주렴계)가 유무를 말한 것은 유무를 하나로 본 것이다."라고 하였다.[51] 여기 나타난 주자의 뜻은 노자는 유와 무를 무극과 태극처럼 아리스토텔레스적 의미의 형상과 질료로 나누어, 즉 형이상하로 보지 않기 때문에 그를 반대한다는 뜻이다. 노자 이후 도가(특히 도교)는 자연을 유기체적으로 보지만, 기로써 유기체의 기저로 삼는 데 치중할 뿐 존재의 근거라든가 최고 궁극자 문제, 그리고 리와 기 같은 존재의 형상과 질료의 형이상하의 관계에 관심을 갖는 것이 아니다. 그러므로 송학

49) 동서, 1장.

50) 동서, 25장.

51) 『태극도설해』의 圖解 부분 아래 세주(역시 주자의 설이다).

성립 초기 도교의 영향을 받은 주렴계의 『태극도설』도 기유출론적(氣流出論的)인 경향이 강하였고, 주자가 정이천의 '리의 철학'을 가지고 태극과 리기 관계를 자세히 논함으로써 이러한 경향이 극복되었던 것이다.[52] 회재의 노자의 무와 도에 비판도 이러한 맥락 아래 이루어진 것이다.

또 회재는 '무극이태극'은 "불교의 공(空)과 다르다."라고 하였는데, 실은 불교의 공은 성리학의 리기론과 상충되는 것이 아니고 오히려 상호보충적이다. 공은 '실체'(substance)를 부정하는 불교의 세계관이다. 모든 현상은 상호 연관 아래 생기고 실체라고 하는 것은 존재하지 않는다는 것이다. 대승불교 중관파(中觀派)에서는 현상계가 공인 것을 파악하는 것이 바로 절대 진리를 실현하는 방법으로 생각하였다. 불교에서의 공은 물론 인식론적이고, 존재론적이지 않으므로 태극을 실재로 보려는 성리학의 입장과는 다르다. 그러므로 참 실재로서의 태극을 보는 입장[53]에서는 단순히 현상계를 설명하는 방식으로서의 불교의 연기적(緣起的) 공관(空觀)은 잘못하면 이러한 태극과 같은 실재성을 부정할 위험이 있는 것이다.[54] 태극은 초월성과 내재성이라는 양극성(bipolarity)[55]을 가지고 있다. 이 점에서 태극은 '氣'라고 하는 매우 구체적인 기본 구성체〔基體〕와 밀접히 연관되어 있는 실재이므로 불교적인 공과 대비된 것이다.

회재가 여기서 불교의 공을 비판할 때 생각한 공은 '비실재성' 또는

52) 이에 대해서는 馮友蘭, 『중국철학사』(2권) (홍콩: 文蘭圖書公司, 민국56), p. 907 및 제1부 3. 「주자 태극론의 철학적, 종교적 의미」 참조.

53) 태극을 주자는 해석하기를 "만물 변화의 축이요, 만물의 뿌리(造化의 樞紐, 品彙의 根柢)"라고 하였다. 『태극도설해』 '무극이태극' 해석 부분.

54) 과정철학에서 신도 일종의 '현실적 존재'라고 하는 것을 상기할 것.

55) 태극의 초월성과 내재성은 '리일분수', '통체태극-각구태극', '無極而太極', '無形而有理'의 표현 속에 잘 나타나 있다. 이는 과정철학에서 신의 양극성과 같다. 신의 양극성은 '원초적 본성'(primordial nature of God)과 '결과적 본성'(consequent nature of God)인데, 자세한 것은 전게 제1부 참조.

'초월성' 이라는 의미로 받아들인 것 같다. 이는 불교의 공에 대한 정확한 이해가 아니다. 이와 같이 대체로 성리학의 입장에서 노 불의 무와 공을 거론한 것은 성리학의 실재론의 입장에서 비판한 것일 뿐 노불을 정확하게 이해한 것은 아니고, 또 그것과는 별개의 문제이다. 회재 역시 송대 노불 비판의 입장을 그대로 답습한 것임은 물론이다.

또 회재는 하학상달(下學上達; 일상 윤리를 통해 고원한 진리를 알아 감)의 공부에 대해 조한보는 하학인사(下學人事; 인간사에 대해 배움)보다 상달천리적(上達天理的; 위로 고원한 철리를 깨침)인 돈오(頓悟; 깨달음)의 입장에 치우친다고 비판하였다. 이는 유학의 수양론 문제로서 종교적 깨달음에 대한 유교의 현실적 도덕적 수양론과의 충돌이다. 그는 말하기를

> 대저 도는 인간사의 리일 따름인데, 인간사를 떠나서 도를 구하면 공허의 경지에 빠지지 않을 수 없는 것이니, 이는 우리 유교의 실학(진실된 학문)이 아닙니다. …… 인간이 천지 사이에서 존재하므로 사물을 떠나서 독립할 수 없는 것인데, 어찌 먼저 하학의 실무에 힘쓰지 않고 공허한 곳에 정신을 쏟아 상달을 삼을 수 있겠습니까.[56]

라고 하여 유교와 주자학의 '하학하여 상달하는' 하는 정신을 강조하고 조한보의 수양론에 대해서는 이렇게 비판하였다.

> "무극지진에 마음을 두어 허령의 본체로 하여금 내 마음의 주인을 삼게 한다." 라고 하신다면 이는 사람으로 하여금 근사(近思; 가까운 데서 생각해 감)의 학문을 하지 말고 공허기묘에 마음을 달리게 하는 것이니 그 해를 다 말할 수

56) 『晦齋集』 권5, 8-14면, 「答忘機堂第一書」.

없을 것입니다. 하물며 허령은 본래 내 마음의 본체이며 무극지진은 본래 허령 중에 갖추어진 사물이므로 다만 이를 보존하는 노력만 가하고, 인간 욕심의 사 사로움으로 그것을 가리지 말아 그 넓고 밝은 본체를 이루는 것이 옳을 것입니다.[57]

이렇게 말한 회재는 마지막에 "바라옵건대 귀하께서는 저의 말이라 하여 경시하지 마시고 고요한 마음으로 리를 연구하여 '적멸유심(寂滅遊心)'의 견해를 버리시고 순수히 옛 성인의 규범으로 몸단속하시면 우리 도의 다행이 되겠습니다."라고 하였다.[58]

회재의 「제일답서」에 대한 조한보의 답변은 회재의 「답망기당제이서(答忘機堂第二書)」의 "보내신 가르침에 무극 위에 '마음을 둔다' 문구를 없애고 그 본체가 지극히 적(寂)하다 밑에 멸(滅) 자를 제거하셨으니 이는 저의 말이라 낮게 여기지 않으시고 승낙 채택하심이니 매우 다행입니다."라는 말[59]로 볼 때 '마음을 둔다〔遊心〕'와 '멸' 자를 없앨 뜻을 밝힌 것으로 보인다. 그러나 그의 근본 입장은 큰 변동이 없었던 것 같다. 그것은 '허무적멸(虛無寂滅)'이니 '존심상달천리(存心上達天理)'니 하는 문구를 반복 사용하였음에서 짐작된다. 회재는 말하기를 "적멸지설은 소생이 전서에서 대략 변론하였는데 살펴 윤허해 주지 않으시고 이제 또 '허령무극지진(虛靈無極之眞)'을 들어서 '허무가 곧 적멸이요, 적멸이 곧 허무라.' 하시니 이는 유자의 말을 빌려서 이단의 설을 꾸며주는 것으로 소자의 의혹이 더욱 심합니다."라고 하였다.[60]

---

57) 동상.

58) 동상.

59) 동서, 권5, 14-17면, 「答忘機堂第二書」.

60) 동상.

회재는 이 「제이답서」에서 '허무적멸' 에 대해 자세히 변론하였는데, 그의 주자학적 입장을 볼 수 있는 자료를 인용하면 다음과 같은 것이 있다. 이언적은 이 설명에서 주자의 "노자의 유무를 말함은 유와 무를 둘로 삼지만, 주렴계의 유무를 말함은 유와 무를 하나로 보는 것이니 남과 북, 물과 불처럼 상반된다." 고 한 말[61]을 인용하였고, 또 "보내신 가르침에 주경존심(主敬存心; 경을 주로 하여 양심을 보존함)하여 위로 천리에 통달한다 하였으니 이 말은 진실로 좋은 말입니다."라고 하고,[62] 이어서 "일을 배워 그 리를 통하고 형이하에 나아가 형이상을 얻으면 이것이 상달의 경지가 되는 것이니, 여기에 종사하여 오래되어 관통하면 가히 완전한 극치에 도달할 수 있습니다."라고 하였다.[63] 또 "하학공부를 하지 않고 바로 상달하려 한다면 이는 불교의 돈오의 설이니 어찌 숨길 수 있겠습니까?"라고 하기도 하였다.[64]

여기에서 노 불의 비판, '주경존심' 의 강조, 하학을 통한 상달의 강조, 또 '오래되어 관통한다〔積久貫通〕' 란 용어의 사용 등에서 그의 주자학적인 이해의 깊이를 알 수 있다.

회재의 「제이답서」에 대해 조한보는 "세상 사람이 환영(幻影)에 집착하여 그것을 실체라고 하는 것을 깨뜨리기 위하여 내가 적멸이라 하였고, 하학상달은 어린 학습자의 일을 가리키고 큰선비에게는 이와 다르다." 고 하며[65] 자기의 그간의 입장을 분명히 밝혔다. 이에 대해 회재는

> 보내신 가르침에 또 "세상 사람이 환영에 집착하여 실체로 여기는 것을 깨

61) 『태극도설해』의 圖解 부분 아래 세주(역시 주자의 설이다).
62) 『晦齋集』 권5, 14-17면, 「答忘機堂第二書」.
63) 동상.
64) 동상.
65) 동서, 권5, 17-22면, 「答忘機堂第三書」.

트리기 위해서 적멸을 일컫는다." 고 말씀하셨는데, 이것은 심히 '리' 를 해칩니다. 대개 사람의 이 형체가 있음은 모두 하늘이 부여한 바로 '지극한 리' 가 깃들어 있습니다. …… 맹자는 "사람의 신체는 하늘이 준 것이라, 오직 성인이라야 그 본 모습을 그대로 보존할 수 있다." 고 하였으니, 어찌 사람의 신체를 환망이라 하고, 그리하여 바깥 사물을 끊어버리고 허령한 본체를 지켜야 비로소 도를 안다고 하겠습니까. 이 도는 구체적 형태를 떠나 있지 않습니다. 사람의 신체가 있으면 사람 된 '까닭의 리' 가 있고, 사물의 모양이 있으면 사물이 된 '까닭의 리' 가 있고, …… 형태를 버리고 도를 구한다면 어찌 소위 도가 있겠습니까. 이것이 적멸의 교가 공허하고 허망함에 빠져 하늘에 어긋나고 리를 없애는 죄를 벗어나지 못하게 되는 이유입니다.[66]

라고 하였다. 현존적 형태를 일시적 환망으로 보는 현세부정의 불교적 견해에 대해 회재는 '도기불리(道器不離)' 와 '까닭의 리' 이론으로써 비판하였다. 이는 성리학의 중요한 논리이다.

회재의 「제삼답서」를 받아보고 조한보는 적멸론과 하학인사 문제에 대해 종래의 자기주장을 수정 양보한 것으로 보이는데, 조한보는 그 회답에서 '물아무간(物我無間; 사물과 나 사이에 간격이 없다)' 이라는 설을 새로 제출하였다.[67] 회재는 「제사답서」에서 "그러나 그 표현상에 병통이 있음을 면하지 못하였고, 물아무간의 논의에 이르러서는 옛 모습대로 공허의 가르침에 빠졌으니 소자는 의혹이 있습니다." 라고 논박하고,[68] 또 조한보가 제안한 '의망지설(衣網之說)' [69]에 대해서도 비판하였다. 이어서 회재는

66) 동상.

67) 동서, 권5, 22-25면, 「答忘機堂第四書」.

68) 동상.

69) 동상. 衣網之說은 옷은 옷깃이 중요하고 그물은 벼리가 중요하다고 하는 말인데, 조한보가 자기의 설을 주장하는 데 이용한 듯하다.

"옷으로서 옷깃만 있고 모든 옷자락을 단절하거나, 그물로 그 벼리만 있고 모든 그물눈을 절단해 버린다면, 어찌 옷이며 그물이 되겠으며, 그리하여 옷깃과 벼리가 있은들 어디에 소용이 있겠습니까?"[70]라고 반문한 다음

> 천하의 리는 체와 용이 서로 필요하고 동(動)과 정(靜)이 서로 돕게 되는데, 어찌 안만 전일하게 하고 바깥은 살피지 않겠습니까. 성인의 가르침은 주경(主敬)하여 그 근본을 세우고 '궁리(窮理)' 하여 그 지(知)를 다하고 자신에게 반성하여 그 실질을 실천하게 되는데, 경(敬)이란 이 세 가지를 관통하여 처음과 끝을 이루는 것입니다. …… 이로써 보면 본체 공부는 마땅히 먼저 하지 않을 수 없지만 '성찰 공부' 또한 도를 체득하는 데 더욱 절실한 것입니다. 그런데 보내신 가르침을 보건데 '주경존심(主敬存心)' 이란 말씀에는 안을 곧게 하는〔直內〕 공부는 가졌다고 보겠지만 '의로써 바깥을 바르게 하는〔義以方外〕' 성찰 공부는 볼 수 없으니, 어찌 옷의 깃만 얻고 자락을 끊고, 그물의 벼리만 얻고 모든 그물눈을 절단하는 셈이 아니겠습니까.[71]

라고 하였다. 여기에서의 '체용…', '동정…', 그리고 '궁리' 와 '성찰공부', '의로써…' 등의 용어는 모두 주자학과 성리학에서 애용하는 용어들인데, 이로써 회재의 학문 성향과 입장을 우리는 충분히 알 수 있다.

회재와 조한보의 '무극태극논변' (물론 그 속에 수양 문제도 포함하여)은 4회로써 끝났는데, 회재의 논변의 글을 보면 그가 주자학의 기본 이론에 대해 정확히 이해하고 있음을 우리는 인정할 수 있다. 다만 이와 같은 주자학의 정확한 이해가 초년에 자기 공부 과정에서 전개되었을 뿐 그 후

---

70) 동상.

71) 동상.

주자학에 대한 많은 연구와 저술이 이어지거나 그 이론이 후생 교육에 응용되어 제자를 많이 기르지 못한 것이 아쉽다. 그러나 여하튼 주자학의 본령을 정확히 이해한 토대 위에서 노불의 이론을 비평하고 이러한 이론적인 논변을 전개할 수 있었다는 것은 조선조 주자학사에서 뚜렷한 위치를 점하기에 족하다고 하겠다. 즉 주자학을 토착화시키고 개화시킨 퇴·율에 앞서 '이론적 탐구의 선하'를 열었다고 할 수 있다.

3. 결어

회재의 '무극이태극' 해석은 주자의 『태극도설해』를 바탕으로 이루어졌다. 논적이었던 망기당 조한보가 도가적이고 불교(선학)적인 용어인 '적멸'로써 '태허의 본체'라는 근원자를 설명한 데 대하여 '무극이태극'은 '유교의 본체'요, '모든 변화의 중심'이요, '만물의 뿌리'이기 때문에 '적멸'이라고 할 수 없고, 특히 '소리도 없고 냄새도 없다〔無聲無臭〕'라는 성격을 형용하기 위하여 '적(寂)'이라 하는 것은 모르겠으나 '멸(滅)'이라 하는 것은 당치도 않다고 하였다. 또 '무극'이라 한 것은 태극이 사물이 아니고 하나의 원리임을 나타내기 위하여 붙인 것이라고 설명하였다. 그러므로 이 태극은 노자의 '유가 무에서 생긴다〔有生於無〕'라든가 불교의 '공(空)'이라든가 하는 것과는 달리 태극은 '리(理)'이기 때문에 '무극이태극'이라고 한 것이라 주장하였다.

회재가 노자의 도나 불교의 공에 대해 자기 나름의 올바른 이해 위에서 공박한 것이 아니라 성리학의 전통을 계승하여 그대로 사용하였으므로 회재는 노자의 무를 만물의 근원, 즉 존재가 나오는 곳으로 보아 도를 '기적(氣的)인 것'으로 간주한 것이다. 또 불교의 공은 '실체'를 부정하는 점에서 유기체적인 존재관이나, 불교의 연기적 공관(空觀)이 태극의 실재성을 부정할 위험이 있으므로 공을 비실재성, 초월성이라는 의미로 생각하여 비판한 것이다. 이는 노자와 불교를 정확히 이해한 것은 아니다. 다만 도가와 도교의 경향을 묶어 노자로 대표하여 유교의 입장에서 비판한 성리학의 일반적인 견해를 답습한 것이다.

또 회재는 이 무극태극논변에서 유교(성리학)적 수양법인 '하학상달'을 가지고 망기당의 주장인 '상달천리' 를 비판하였다. 즉 불교의 돈오적인 수양법을 유교의 실학의 입장에서 비판한 것이다. 그리하여 현세부정의 불교에 대해 성리학의 '도기불리(道器不離)', '까닭의 리' 같은 관점에서 비판하였다. 그가 사용한 '체용이 서로 필요', '동정이 서로 도움', '궁리', '성찰공부', '의로써 밖을 바르게 한다' 등은 모두 주자학에서 상용하는 중요 용어였으므로 그의 주자학에 대한 이해의 정도를 충분히 짐작할 수 있다.

회재는 퇴·율에 앞서 젊은 나이에 성리학의 우주론의 핵심인 태극론과 유교적 수양론인 하학상달법을 정확하게 이해하고 이론적으로 전개한 점에서 조선조 주자학사에서 '이론적 탐구의 선하' 를 열었다고 할 수 있다. 덧붙여 말하면, 여기서는 언급하지 않았지만, 그의 『대학장구보유』나 『속혹문』 등을 보면 주자학을 비판적으로 연구한 주체적 태도를 또한 볼 수 있다.

제3부

퇴계 이황과 영남학파의 주자학

6장

퇴계 이황 성리설의 철학적 함축

1. 서언

조선조 성리학은 한국 철학의 중요한 자산임에도 그것이 성리학이나 주자학이 가지고 있는 리기론과 같은 난해한 형이상학 때문에 현대적 의미를 쉽게 설명해내기가 어렵다. 세계화 시대에 있어 우리의 자산인 이러한 전통 성리학을 현대적으로 쉽게 해석해내는 일은 앞으로 해외에 우리 철학을 소개한다는 점에서도 큰 관심을 가져야 할 과제이다. 필자는 그러한 방법의 하나로 한국의 전통 철학을 서구철학과 비교하면서 보편철학의 지평 위에서 설명하는 것이 좋지 않을까 생각해 왔다. 물론 비교철학이란 원래 어렵지만, 최소한 동양철학을 동서 철학 공통 지평 아래 보편적 철학 용어나 관념으로 설명해 나가지 않으면 안 된다고 생각한다.

이 글은 퇴계(退溪) 이황(李滉)의 사상(성리설)을 보편철학적 지평에서 해석하여 그 본질적 의미와 특징을 드러내려고 하였다. 그러나 서양의 어떤 철학과 본격적으로 비교한 것은 아니고, 성리학과 화이트헤드(Whitehead, 1861~1947)의 과정철학(process philosophy)이 유사하므로 과정철학의 유기체 자연관이라든가 형이상학 체계라든가, 그리고 과정신학(process theology) 등의 관념과 논리를 차용하여 해석함으로써 현대의 보편적 철학 언어 맥락과 논리 가운데서 이해가 가능하도록 하였다.

퇴계는 그의 형이 정치적 모함으로 유배를 당하는 것을 보고는 정치의 길이 위험하다는 것을 느끼고 중년부터 귀향, 은거할 것을 결심하였다. 새 임금 선조가 들어서서 당시 여론이 원로로서의 그의 역할을 요청했음에도 불구하고 그는 귀향을 고집하였다. 이는 그가 만년에 이를수록 주자학을 이 땅에 정착시키려는 강한 소망이 있었기 때문이다. 그리하여 퇴계는 도산(陶山)에 은거, 강학하면서 많은 저술(편저)과 유문을 남겼다. 그리하여 그는 주자학을 토착화시키고 전파하는 데 큰 역할을 했을 뿐만 아니라 당시의 사표로서 철학, 문학, 예학(禮學) 등 학문 전반에 걸쳐서 당대에 유가 드물 정도로 모든 것을 겸비한 학자였다. 그가 특히 '사칠리기논변(四七理氣論辯)' 에서 보인 도덕적 학풍은 주자학의 한국적 집대성이었으며, 그 후 학계의 한 축을 형성하였다. 뿐만 아니라 그가 고봉(高峯) 기대승(奇大升)과의 논쟁에서 보인 신중하고도 겸손한 학자적 태도는 그의 성가를 더욱 높였다.

그의 학문은 『심경부주(心經附注)』와 『성리대전(性理大全)』을 중심으로 시작되어 중년 이후에는 『주자대전(朱子大全)』을 읽음으로부터 주자학에 더욱 침잠하여 나중에 그 성과가 『주자서절요(朱子書節要)』로 집약되었다.

그는 우주론에서는 주렴계의 『태극도설』의 "태극이 동(動)하여 양을 낳고, ……" 에서의 '동한다' 〔動〕는 말과 『역(易)』의 "易에 태극이 있으니, 이것이 음양을 낳았다. ……" 에서의 '낳는다' 〔生〕를 모두 태극(=리)이 자체 움직이는 것으로 해석하였다. 이는 주자의 리기론에서의 리의 속성과 맞지 않는 것이다. 그러므로 퇴계를 올바로 이해하려면 퇴계가 생각한 리(=태극)는 어떤 성격의 것인가, 또 이와 같이 리를 '실재화' 하는 이유는 무엇인가 하는 것을 설명할 필요가 있다. 퇴계는 "리는 극히 존귀하여 대적할 자가 없다."라고 하여 리를 절대화하였다. 이러한 리의 절대화는 성리학과 같은 우주종교(cosmic religion), 다시 말하면 범재신론(汎在神論; panentheism)에서는 태극(=리)이 '최고 궁극자'가 된다. 이는 마치 유신론에서의 신의 위치와 같다. 그러므로 성리학에서 태극론은 철학(존재론)과 신학(종교)이 만나는 접점이라고 할 수 있다.

퇴계는 도덕론에서는 기고봉과의 '사칠리기논변'에서 그의 생각을 잘 나타내었다. 그의 주장하는 바는 '리기호발(理氣互發)'이었다. 이것은 두 가지 측면에서 해석해 보아야 한다. 하나는 퇴계가 리기관계가 서로 떨어질 수 없는 것을 알면서도 그렇게 표현한다는 말을 했으므로 이 점에서 보면 이는 도덕적 입론의 한 형식으로 볼 수 있다. 즉 성리학자들은 선-악의 개념 대신에 리-기를 가져와 새롭게 선-악 문제를 논한 것이다. 이때 사단과 칠정은 선-악 대신 리-기 개념을 빌려와 그 양자의 속성을 표현하고 싶어 했다. 그런데 선-악과 리-기는 다른 범주이다. 즉 기는 전부 악이 아니고 선-악이 혼재되어 있다. 그러나 리-기는 원래 존재(사실)를 설명하는 개념이다. 여기에서 '사실문제'와 '가치문제'의 충돌이 일어났다고 할 수 있다.

그러면서 또 퇴계는 "사단과 칠정은 리기를 벗어나는 것은 아니라 하겠지만 그 연원〔所從來〕에 근거하여 각각 주로 하는 바〔所主〕와 중요하게 여기는 바〔所重〕를 가리켜 리기로 나누는 것이다."라고 하였다. 여기서 '그 연원에서부터 말한다'는 것은 리의 작용성을 전제하고 있다는 증좌이다. 이것은 그의 우주론에서의 소위 '리동설(理動說)'의 관념이 짙게 반영된 결과라고 볼 수 있다.

그러나 도덕론의 관점에서 보면 퇴계의 호발설 주장은 도덕적 입론으로서 갖는 장점을 찾는 것이 무엇보다 중요하다. 그는 역시 리-기를 매우 대립적으로 보았는데, 그 증거의 하나가 바로 다음과 같은 명제이다. 즉 그는 말하기를 "기에 리가 타는 바가 없으면 이욕에 떨어져 금수가 된다."라고 하였다. 이것을 통하여 퇴계가 리기호발을 통하여 말하려는 메시지가 무엇인지 우리는 분명히 알 수 있다. 그의 호발론에서 분명 도덕적 이상주의의 특성과 도덕적 명제가 갖는 '권유적 성격'을 단적으로 볼 수 있다. 따라서 그의 호발론은 맹자의 '성선설', 정주(程朱)의 '성즉리'의 연장선상에 있다고 할 수 있다.

퇴계의 이러한 도덕적 '경건주의'는 수양론에서 '경(敬)'의 중시로 나타났다. 경은 송대 성리학자 또는 퇴계보다 조금 앞선 시기 명대 초기의 주자학자들이 모두 중요시한 주자학 실천의 주요 방법이지만, 위와 같은 우주론과 도덕론을 주장한 퇴계가 다시 이것을 주장함으로써 퇴계 자신의 수양론이 된 것이며, 나아가 한국적 성리학의 주요한 내용이 되었다.

주자 이후의 주자학사를 통관해 볼 때 퇴계 경의 실천론은 분명 명초의 주자학 실천주의 학풍과 유사하다. 조선과 명 사이의 문화적 교류의 측면에서 상호 영향을 주었다고도 할 수 있고, 또한 주자학의 자체 전개에서 그렇게 내면주의로 갈 수밖에 없는 필연성도 개재되어 있다. 그런 점에서 주자학에서 양명학에로의 시각에서 보면 퇴계와 양명은 주자학 발전사의 두 모습이라고도 볼 수 있다. 양명이 '양지의 심학(心學)'을 주창했다면 퇴계는 '거경(居敬)의 심학'을 주창했다고 할 수 있다. 주장하는 슬로건은 다르지만 심학이라고 하는 주자학의 실천주의화, 내면주의화에 있어서는 궤를 같이하는 것이다.

이하 퇴계의 성리설이 함축하고 있는 '철학적' 의미를 우주론, 도덕론, 수양론으로 나누어 상세하게 고찰하고자 한다.

2. 사상의 형성 과정

퇴계가 성리학에 관심을 두게 된 것은 『심경부주』와 『성리대전』, 그리고 『주자문집대전』을 읽은 데서 시작되었다. 이 세 책이 퇴계 학문 형성에 큰 역할을 한 것이라고 할 수 있다. 문인 간재(艮齋) 이덕홍(李德弘)의 기록에 의하면 퇴계는 이 『심경』을 읽고부터 심학의 연원과 심법(心法)의 정미함을 알고 평생 이 책을 신명 같이 믿고 엄한 아버지 같이 존경했다고 한다.[1] 또 문인 학봉(鶴峯) 김성일(金誠一)의 기록에 의하면 신유년 겨울 선생이 도산에 계실 때 새벽에 일어나 이 책을 한 번 크게 소리 내 암송하였다고 한다.[2]

이 책은 주자의 사숙 문인 서산(西山) 진덕수(眞德秀)가 지은 『심경』에 명대 주자학자 황돈(篁墩) 정민정(程敏政)이 주를 붙인 것이다. 이 책은 서명이 지시하는 바와 같이 『서경』「대우모편」에 실린 '人心惟危, 道心惟微, 惟精惟一, 允執厥中'(인심은 위태롭고 도심은 미묘하니 오로지 마음을 정밀하고 전일하게 가져 안정을 유지하도록 하라)을 비롯해서 『역』, 『사서(四書)』에서 수양에 관한 문장을 뽑고, 거기에 주렴계, 정자(程子), 주자의 글 중에서 심성 함양에 도움이 되는 잠명(箴銘)의 글을 모아놓은 책이다. 잠이나 명은 운율이 있는 문장이므로 외우기가 좋은 것일 뿐만 아니라 그 내용이 모두 수양에 관한 격언이다.

이 책을 숭상했다는 것은 퇴계가 '심학'이라는 측면에서 주자학을 받아들이고 있었음을 나타낸다. 실제로 퇴계는 자신이 이 책을 소중하게 여기는 것은 물론 문인들에게도 이 책을 읽으라고 많이 권장하였다. 또 이 책이 편집 체계가 없고 내용상 적합하지 못한 것도 있다고 하는 비난에

1) 『언행록』 권1, 학문.

2) 동상.

대해 자기는 그렇게 생각하지 않는다고 극력 변호하였으며, 나중에는 「심경후론(心經後論)」까지 써서 부주를 한 정민정이 비록 육상산에 가까운 혐의가 있으나, 그가 채록한 글은 모두 성현의 교훈이고, 주로 인용된 글 역시 북송 여러 성리학자〔濂洛關閩〕의 사상이므로 자기는 이 책에 대한 믿음과 존경에 변함이 없다고 하였다.[3] 이것을 보면 그가 이 책의 영향을 얼마나 크게 받았는가를 잘 알 수 있다.

그다음으로 퇴계 학문 형성에 영향을 준 것으로는 『성리대전(性理大全)』이 있다. 역시 문인 이덕홍의 기록에 의하면 그는 이 책을 읽어보니 마음이 기쁘고 눈이 열리는 듯하였고, 오래 두고 읽으니 뜻이 점차 분명해져 성리학의 입문을 얻은 것 같았고, 비로소 성리학의 체계가 특이함을 알게 되었다고 하였다.[4] 그는 19세 때 이 책 앞 뒤 2권 낙질을 얻어 보았다고 한 적이 있다.[5] 이 책은 명대 호광(胡廣) 등이 칙명으로 편찬한 책으로 총 70권인데, 1권부터 25권까지는 주렴계, 정명도, 정이천, 장횡거, 주자, 채원정(蔡元定) 등의 저술을 그대로 전재하고, 26권부터는 그들의 글을 리기, 귀신, 성리, 도통(道統) 등으로 분류하여 실어 놓았다.

이 책은 성리학을 체계적으로 정리한 저술이므로 자연과 인생을 통합적으로 설명하려는 성리학의 본래 목적을 알 수 있을 뿐만 아니라, 우주와 역사에 이르기까지 백과전서식으로 많은 자료가 나열되어 있어 종합적이고 계몽적인 지식을 얻을 수 있는 좋은 안내서였다. 퇴계는 이 책의 『태극도설』은 자기 학문이 입문한 곳이라 하기도 하고,[6] 제자들에게 『태극도설』, 『서명(西銘)』, 『역학계몽(易學啓蒙)』 등을 가르치면서 학자는 먼저

3) 『퇴계전서』 권41, 잡저, 「心經後論」.
4) 『언행록』 권1, 학문.
5) 동상.
6) 동상.

학문의 체계와 근원처를 먼저 알아야 한다고 하였다.[7)]

퇴계는 『심경부주』와 『성리대전』을 읽고 난 뒤 주자학에 큰 관심을 가지고 『주자대전』 전체를 구해 읽으려 하였으나 구하지 못하던 중 나이 43세 되던 해(중종 38년)에 왕명에 의해 『주자대전』이 간행되자 이를 한양에서 구입하여 고향으로 돌아와 문을 걸어 잠그고 읽었다고 한다.[8)] 또 기록에 의하면 퇴계의 가정에 주자서 사본 1질이 있었다고 한 것으로 보아[9)] 주자서를 간본 이전에 이미 읽었음을 알 수 있다.[10)] 그러나 간본을 얻어 주자문집 전체에 대한 본격적인 독서는 40여세 이후로 상당히 늦었던 것 같다. 퇴계가 매양 벼슬을 사양하고 고향에 돌아가려고 한 것도 이 때문이었음은 물론이다.

퇴계는 제자들에게 학자가 도에 들어가는 문을 알려면 반드시 이 책을 읽어야 한다고 하면서 이 책을 읽으면 학문하는 방법은 물론 사람을 분발하게 만든다고 하였다.[11)] 또 제자들의 기록에 의하면 퇴계는 모든 행동의 예절과 출처의 대의를 이에 의거하였고, 사람들이 혹 질의를 할 때면 반드시 이 책에 의거하여 대답하였다고 한다.[12)] 이와 같이 퇴계는 주자서를 토대로 그의 학문뿐만 아니라 일거수일투족을 이에 의거하여 하였던 독실한 주자학자였다. 그리하여 그는 마침내 제자들을 가르치기 위하여 『주

---

7) 동상.

8) 동서, 독서.

9) 동상.

10) 『주자문집』은 처음 주자의 둘째 아들의 손으로 편찬되었고, 명대에 와서 총 120권으로 명 헌종 성화 9년(1473)에 간행하였고, 명 세종 가정 11년(1532)에 중간하였다. 그 후 청 강희 27년(1688)에 장미석 등이 다시 간행하면서 속집 1권을 추가하여 총 121권본으로 간행하고, 이름을『주자대전문집』이라 하였다. 퇴계의 집에 내려오던 주자서는 성화 간본을 저본으로 필사한 것으로 추측되고, 중종년간에 간행한 책은 가정본이 아닌가 추측된다.

11) 『언행록』 권1, 독서.

12) 동상.

자문집』 중에서 주자의 편지글을 간추려 『주자서절요』(14권 7책)를 편찬하였다.

퇴계가 이와 같이 주자학을 연구하면서 더 나아가 주자의 학통을 정리할 필요를 느꼈다. 그 결실이 『송계원명리학통록(宋季元明理學通錄)』이다.[13] 이 책은 주자 이후 주자학자의 전기와 학설을 여러 사서에서 자료를 취하여 엮은 일종의 주자학사이다. 이 책에 실린 인물의 총수는 516명인데, 사실 기록이 없고 이름만 기록된 사람이 이 중 83인이다. 이 책은 청초 황종희(黃宗羲), 전조망(全祖望)의 『송원학안』보다 100년이나 앞선다. 이 책의 편찬을 통하여 주자학도로서의 퇴계의 주자 존신과 도통의식을 여실히 볼 수 있다. 그가 평생 주자 이외의 어떠한 학설이나 이단도 용납하지 않았던 것과도 표리관계를 이루는 것이다.

이상에서 본 바와 같이 퇴계학의 형성은 『심경부주』와 『성리대전』, 그리고 『주자대전』을 토대로 형성되었음을 알 수 있다. 퇴계가 만년(40여세 이후)에 늦게 성리학, 특히 주자학에 관심을 갖게 되고, 49세 이후 은거 강학하게 되면서부터는 더욱 여기에 몰두하고 제자들을 가르침으로써 영남지방 일원에 널리 주자학을 전파하게 되었다. 그러므로 우리나라에서 퇴계에 의해서 처음으로 주자학을 체계적으로 이해하고 교육하게 되었다고 할 수 있다.

---

13) 제1권에는 주자행장, 제2권에서 8권까지는 송말의 주자 문인 약 400명을 다루었고, 제9권에는 송말 주자 및 친구 張栻(호 南軒)의 사숙 제자 29명을 넣고, 제10권에는 원대 주자학자 29명, 제11권에는 명대 주자학자 16명을 다루었다. 이상 11권이 퇴계가 직접 편찬한 것이고, 외집 1권은 미완성고였는데, 퇴계 서거 후 문인들이 완성하여 붙인 것이다. 여기서는 송말 이후 여러 학자란 제목으로 이교(불교)에 빠진 사람들 42명을 모아 놓았다. 주로 참고한 책은 주자의 저술 외에 『宋史』「道學傳」, 『大明一統志』였다.

3. 퇴계 성리설의 '철학적' 함축

1) 우주론

퇴계의 우주론은 주자의 리기론을 어떻게 해석하였는가 하는 것이 주요 내용이 된다. 퇴계가 주자의 리기론을 그대로 수용하여 리와 기를 형이상적 원리(형상)와 형이하적 구성요소(질료)로 보는 것이라든가 또는 리기의 관계가 서로 떨어지지도 않으면서 또한 서로 섞이지도 않는다는 관계, 즉 '불상리잡(不相離雜)'의 관계로 보는 것에 대해서는 원칙적으로 차이가 없다.

주자의 리기론은 일종의 '형이상학'으로서 당시의 우주론과 자연철학에 기초한 것이었는데, 주렴계의 태극도설 사상과 중국 전통의 기의 자연철학, 그리고 불교에 영향을 받은 성리학의 '리의 철학'을 종합하여 '우주형이상학'(자연형이상학)을 형성한 것이다. 주자의 이 리기론의 자연관은 '유기체 자연관'으로서 오늘날 화이트헤드의 '과정철학'(유기체철학)과 관점이 같은 것으로 다만 그 사고 양태에 있어서는 같으나, 과정철학이 현대 자연과학과 수학에 기초하여 엄밀한 사변적인 사유체계를 세웠지만 주자의 리기론은 음양오행론이라는 자연철학에 기초하였으므로 근대적 과학성보다도 신비적 직관에 의존하고 있다. 그러므로 이것은 동양의 중세적 신학 체계, 즉 종교 체계에 머물고 있고, 그 결과 모든 것이 과학적 토대와의 유기적 연관 없이 도덕적 신학 내지 도덕적 형이상학으로 귀결되고 말았다.

그러므로 우주론도 생성의 문제는 순수하게 리기 범주로써 설명하고 있으나, 우주 내의 존재를 설명함에는 항상 인간론(우주에서 인간의 지위를 중요시함)과 그에 따르는 인간의 도덕론(당위 윤리)을 투영하여 설명하려

하였다. 그리하여 존재 범주인 리와 기는 인간의 육체와 정신 설명에 원용되고, 이를 계기로 인간의 도덕(당위 윤리)을 설명하는 범주로 쉽게 전환되었다. 이는 중국적 사고 전통에서 유신론을 소유하지 않고 그 대신 자연을 이상화한 자연철학에서는 인간 도덕규범 문제와 자연의 섭리 문제를 나누어 생각할 수 없는 필연적 결과였다.

그러므로 성리학의 학적 관점에서 자연-인간을 통합적으로 보려는 관점과 도덕을 더 우위에 두려는 인간론의 관점이 대립할 수 있다. 이는 유기체 철학에서도 인간을 우주에 용해시켜 존재 일반으로 다루는 관점과 우주에서 인간의 가치를 논하는 인문주의와의 충돌이 있는 것과 같은 것이다. 성리학에서도 이러한 관점의 대립이 있었다. 주렴계의 철학을 빌려 말하면, 그의 『태극도설』의 입장은 인간을 포함한 존재론(사실은 우주 생성론)이지만, 그의 『통서(通書)』[14]의 입장은 비록 자연의 섭리에 순응하는 도덕론이지만, 분명 인간론의 입장이었다.

퇴계의 경우 도덕론이 존재론보다 항상 더 우위에 있었다. 그러므로 그는 리기로써 존재를 논하더라도 항상 '리는 귀하고 기는 천하다'는 전환된 리기 범주의 의미를 투영하여 리의 선차성, 리의 실재성[15]을 강조하고,

---

14) 『통서』는 원래 『易通』이라고 하였는데, 나중에 이름을 바꾸었다. 여기서는 인간의 도덕과 수양 문제를 다루고 있다.

15) 성리학은 孔孟의 유학을 계승하였으므로 리기를 논하지만, 궁극적으로 인간도덕에 중점을 둔다. 오히려 도덕적 관점을 투영하여 존재를 논하려 한다. 그러므로 성리학에서는 도덕적 가치를 논하지 않을 수 없고, 따라서 가치가 실재한다는 '가치 실재론'의 입장을 취하지 않을 수 없다. 그러므로 리라고 할 때 이것은 도덕의 기준으로서의 가치 실재와 존재론의 존재 원리로서의 아리스토텔레스적인 의미의 形相性을 동시에 가지고 있다. 도덕과 존재, 가치와 사실을 통합적으로 논하려 하는 것이 성리학의 특징이므로 퇴계와 같이 가치로서의 리를 강조하면 리의 '실재화'를 하게 되고, 더 나아가 존재론에 있어서의 그 형상성을 망각하게 될 수 있다. 그 반대도 가능함은 물론이다. 이것은 동양의 중세적 신학(종교) 체계로서의 성리학 속에 내포된 특징적인 문제로서 엄밀한 과학적 토대 위에 세워진 현대 과정철학에서는 찾아볼 수

리기 형이상학에서 가지는 리의 '원리성'(아리스토텔레스적 의미의 형상성)을 제대로 살리지 못하였다. 주자학의 리기론에서 '리는 감정도 없고 작용도 없다'〔理, 無情意, 無造作〕는 일반 원칙과는 달리 퇴계는 리에 능동적인 작용이 있다고 하였다. 이것이 소위 그의 존재론에서의 '리동설'이다.

『주역』「계사전」에 "역에 태극이 있는데, 이것이 양의를 낳았다"〔易有太極, 是生兩儀〕라고 하였다. 이것을 토대로 주렴계는 『태극도설』에서 우주 생성을 말하기를 "무극(無極)이면서 태극이다. 태극이 동(動)하여 양(陽)을 낳고〔生〕, 동이 극도에 이르러 정(靜)하게 된다. 정하여 음(陰)을 낳는다. 정이 극도에 이르면 다시 동한다. 한번 동하는 것과 한 번 정하는 것은 서로 상대의 뿌리가 된다. 음과 양으로 나누어져 양의(=음양)가 생겼다. 음과 양의 변화와 융합으로 수, 화, 목, 금, 토를 낳는다. 이 다섯 기가 고르게 펴져서 사시가 운행된다."라고 하였다.

태극이 무극이라고 한 것은 태극이 원리임을 나타내고, 리가 존재의 원리인데 다시 태극을 말한 것은 '리 중의 큰 리'라는 의미로서 이때의 태극은 범재신론(panentheism)[16] 체계에서는 유신론의 신(God)과 같은 위상이다. 유신론적인 창조설이 없으므로 "易有太極, 是生兩儀"라고 한 것이다. 동과 정은 '움직임' 그 자체를 말한다. 리기론에서 움직임은 '기'의 작용으로 본다. 기는 자체 운동인(運動因)을 가지고 있으므로 이미 움직였고, 시원을 알 수 없는 것이다〔動靜無端, 陰陽無始〕. 다만 원리인 태극(리)과의 관련을 설명하기 위한 방편으로 위와 같이 순서를 정하여 말하였을 뿐이다. 음과 양은 기의 움직임의 두 측면이다. 그러므로 이때는 동정과 같은 뜻이다. 오행은 음양에서 더욱 분화된 것을 나타낸다. 그러나 오행

없는 문제이다.

16) 성리학의 태극론은 신관으로 말하면 범재신론(panentheism)이다. 이는 유기체 철학인 화이트헤드의 신관과 같다.

도 서양의 원자와 같은 어떤 '실체'(substance)를 나타내는 것은 아니다. 상생상극이라는 서로의 연관 관계, 순환 관계를 나타낼 뿐이다. 이와 같은 것은 자연과학 이전의 자연철학의 세계이다.

퇴계는 태극과 음양의 관계에 대해 말하기를

> 공자와 주자(주렴계)가 음양은 태극이 낳은 것이라고 한 말을 볼 때 만약 리기가 본래 하나의 사물〔一物〕이라면 태극이 양의이니 어찌 낳는〔生〕 자가 있겠는가?[17)]

라고 하였다. 이는 퇴계가 위의 두 설을 받아들이고, 또한 리기란 원래 일물로 보아서는 안 된다고 리기일물설을 공박한 것이다. 다시 말하면 위의 태극론을 그대로 수용하여 리(=태극)가 기(=음양)를 낳는다고 본 것이다. 그러나 성리학에서 리는 형이상의 원리로서 '무위(無爲)', 즉 작용성이 없는 것이다. 그러므로 이것은 분명 모순이다.

이와는 대조적으로 인간-자연을 통합적으로 보려는 율곡 이이는 주렴계의 『태극도설』을 해석하기를

> 주자(주렴계) 가 말하기를 "태극이 동하여 양을 낳고 정하여 음을 낳는다." 고 하였다. 이 두 구절이 어찌 잘못된 말이겠는가? 그러나 만약 잘못 보면 음양은 본래 없는 것인데, 태극이 음양보다 먼저 있다가 동한 뒤에 양이 생기고, 정한 뒤에 음이 생긴다고 여길 것이다.[18)]

라고 하여 태극을 어디까지나 무위의 원리성(형상성)으로 해석하였다. 리

---

17) 『퇴계전서』 권41, 20면, 「非理氣爲一物辨證」. 면은 한적 판심면. 이하 같음.
18) 『율곡전서』 권10, 21면, 「答成浩原」.

기론에 있어서는 율곡은 그 형이상학적 체계와 논리에 일가견을 가지고 있었다.

이에 대해 퇴계는 '리의 체용론(體用論)'을 가지고 리동설의 모순을 보완하려 하였다. 리가 무위(無爲)하다, 즉 작용이 없다는 것은 리의 체(體)를 말하는 것이고, 리의 용(用)을 말하면 리도 '동정'〔움직임〕, 또는 '능발능생(能發能生)'〔작용〕할 수 있다고 하였다. 그리하여 그는 이렇게 말하였다.

> 생각과 동작이 없는 것, 이것이 리 본래의 모습〔體〕이고, 그때그때 발현되어 어디에나 나타나는 것, 이것이 리의 신기한 작용〔用〕이다.[19]

> 그전에는 리의 본체가 무위, 즉 작용이 없는 것만 보고 그 묘한 작용이 능히 겉으로 드러나 움직이고 있음을 몰랐다. 그리하여 리를 거의 죽은 사물로 볼 뻔하였으니 잘못되어도 크게 잘못된 것이 아니겠는가?[20]

뿐만 아니라 그의 문인 이공호(李公浩)가 "태극이 동하여 양을 낳고 정하여 음을 낳는다고 하지만, 주자가 리는 감정〔情意〕도 없고 작용〔造作〕도 없다고 하였으므로 태극이 음양을 낳을 수 없을 것 같습니다."라고 한 데 대하여 퇴계는 대답하기를

> 주자가 말하기를 "리가 동정이 있으므로 기에 동정이 있다. 만약 리에 동정이 없다면 기는 어떻게 동정이 있겠는가"라고 했다.[21] 이것을 알면 의심이 없을 것이다. 감정이 없다고 한 것은 본연의 체요, 능발능생은 지극히 묘한 작용

---

19) 『퇴계전서』 권18, 31면, 「答奇明彦別紙」.

20) 동상.

21) 『주자대전』 권56, 36면, 「答鄭子上」.

이다. …… 리가 스스로 작용이 있으므로 자연히 양을 낳고 음을 낳는 것이다.[22)]

라고 하였다. 또 퇴계는

대개 리가 움직이면 기가 따라서 생기고, 기가 움직이면 리가 따라서 나타난다. 주렴계의 '태극이 동하여 양을 낳는다'는 것은 리가 움직여 기가 생긴다〔理動而氣生〕는 것이다. 또 역의 복괘의 '하나의 양이 돌아오는 데서 천지의 본질을 본다'는 것은 기가 움직여 리가 나타난다〔氣動而理顯〕는 것이다.[23)]

라고 하였다. 퇴계의 이러한 여러 입론을 보면 그는 존재론에서 리의 작용성을 인정하고 있음을 볼 수 있다. 이는 리의 '실재화'에서 연유하는 것이고, 성리학 체계상 리라는 개념에는 '가치'로서의 의미도 동시에 내포하여 있기 때문에 필연적으로 리를 실재화하게 되는 것이다. 그러나 존재론에서 리는 기와는 대조적으로 어디까지나 원리성(=형상성)을 넘어서서는 안 되는 것이다. 퇴계가 리를 실재화하는 경향이 있음은 그가 다음과 같이 리를 절대화하는 말로써 증명이 된다.

리는 원래 극존무대(極尊無對)하여 사물을 명령하되 사물에 명령을 받지 않는 것으로 기가 이길 수 없다.[24)]

이와 같은 리의 절대시는 리의 실재화를 통하여 리의 작용성을 인정하

22) 『퇴계전서』 권39, 28면, 「答李公浩問目」.
23) 동서, 권25, 35면, 「答鄭子中別紙」.
24) 동서, 권13, 16면, 「答李達李天機」.

게 된 데서 나온 것이기도 하지만, 한편으로는 성리학과 같은 범재신론의 체계에서 리 중의 리로서 '태극' 을 상정한 데서도 그 연유를 찾을 수 있다. 태극은 범재신론에서 최고의 궁극자로서 유신론의 신(God)과 같은 위치에 있으므로 리의 실재화에서 한걸음 더 나아가 리를 '신성시' 하면 이러한 '극존무대' 의 사고방식이 가능하다. 이는 리신론(理神論; deism)[25]의 일종의 종교적 관점, 즉 리신론적 신학체계라고 할 만하다. 화이트헤드의 유기체 철학에서 존재론적으로는 '현실적 존재' 와 '영원적 객체' [26]로써 설명하고, 다시 그의 신학 체계에서는 신(God)을 요청하고 있는 것과 흡사하다고 하겠다. 그러므로 성리학에서 '태극론' 자체가 철학(존재론)과 신학이 만나는 곳(접점)이라고 할 수 있다.[27]

퇴계가 리를 중시한 또 다른 예를 들어보면 다음과 같은데, 여기서 퇴계가 말하고자 하는 바는 리라는 것은 우리가 철학적 관점에서는 이해할 수 없다는 말이다. 즉 그는 말하기를

> 가만히 생각건대 고금에 걸쳐 학문에 차이가 나는 까닭은 오로지 리 자가 알기 어렵기 때문이다. 리자가 알기 어렵다고 하는 것은 대략 아는 것이 어렵다는 것이 아니라 완전하고 올바르게 또 충분히 아는 것이 어렵다는 것이다.[28]

25) 범재신론에서 퇴계처럼 리를 '극존무대' 로 높이면 리신론처럼 된다. 리신론은 궁극자를 초월적으로 보는 점은 같으나 유신론처럼 인격신을 상정하지 않는 점에서 다르다.

26) 현실적 존재(actual entity; 현실체)와 영원적 객체(eternal object; 영원한 대상)는 과정철학에서 신(God)과 함께 중요한 형이상학적 개념(범주)으로서 성리학의 기, 리, 태극에 대략 견줄 수 있다. 과정철학에 대해서는 제1부 참조.

27) 성리학이 이 태극론으로써 노장사상과 불교의 철학적 체계와 논리에 대항할 수 있는 중요한 무기로 생각하였다. 즉 유학 전통의 도덕론에 그 근거로서 이 우주론이 있음으로써 천리와 인간의 도를 함께 논하는 종합적인 철학이라고 생각하게 되었다. 다시 말하자면 성리학자들은 종교-철학-윤리의 원융한 체계를 겸비한 학문, 곧 '道學' 이 자기들의 자랑이라고 여겼다. 여기에 대해서는 제1부 참조할 것.

라고 하였다. 철학적 논리적으로 알기 어렵다면 어떻게 안다는 것인가? 최고의 궁극자로서의 리, 즉 태극을 완전히 체험하여 알기 어렵다는 의미이다. 여기서 퇴계가 말하는 리는 존재론에서 리와 기의 '상함적(相涵的)' 관계, 즉 형이상학적 관계를 말하는 범주로서의 리를 넘어서고 있다고 할 수 있다.

퇴계가 이와 같이 '리동(理動)'을 말하고, 또 리를 절대시하는 근거는 성리학 자체에 있다. 자연법사상으로서의 성리학은 초월적인 창조주로서의 신을 상정하지 않는 무신론이다. 이 토대 위에서 자연의 이법을 절대시하고 여기에 기초하여 인간의 율법(규범)을 절대적으로 정초하려 하였으므로 천(天)-성(性)-태극(=리)은 존재의 근원이면서 가치의 표준이 될 수밖에 없다. 그러므로 가치 규범에 치중하여 보면 리는 쉽게 '실재화' 하게 된다. 퇴계가 리기를 형이상학적 상함 관계로 보면서도 도덕 문제를 논하면서는 곧바로 가치 우열의 시각을 리기 범주에 투영하고 있는 것도 그러한 이유 때문이다. 그러므로 퇴계는 말하기를

> 리는 귀하고 기는 천하다. 그러나 리는 무위하고 기는 욕망이 있다〔有欲〕. 그러므로 리를 실천하는 것을 중시하는 자는 기를 기름〔養氣〕은 그 가운데 있으니 성현이 그런 사람이요, 양기에 기울어진 사람은 반드시 본성을 천대하게 되는데, 노장이 이들이다.[29]

라고 하였다. 여기서 리의 '무위'와 기의 '유욕'〔욕망 있음〕이 대칭적으로 설명되고 있다. 퇴계의 논리를 빌리면 리의 무위는 곧 리의 '무욕'〔욕망 없음〕을 암시하고 있다. 그리하여 리는 무욕하여 '선'이 되어 유욕의

---

28) 『퇴계전서』 권16, 46면, 「答奇明彦論四端七情 第二書」(이하 「第二書」라 약함).
29) 동서, 권12, 24면, 「與朴澤之」.

기와 대립된다. 또한 그의 논리를 빌리면 기는 유욕하므로 '악하다'는 것이 암시되어 있다. 그러나 무위는 존재의 영역이요, 유욕은 가치의 영역이다. 이 두 영역이 상충되고 있음을 여기서 단적으로 볼 수 있다. 또한 여기에서 퇴계가 리기 개념을 어떻게 사용하고 있는가도 잘 볼 수 있다.

퇴계의 존재론에서의 이러한 리동설은 도덕론이라고 할 '사단칠정리기론(四端七情理氣論)'에서는 소위 '리발설(理發說)'(=리기호발론)로 나타났다.

2) 도덕론

퇴계의 도덕론은 만년에 고봉 기대승과의 '사단칠정리기논변'을 하는 과정에서 잘 드러났다.[30] 원래 '사단'은 맹자가 순수한 인간 도덕심(양심)의 발로를 말한 데서 나온 것이다. 성리학이 '성즉리'〔본성이 바로 리이다〕라 하여 인간 본성의 절대 선을 말할 때 이미 맹자의 '성선설'을 토대로 하였다. 맹자에게 있어서 인간의 본성(=性)은 天이 내재화한 것이라고 생각하였으므로 그것은 '절대적으로' '진선진미'하지 않을 수 없는 것이었다. 다만 맹자는 편의상 '선(善)'이라는 용어 하나로 묘사하였지만 그 속에는 진선미의 의미가 다 들어 있는 것이다. 성리학의 '성즉리' 역시 이 성선설의 가감 없는 계승이라고 할 수 있다. 이러한 사고방식은 유신론의 종교 체계가 아니므로 창조주는 없지만, 그 대신 '天'이라고 하는 절대자, 궁극자가 상정되고 있기 때문에 그렇다고 할 수 있다. 그러므로 맹자의 성선설이나 성즉리설은 중국 나름의 중세적 종교(신학) 체계였다고 할 수 있다.

한편 '칠정'은 『예기』「예운편」에 나오는 말로서 정이천이 「안자소호

30) 퇴계와 고봉 사이에서 일어난 '사칠리기논쟁'에 대한 분석은 이동희, 「퇴 · 고 사칠 논쟁에 대한 윤리학적 일고찰」, 『향산 변정환박사 화갑기념 한국학 논총』, 1992 참조.

학론(顔子所好學論)」에서 논함으로써 주요 주제로 부각된 것이다. 또한 중용에서 희노애락 네 정을 말한 것도 참고가 되었던 것이다. 이 칠정은 인간 감정의 종류를 나타내는 것만은 확실한데, 이것을 말하는 의도는 이 칠정은 인간의 욕망이나 감각에 의해 좌우되는 악한 요소가 많으므로 조절하지 않으면 안 된다는 '도덕적 당위'를 말하려는 데 있다. 이때 칠정은 그 악한 요소 때문에 순수한 도덕 감정으로서의 사단과 자연 대립하게 된다. 이와 같이 각각을 말하는 의도와 목적이 서로 다르므로 상반된다고 할 수 있을 뿐, 이외에는 별 문제가 원래 없는 것이다. 그러나 이것을 '리'와 '기'라는 존재론에서 사용하는 개념을 가지고 설명하게 되면 여러 가지 복잡한 문제가 야기된다.

퇴계는 추만(秋巒) 정지운(鄭之雲)이 『천명도설』에서 "사단은 리에서 발하고 칠정은 기에서 발한다"〔四端發於理, 七情發於氣〕라고 한 것을 그의 수정의 부탁을 받고 천명도를 수정하여 새로 도를 그리고, 위의 글귀를 고쳐 "사단은 리의 발이요, 칠정은 기의 발이다"〔四端是理之發, 七情是氣之發〕라고 하였다.[31] 이렇게 만든 것이 퇴계의 『천명신도(天命新圖)』이다. 이 정정된 해석을 보고 기고봉이 이의를 제기, 퇴계에게 질문을 하였다. 그 후 양인은 8년간에 걸쳐 논쟁을 지속하였다(그러나 왕복 편지는 2~3편에 불과하다). 우리나라 성리학사에서 가장 깊이 있고 진지한 논쟁이었으며, 그 과정에서 많은 성리학 본래의 문제를 제기하여 그 이후 다시 검토하게 했다. 뿐만 아니라 조선 후기 주자학자 사이에서 그들의 논변을 다시 문제 삼아 연구와 토론이 진행되었으므로 사상사적인 영향이 매우 컸다고 할 수 있다.

기고봉의 생각은 칠정은 인간 정의 총칭이고, 사단은 전체 칠정 중에서

---

31) 『퇴계전서』 권41, 1-11면, 「天命圖說後敍」.

선한 것을 골라내어 지칭한 것이라고 보았다. 그러므로 사단과 칠정을 각각 리와 기로 대립시켜 말하면 인간 마음에 두 근원이 있어 사단과 칠정이 각각 나오는 것과 같은 혐의가 있으므로 그렇게 나누어 말할 수 없다는 것이다. 또 리기 관계의 원칙인 '서로 떨어지지도 않고 서로 섞이지도 않는다' 는 원칙에도 맞지 않는다고 하였다. 기고봉이 "칠정 외에 다시 또 사단이 없다."라고 한 것[32]이 그것이다.

퇴계는 기고봉의 의견을 듣고 『천명신도』의 자기 말을 고쳐 "사단의 발은 순수한 리이므로 불선이 없고, 칠정의 발은 기를 겸했으므로 선악이 있다."〔四端之發, 純理, 故無不善, 七情之發, 兼氣, 故有善惡〕라고 하였다.[33] 이렇게 문구를 바꾸었으나 퇴계의 생각은 변함 없었다. 그러던 중 그는 『주자어류』속에서 "사단은 리의 발이고, 칠정은 기의 발이다."〔四端是理之發, 七情是氣之發〕라는 문구[34]가 있음을 발견하고 더욱 자기 견해가 틀리지 않았음을 확신하였다. 또 그것을 증명하기 위하여 성에 있어서의 '본연지성(本然之性)' (=天地之性) - '기질지성(氣質之性)' 의 구분이 있는 것과 사단, 칠정의 구분이 있는 것은 같다고 하였다.[35] 또한 '인심' , '도심' 에 사단과 칠정을 비교하여 말하기도 하였다. 즉 "인심은 칠정이 그것이고, 사단은 도심이 그것이다."라고 하였다.[36]

그러나 기고봉은 퇴계의 이러한 표현은 오해의 소지가 있다고 하여

> 이제 만일 "사단의 발은 순수한 리이므로 불선이 없고, 칠정의 발은 기를 겸했으므로 선악이 있다."라고 한다면 이는 리와 기를 두 물건으로 나누는 것입

32) 『퇴계전서』 권16, 12면, 「附奇明彥非四端七情分理氣辯」.
33) 동서, 권16, 1면,「與奇明彥」.
34) 『주자어류』(북경: 중화서국, 1986), 권53, p.1297.
35)『퇴계전서』 권16, 12면, 「答奇明彥論四端七情第一書」(이하 「第一書」라 약함).
36) 동서, 권36, 2면, 「答李宏仲問目」 및 권37, 27면, 「答李平叔」.

니다. 이것은 칠정이 성으로부터 나오지 않는 것이며 사단이 기를 타지 않는 것입니다. 이는 말뜻에 있어 병통이 없을 수 없으며, 후학들에게 의혹을 일으키지 않을 수 없게 하는 것입니다.[37]

라고 말하였다. 또 기고봉은

사단과 칠정을 대립적으로 말하여 순수 리〔純理〕라든가 기를 겸함〔兼氣〕이라고 말할 수 있겠습니까? 인심, 도심을 논할 경우라면 혹시 그렇게 말할 수 있을지 모르지만 사칠 경우에는 그렇게 말할 수 없을 듯합니다. 왜냐하면 칠정을 인심과 같은 것으로 볼 수는 없기 때문입니다.[38]

라고 하였다. 여기서 순리와 겸기는 선 · 악의 근거가 되는 것으로 말하였으므로 결국 고봉의 생각은 사단은 '순리' 라서 절대 선이라 할 수 있지만, 칠정을 '겸기' 라서 선 · 악이 같이 있으므로 상대적으로 악이라고만 할 수 없고, 따라서 '칠정기발' 이라는 것이 오해의 소지가 있다는 것이다. 칠정기발이라 고 할 수 없으므로 자연 퇴계의 '사칠리기호발' 이 틀렸다는 것이다.

그리하여 퇴계는 이것을 참고하여 다음과 같이 자기 설을 수정하였다.

황(=퇴계)이 칠정이 리에 관계없이 외부 사물이 우연히 들어와 마음이 느껴〔感〕 움직이는〔動〕 것이라고 하는 말은 아니다. 또 사단이 사물에 대해 느껴 움직이는 것은 칠정과 다름이 없다. 다만 사단은 리가 발하여 기가 따르는 것〔四端, 理發而氣隨之〕이요, 칠정은 기가 발하여 리가 타는 것〔七情, 氣發而理乘

37) 동서, 권16, 13면, 「附奇明彥非四端七情分理氣辯」.
38) 동상.

之〕이다.[39]

그러나 기고봉은 퇴계의 이 설에 대해서도 만족스럽게 여기지 않았다. 고봉은 이렇게 해도 역시 칠정에는 리기가 겸하여 있지만, 사단에는 리발 일면만 있는 것으로 보인다는 것이다. 그리하여 "정의 발에는 리가 움직이는데 기가 같이 있는 경우가 있고, 기가 느끼는데 리가 타는 경우가 있다〔情之發也, 或理動而氣俱, 或氣感而理乘〕"라고 고치면 어떻겠는가?" 라고 반문하였다.[40] 여기서 퇴계는 자기 설을 고쳤다고 하지만, 문구가 수정되었을 뿐 내용상으로는 바뀐 것이 없었다. 오히려 '수(隨)' 라든가 '승(乘)' 이라는 용어를 사용함으로써 리가 발한다는 생각을 더욱 분명히 하고 있다.

그리하여 퇴계는 사단칠정에 대한 리발, 기발의 해석이 가능한 이유를 이렇게 설명하였다.

> 대개 사람의 일신은 리와 기의 합(合)으로 생긴다. 그러므로 두 가지(리, 기)는 서로 발용(發用)이 있고, 그 발은 서로 상대를 필요로 한다. 서로 발하므로 각각 주로 하는 바〔所主〕[41]가 있음을 알 수 있고, 서로 상대를 필요로 하므로

39) 동서, 권16, 32면, 「第二書」.

40) 『고봉선생문집』, 「兩先生四七理氣往復書 下篇」, 10면. 고봉의 이 견해는 얼핏 보아도 알 수 있듯이 퇴계의 설과 별반 다를 것이 없다. 이에 대해서는 이동희, 「퇴·고 사칠논쟁에 대한 윤리학적 일고찰」, 전게 『화갑기념 한국학논총』, p.622 참조.

41) 퇴계의 경우 여기서는 "서로 발하므로 각각 주로 하는 바[所主]가 있다." 라고 하였다. 이때 주로 한다는 것은 '위주로 한다' 또는 '상대적으로 더 중요하게 여긴다' 는 뜻이다. 그러나 퇴계는 서로 발하는 것이 전제가 되어 있으므로 소종래부터 각각 다르고, 따라서 그의 설은 호발설이 되는 것이다. 그러나 다른 한편 또 퇴계는 "리 없는 기가 없고 기 없는 리가 없으나, 나아가 말하는 바가 다르면[所就而言之者不同] 분별하지 않을 수 없다." 라고 하여 주관적 판단의 경우 상대적으로 입언할 수 있다는 뜻으로 말하기도 하였다. 『퇴계전서』, 권16, 9면, 「第一書」.

서로 상대 속에 들어 있음을 알 수 있다. 서로 상대 속에 들어 있으므로 섞어 말하는 것도 있고, 각각 주로 하는 바가 있으므로 분별해서 말하는 것도 불가하지 않는 것이다.[42]

뿐만 아니라 퇴계는 '주로하는 바'가 리기의 연원, 즉 '소종래(所從來)'에 따라 정해졌음을 다음과 같이 또 설명하였다.

사단과 칠정 두 가지는 리기를 벗어나는 것이 아니라 하겠지만, 그 연원〔所從來〕에 근거하여 각각 그 '주 되는 바'〔所主〕와 '중요한 바'〔所重〕를 가리켜 말한다면 어느 것이 리이고 어느 것이 기라는 말을 왜 못하겠는가?[43]

여기서 퇴계가 말한 리발, 기발이 단순히 현상만을 가리켜 말한 것이 아님을 알 수 있다. 즉 사칠 구분이 '주 되는 바', '중요한 바'에서가 아니라 연원에서부터 그러하다고 본 것을 알 수 있다. 그러므로 퇴계의 학적 입장을 '리기호발설(理氣互發說)'이라고 하는 것이다. 그가 만년에 '리의 능발'까지 주장, 리에 대해 "감정과 작용이 없는 것은 리의 본체〔體〕요, 능히 발하고 능히 낳고 하는 것은 지극히 묘한 작용〔用〕이다."라고 한 것[44]과 같은 맥락이다. 그러므로 사칠론에서 퇴계가 호발설을 주장한 것은 리의 '자발'(스스로 발함)을 전제로 한 것이며, 이것은 주자 존재론에서의 리의 무위의 원칙과 모순된다. 여기에 퇴계 사칠론의 한계가 있는 것이다. 그러나 그것을 통하여 우리는 퇴계 사상의 한 특색을 발견할 수 있다.

기고봉은 퇴계에게 처음 질문을 하기를 "이제 만일 '사단은 리에서 발

42) 『퇴계전서』 권16, 30면, 「第二書」.
43) 동서, 권16, 10면, 「第一書」.
44) 동서, 권18, 31면, 「答奇明彦別紙」.

하여 불선이 없고, 칠정은 기를 겸하였으므로 선악이 있다' 라고 하면 이는 리기를 두 물건으로 나누는 것입니다. 이것은 칠정이 성으로부터 나오지 않는 것이며, 사단이 기를 타지 않는 것입니다. 이는 말뜻에 있어서 병통이 없을 수 없는 것이며, 따라서 후학들에게 의혹을 일으키지 않을 수 없게 하는 것입니다."라고 하여[45] '말에 병통이 있음' 을 말하였다. 조선 후기 절충적 입장에서 퇴·율의 리기론을 분석한 농암(農巖) 김창협(金昌協)도 이런 사실을 지적하기를 퇴계의 호발설이 '입론상의 잘못' 〔名言之差〕이 있다고 하였다.[46] 그러나 퇴계에 있어서의 언어 사용의 불명확성으로 인하여 그의 호발설이 갖는 특색을 간과해서는 안 된다.

퇴계의 사칠 대립 입론은 결국 사단을 칠정과 구분하여 사단이 리의 발이라는 것을 강조하려는 데 있었던 것이라고 볼 수 있다. 퇴계는 기고봉의 학문 방법에 대해 비판하기를

> 대저 공부를 하는 데 분석을 싫어하고 하나로 통합하고자 하는 데 힘쓰는 것을 옛사람은 새가 대추를 씨까지 그냥 삼키는 것과 같다고 했는데, 그 병폐가 이와 같이 많은 것이다. 그리하면 자기도 모르는 사이에 그런 방식에 빠져 기를 가지고 성을 논하는 폐단에 빠지고, 인욕을 천리로 여기는 근심에 떨어지게 될 것이니 이래서야 되겠는가?[47]

라고 하였다. 이로써 보면 퇴계 호발설의 의도는 인욕으로부터 천리의 우월성을 확보하려는 데에 있음을 알 수 있다. 또 퇴계는

---

45) 동서, 권16, 13면, 「附奇明彦非四端七情分理氣辯」.

46) 『농암속집』 권하, 68면, 「四端七情說」.

47) 『퇴계전서』, 권16, 11-12면, 「第一書」.

기에 리가 타는〔乘〕 바가 없으면 이욕에 떨어져 금수가 된다.[48]

라고도 하였다.

여기에서 우리는 사칠리기론의 논리적 타당성을 넘어선 퇴계의 도덕 실천자로서의 입장을 읽을 수 있다. 그리하여 퇴계의 호발설은 맹자의 성선설과 같이 윤리적 명제가 갖는 권유적(commending) 성격이 있는 것이다.[49] 물론 퇴계 사칠론에서의 이와 같은 리발설(호발설)은 존재론에서의 리동설(=能發能生說)과 궤를 같이하는 것이고, 그의 '주자학적 심학' 내지는 '거경의 심학' 의 단적인 표현인 것이다.

3) 수양론

퇴계는 주자학의 우주와 인간에 대한 포괄적인 이론 가운데서도 특히 인간 도덕론에 대한 관심이 많아 비록 리기 범주로 사칠을 논하는 과정에서 입론의 논란 여지는 남겼으나 사단을 칠정과 구분하려는 강한 가치 지향의 관점을 보여주었다. 이는 주자학의 독실한 실천 의지의 표현이며, 그런 의미에서 왕양명의 심학과는 다른 또 하나의 '거경의 심학' 이라고 할 수 있다.[50]

'경(敬)' 이 송학의 보편적인 수양법이지만 퇴계가 이를 강조함으로써 특별한 의미를 갖게 된 것이다. 그뿐만 아니라 그의 삶 자체가 경으로 일관되었다고 할 정도로 경건하고 모범적인 학자의 생활을 하였다. 특히 그의 우주론과 도덕론에서 보인 '주리론(主理論)' 이라는 입장과 경의 수양

---

48) 동서, 권36, 2면, 「答李宏仲問目」.

49) 김태길,『윤리학』,박영사, 1978.

50) 여기 대해서는 이동희, 「왕양명과 이퇴계」, 『동양철학연구』 제9집, 1988 참조.

법은 표리관계를 이루어 명대 초기 주자학 실천주의[51]와 비견되는 또 다른 주자학적 심학, 주자학적 실천주의를 전개하였다.

퇴계는 주자학의 수양 방법 중 격물(格物)보다는 거경(居敬)을 더욱 중시하였다. 그는 『천명신도』에서 그 핵심이 되는 심권(心圈)과 정권(情圈)의 중앙에 '경(敬)' 자를 표기해 놓았으며, 또 만년에 지은 『성학십도』에서도 "이 십도가 모두 경을 위주로 한다."라고 하여 경을 강조하였다. 「제6 심통성정도」에서도 마음을 다스리는 방법으로 경의 중요함을 말하고, 경은 존양과 성찰의 바탕이 되고, 존양과 성찰은 다시 사단을 확충하고 칠정이 인욕에 떨어지지 않게 하는 방법이라고 하였다. 즉 그는 말하기를

> 요컨대 리와 기를 겸하고 성과 정을 통괄하는 것이 심이다. 그런데 성이 발하여 정이 될 때가 곧 마음의 미묘한 움직임이며, 모든 변화의 기점이며, 선악의 갈림길이다. 배우는 사람들이 한결같이 경을 붙잡아 이욕에 어둡지 않고, 또 더욱 나아가 마음이 발동했을 때는 보존하는 공부가 깊어지고, 마음이 발동하지 않았을 때는 살피는 습관이 익숙해지고, 그리하여 이런 공부를 오래 하면 성인의 학과 마음 수양법을 밖에서 구하지 않아도 얻게 될 것이다.[52]

라고 하였다. 퇴계학의 본질적 특성이 '심학'과 '경'에 있음을 알 수 있다. 그는 경에 대해 "경은 마음의 주재요, 만사의 근본이다. 그러므로 경이라는 한 글자는 성학의 처음과 끝이다."라고 하기도 하였고,[53] 또 "경이

---

51) 대체로 명초 주자학자는 曺端, 薛瑄, 吳與弼, 胡居仁 4인이 대표하는데, 그들의 학풍이 덕성과 존양 위주의 주자학풍을 일으켜 그 다음에 일어나는 陳獻章, 왕양명의 심학 홍기에 안내 역할을 하였다. 자세한 것은 졸고, 「명초 주자학과 조선 전기의 주자학」, 『동서문화』 제20집, 계명대 동서문화 연구소, 1988 참조.

52) 『퇴계전서』 권7, 『聖學十圖』, 「제6 心統性情圖」.

53) 동서, 「제4 大學圖」.

란 철두철미한 것이어서 능히 경을 붙잡는 방법을 알면 리가 밝혀지고 마음이 안정된다. 이것으로 격물궁리(格物窮理)하면 물의 리가 나의 마음에 다 비치고, 이것으로 일에 응하면 일이 내 마음을 괴롭게 하지 못한다."라고 하였다.[54] 이와 같이 격물궁리, 일의 처리 모두 경에 의하여야 함을 말하였다. 그가 주리론자로서 리를 강조하는 것도 이러한 거경의 심학과 밀접한 연관이 있다.

사칠론에서 퇴계가 '가치의 근원'으로서 리를 강조하려다 악의 요소를 가진 기와 자연히 대립시키지 않을 수 없었는데, 실제로는 가치 우열에 의해 리가 오히려 반전하여 더 우위에 있게 되었다. 이 리기 범주는 존재론에서는 형이상학적 개념으로서 리는 원리, 기는 사물의 기본 구성요소이지만, 이것을 도덕적 범주로 전용하여 쓰게 될 때는 리는 순수한 선인데 반하여 기는 청·탁·수·박(淸·濁·粹·駁)이 있어 비순수성과 결핍성, 즉 악의 요소를 포함하고 있는 것으로 사용된다. 그러므로 리를 강조하는 주리론자들은 퇴계처럼 '리는 귀하고 기는 천하다'는 입장을 자연 갖게 되지 않을 수 없다. 이렇게 되면 리기라는 개념을 사용하고 있지만 실은 도덕을 논하고 있는 것이다.

문제는 선-악이라는 대립적 개념이 있음에도 불구하고 리-기라는 존재론적 개념을 왜 차용하여 사용하는가이다. 그 이유는 첫째, 종전의 선-악 개념에 비해 리-기 개념이 참신하다는 것이요, 둘째, 선-악의 구조에서는 악은 선에 대립하는 절대악이 되고 있는 데 반해 리-기 구조에서는 기가 청탁수박이라는 좋고 나쁜 두 요소를 함께 내포하고 있으므로 악을 절대 악으로 보지 않으려는 성리학의 선악관에 더 적합하기 때문이다. 다시 말하면 리-기 구조로 선-악을 가치평가하면 악, 즉 기는 상대적인 악

---

54)『도산전서』권39, 7면,「答金惇敍」.

으로 '선으로의 가능성'을 열어놓고 있는 것이 된다. 이러한 이유 때문에 송대 성리학에서는 리-기 범주로 도덕적 가치를 설명하고자 한 것이다. 그러나 우리의 인식은 비교인식(상대적 파악)이며, 우리의 가치평가 또한 '상대적(대립적) 입언'의 형식을 취할 수밖에 없으므로 리-기 범주를 선-악 범주처럼 상대화하여(대립적으로) 보게 된다. 그리하여 기, 즉 악을 절대적인 것으로 '실재화'하게 된다. 율곡이 "칠정이 사단을 포함한다"는 소위 '칠포사(七包四)'의 논리로써 퇴계의 리기호발설을 비판하면서도 자기는 다시 '인심-도심'의 구조로 가치 상대입언의 형식을 취하지 않을 수 없었다.[55] 그러면서도 인심을 또 악이라고 하지 못한 것을 보면[56] 존재론적 범주인 리기로써 가치를 상대화시키는 인간 도덕을 논하는 데 원용하는 문제 자체에 아포리아가 있음을 알 수 있다. 거기에 악을 절대 악으로 보지 않고 선의 결핍태로 보는 성리학의 선악관이 개재되어 철학적 문제를 야기하고 있는 것이다.

그런데 이때 퇴계가 상대입언의 형식을 취한 이유는 물론 사단을 높이려는데 있다. 한편 기고봉이나 율곡의 경우는 '칠포사'의 논리에서 보는 바와 같이 칠정이라는 '사실 자체에로'라는 이념이 숨어 있다. 다시 말하면 칠정이라는 마음과 인간 감정의 적나라한 발현을 떠나 사단을 논할 수 없고, 또 이 칠정의 중절(中節; 절도에 맞음)이 바로 선이므로 현실에서 구체적으로 도덕적 선을 실현한다는 리얼리스틱한 사고방식이 내재되어 있다. 그러므로 도덕론에서는 퇴계의 호발론은 맹자의 성선설, 정·주의 성즉리를 충실히 계승한 도덕론이며, 고봉과 율곡은 보다 순자적(荀子的)이라 할 수 있다. 결론적으로 퇴계의 도덕론은 맹자-성리학의 유학 전통의

55) 여기에 대해서는 이동희, 「주자학의 철학적 본질과 그 전개 양상에 관한 연구」(성균관대 대학원 박사학위, 1990), pp.187-197 참조.

56) 동상.

아이디얼한 도덕론을 계승하였으며, 그 연장선상에서 호발론이 위치한다고 할 수 있다.

4. 결어 – 결론에 대신하여

결론적인 것은 서언에서 이미 말하였고, 또 본문 각 절 끝에 요약하여 두었으므로 다시 요약하지 않고, 다만 위에서 논한 분야 이외, 즉 이단 배척과 정치론에 있어서 퇴계는 어떠한 사고방식을 보였는가 하는 점을 약간 고찰하여 상호 보완하고자 한다.

퇴계의 이러한 이상주의적 도덕론은 그의 이단 배척이나 정치론에서도 같은 맥락을 보이고 있다. 그는 유학 이외의 사상(노장이나 불교)에 대해서는 물론이고, 유학 가운데서도 육상산 사상, 양명학, 나정암(羅整庵) 등의 기론(氣論)을 비정통으로 몰아 철저하게 비판하였다. 즉 그는 「전습록변」을 지어 양명학을 배척하였고, 「비리기위일물변증(非理氣爲一物辯證)」, 「심무체용변(心無體用辯)」을 지어 서화담 계열의 주기론자와 나정암 계통의 리기혼일론자(理氣渾一論者) 및 초려(草廬) 오징(吳澄)과 같은 주·육(주자·육상산) 절충론자 등을 공박하였다. 또 소재(蘇齋) 노수신(盧守愼)이 나정암의 『곤지기』를 지나치게 존숭하는 것에 대해서도 극력 배척하였다. 학문에 있어서 정통성 추구, 다시 말하면 주자에 대한 무비판적 존신은 이러한 이단 배척과 표리관계에 있음은 물론이다. 퇴계로 인하여 그 후 조선조 사상계가 주자학 이외의 사상도 받아들여 다양하게 발전시키지 못하였다고 하여 퇴계에게 그 책임을 많이 돌리는데, 퇴계는 이러한 비방을 면할 수는 없다. 그러나 여기에는 몇 가지 유의할 점이 있다. 즉 성리학 자체가 중세적 종교윤리(신학체계)였다는 점, 전제왕조하의 사상이라는 점, 조선이 문화의 주변국이라는 점, 명초의 주자학적 실천주의(수양주의)가 조선 전기에 영향을 주었다는 점, 조선조가 명-청 교체기에 역성혁명 없이 그대로 지속하면서 세도정치로 국가발전이 위축되었다는 사회상황 등이 고려되어야 할 것이다.

정치론에서는 율곡이 당시를 경장기로 파악하고 변통(제도개혁)을 주장하는 등 국가 통치에 있어서 법과 제도를 매우 중시한 데 비해, 퇴계는 이러한 법과 제도보다 정치의 요체로 군주의 수신을 중요시하였다. 이는 전통적인 정치론의 원칙임은 물론이다. 즉 그는 말하기를 "그 정치를 논함에 있어서는 군주가 마음을 보존하는 것〔存心〕이 좋은 정치를 하는 근본이다."라고 하고,[57] 또 "새로운 정치에 있어 임금이 몸소 행하고 마음으로 체득하여 얻은 것에 근본하여 민생 생활에서 행할 윤리를 가르치는 것이 근본이요, 법제를 따르고 전대(前代)의 문물제도를 답습하여 지금 것을 개혁하고 옛것을 모범으로 삼아 모방, 비교하는 것은 말단이다."라고도 하였다.[58] 이와 같이 정치는 통치자의 수신이 근본이고 제도 개혁은 이차적인 것이었다. 이러한 이상적인 정치론은 율곡의 그것에 비해 이상주의적이며, 이것은 그의 철학 사상과 밀접한 연관이 있다.

57) 『퇴계전서』, 권19, 24-25, 「答黃仲擧論白鹿洞規集解」.

58) 동서, 권6, 48면, 「무진유조소」.

7장

퇴계 이후 영남학파의 주자학 전개

1. 서언

영남 성리학은 퇴계(退溪) 이황(李滉)이 주자학을 깊이 있게 연구하여 제자들에게 전수함으로써 시작되었다. 특히 만년에 고봉 기대승과의 '사칠논변'을 통하여 자기의 설이 확립되었는데, 그 뒤 율곡(栗谷) 이이(李珥)와 우계(牛溪) 성혼(成渾)이 그 논변을 다시 전개함으로써 퇴계의 '호발설(互發說)'이 사상사적으로 일정한 토론 주제로 자리 잡게 되고, 또 그로 인하여 학파가 형성되었다.

퇴계의 학문은 먼저 학봉(鶴峰) 김성일(金誠一), 서애(西厓) 류성룡(柳成龍), 한강(寒岡) 정구(鄭逑)에게 전해졌다. 학봉은 실천에 치중하여 성리학에 관한 저술은 남기지 않았다. 학봉의 문인에 경당(敬堂) 장흥효(張興孝)가 있었고, 그의 외손으로 그의 학문을 계승한 이가 갈암(葛庵) 이현일(李玄逸)이다. 갈암의 아들에 밀암(密庵) 이재(李栽)가 있고, 그의 학문을 외손인 대산(大山) 이상정(李象靖)이 이었다. 대산의 학문은 손재(損齋) 남한조(南漢朝)-정재(定齋) 유치명(柳致明)-응와(凝窩) 이원조(李源祚)-한주(寒洲)

이진상(李震相)-면우 곽종석(郭鍾錫)으로 이어져 내려갔다. 한주는 성주에서 많은 제자를 양성하여 한주학파를 형성하였고, 반면에 안동지방에서는 정재를 계승한 서산(西山) 김흥락(金興洛)이 나와 호파(虎派; 학봉학맥)의 정맥을 이었다.

한편 퇴계설을 충실히 계승한 서애의 학문은 문인 우복(愚伏) 정경세(鄭經世)와 그의 아들 유진(柳袗), 손자 유원지(柳元之)에게 전해졌다(屛派학맥). 서애는 일생 정치에 참여하여 제자들에게 강론할 기회가 적었다. 그리고 한강의 학문은 근기(近畿) 지방 남인에게 전해져 미수(眉叟) 허목(許穆)-성호(星湖) 이익(李瀷)으로 이어져 성호학파를 형성하였다.[59)]

본고에서는 지면 관계상 성리설에 있어 특이한 이론을 주장한 학자를 중심으로 학맥을 간추려 퇴계-갈암-밀암-대산-정재-한주로 요약하여 퇴계 성리설이 어떻게 전개되었는가를 살펴보되, 그 의미를 현대 화이트헤드(Whitehead, 1861~1947)의 '과정철학'(process philosophy)을 원용하여 해석하였다. 주자의 리기론은 일종의 '형이상학'으로서 그것과 사유방식이 같기 때문이다.

퇴계는 도덕을 더 우위에 두려는 인간론의 입장에 서 있었다. 그리하여 존재론에서는 '리동설(理動說)'(또는 理生氣說)과 '리의 체용설'을, 도덕론에서는 '사단칠정호발설'을 각각 주장하였다. 그러나 퇴계 문인들로서는 스승의 설을 너무도 당연한 것으로 받아들인 나머지 이론적으로 더 부연하지 않았다. 퇴계의 사후 약 100여 년이 지난 뒤 갈암에 와서는 기호학파의 퇴계설 비판에 대항하여 율곡의 설을 비판하며 퇴계설을 적극적으로 옹호하기 시작하였다. 처음으로 학파 의식을 갖기 시작한 것이다.

---

59) 近畿南人, 즉 '京南'에 대해서는 이수건, 「조선후기 '영남'과 '경남'의 제휴」, 벽사 이우성 교수 정년 기념 논문집 『민족사의 전개와 그 문화』(상), 창작과 비평사, 1990 참조.

퇴계의 호발설이 약간의 입론상의 오해를 빚는다는 것을 가지고 기호학파에서 공격하자 이에 대해 반론을 펴려는 영남학파에서는 존재론과 도덕론을 구별하지 않고 '리자발(理自發)' (또는 能發能生)의 문제를 옹호할 필요가 있었다. 그 결과 갈암의 경우 리의 '추뉴근저(樞紐根柢)' 의 특성과 '리발' 은 '마음 가운데의 리의 발동' 이라는 설로 나타나고, 대산의 '리주기자론(理主氣資論)' , '리활물론(理活物論)' 과 혼륜(渾淪) - 분개론(分開論)의 균형론으로 전개되고 다시 한주에 와서는 '리생기론(理生氣論)' , '리주기자론' , '사칠리발일로설(四七理發一路說)' , '심즉리설(心卽理說)' 등으로 나아갔다. 물론 일정한 사유의 발전은 있었겠지만, 퇴계설 옹호와 율곡 비판을 은연중 의식하였고, 또 주자학적 범위 내에서 사유를 함으로써 독창적 사유의 발전이 크게 있었다고는 보기 어렵다. 그것은 용어의 궁색함을 보면 잘 알 수 있는데, 이는 한자 사용의 어쩔 수 없는 사정이었을 것이다.

2. 갈암 이현일의 율곡 비판

퇴계의 제자는 매우 많으나 스승의 설을 부연하여 자기 설로 주창한 자는 오랫동안 없었다가 갈암 이현일에 와서 비로소 율곡설을 비판하고 퇴계설을 옹호하기 시작하였다. 갈암의 율곡 비판은 「율곡이씨논사단칠정서변(栗谷李氏論四端七情書辨)」[60)]에 자세한데, 이것이 쓰인 것이 그의 나이 62세 때(1689)이므로 퇴계 만년 기고봉과의 사칠논변의 시기와 비교하면

60) 그의 이 「서변」(이하 「서변」이라 약칭함)은 愚潭 丁時翰(1625~1707)의 「四七辨證」과 비슷한데, 이는 당시 두 사람이 서로 의견교환을 나누었기 때문이다. 두 사람 다 율곡설을 조목조목 비판하였다. 「변증」이 쓰인 것도 우담의 나이 72세시(1697)로서 「서변」의 작성과 비슷하다.

약 120년 뒤가 된다. 문인들과 후학들이 퇴계 사후 스승의 설에 대해 별 의심 없이 받아들인 결과가 아닌가 한다.

갈암은 율곡이 "음양동정이란 그 기틀이 스스로 그러한 것이다."라고 한 데[61] 대하여

> 리는 비록 무위이지만 실로 온갖 변화의 지도리〔樞紐〕요 만물의 뿌리〔根柢〕가 된다. 만약 이씨의 설과 같다면 이 리는 단지 허무공적(虛無空寂)한 것이 되어 변화의 근본이 될 수 없다. 음양기화(陰陽氣化)만이 이리저리 조화를 행하니 그릇된 것이 아닌가?[62]

라고 하였다. 또 갈암은 "대개 율곡의 뜻은 항상 리는 공허명막(空虛冥漠)하여 주재가 없고, 감응발동(感應發動)하는 것은 모두 기의 작용으로 생각하는 것이다."라고 하였다.[63] 그 근거로 주자의 "리에 동정이 있으므로 기에 동정이 있다."라는 것[64]과 주자의 문인 면재(勉齋) 황간(黃幹)의 "기에 이미 동정이 있으니 그에 실린 리에 어찌 동정이 없겠는가?"라는 말을 인용하였다.[65]

주자나 율곡의 리기론에서 리와 기는 형이상학적 개념으로서 아리스토텔레스적인 의미에서의 '형상'과 '질료'이다. 또 화이트헤드의 과정철학에 비교하면 '영원한 객체'와 '현실적 존재'에 각각 해당된다. 그러므로 주자가 비록 '리에 동정이 있으므로'라고 한 것은 기(질료)에 대한 리의 형상성, 현실적 존재(기)에 대한 영원한 객체의 진입(ingression)이라는

61) 『율곡전서』 권10, 26면, 「답성호원」.
62) 『갈암집』 권18, 16면, 「書辨」.
63) 동서, 권8, 12-13면, 「答申明中」.
64) 『주자대전』 권56, 「答鄭子上」.
65) 『갈암집』 권18, 17면, 「書辨」.

관계를 말하고 있는 것이다. 또 리기론에서 기는 자체 운동성이 있는 것은 마치 현실적 존재가 존재의 기본적, 최종적 구성체로서 자체 운동인에 의하여 모든 소여(datumm)를 자료로 하여 자기를 실현하고(존재하고) 소멸하여서는 다시 다른 존재의 소여가 되어 객체적 불멸성을 갖는 그 자체 '동적인 존재' 인 것과 같다(질료는 자체 운동성이 없다는 데서 이와는 다르다고 할 수 있다). 이러한 것을 리기론에서는 리는 '소이(所以)', 기는 '기자이(機自爾)' (기틀이 스스로 그러함)라고 그 속성을 표현한 것이다. 그러므로 주자의 말을 문맥만 보아서 리기선후를 논하면 안 된다. 또 추뉴와 근저 역시 영원한 객체로서의 리의 이데아성, 형상성을 말하는 것이므로 갈암의 비판과 같이 율곡이 '기자이' 라고 했다고 하여 율곡의 리가 '허무공적한' 것이 되는 것은 아니다.

갈암과 같은 비판이 나온 것은 리기를 도덕론에 전용할 때는 가치 실재론의 관점에서 리기를 보기 때문에 리의 주재성, 작용성을 강하게 의식하게 된다. 그 결과 '소이' 라는 형상성, 원리성에 만족하지 못하게 된다. 그리하여 주리론자에게 있어서 리는 이데아성, 형상성의 구체적 '이 세계에서의 내재성', '실제적 작용성' 을 강조하게 된다. 율곡의 '소이성' 이 리의 '초월적 측면' 이라면 주리론자의 '작용성' 은 리의 '내재적 측면' 이라고 할 수 있다. 그러므로 과정철학의 신이 양극성(dipolarity)을 갖는 것과 같이 성리학의 리(태극) 역시 초월-내재의 이중성을 갖는다고 할 수 있다.

갈암은 율곡의 칠정 이외에 사단이 없으므로 사단칠정을 리기호발로 규정하는 것은 잘못이라는 비판[66]에 대해 퇴계의 설을 옹호하며 말하기를

사단의 발은 보편적이어서 불선이 없으므로 천하에 통하니 이것이 그(퇴

66) 『율곡전서』 권9, 35면, 「답성호원」.

계-필자)가 리발이라 이르는 까닭이다. 칠정에 있어서는 범인의 기쁨이란 사사로운 기쁨이요, …… 욕이란 사욕이다. …… 칠정의 발은 사사롭고 혹 불선하여 사람마다 각기 다르다. 이것이 그(퇴계-필자)가 기발이라 이르는 까닭이다.[67]

라고 하였다. 또 그는 말하기를 "사단은 리에서 발하여 모든 사람이 다 같고, 칠정은 형기에서 발하는 것이어서 개인적인 것이니 비교하여 같다고 할 수 없다."라고 하였다.[68] 그러므로 그는 율곡이 '칠포사(七包四)' (칠정 밖에 사단이 따로 없다)의 논리에 의하여 칠정을 사단에 배속하는 설 역시 강하게 비판하였다.[69]

율곡은 퇴계의 호발설은 우리 마음에 두 근본이 있는 것처럼 비친다고 하면서 "칠정만 그런 것이 아니라 사단 역시 기발리승(氣發理乘)이다."라고 하면서[70] 어린아이가 우물에 빠지는 것〔孺子入井〕하는 것을 보는 것을 '기발' 이라고 하며 예로 들었다. 이에 대해 갈암은

퇴계가 사단이 성에서 발하는 것은 심중의 본래의 리가 발하여 측은 등의 정이 되는데, 그 발이 형기와 섞이지 않는다는 것을 말한 것이지, 느끼지〔感〕 않고 스스로 발한다는 것을 말한 것이 아니다.[71]

라고 설명하였다. 즉 그는 '마음 가운데의 리' 가 발하는 것을 퇴계의 '리발' 로 해석하였다. 그러면서 퇴계가 리기가 서로 필요하다〔理氣相須〕는

67) 『갈암집』 권19, 3면, 「愁州管窺錄」.

68) 동서, 권11, 23면, 「答李國材」.

69) 동서, 권18, 11면, 「서변」.

70) 『율곡전서』 권10, 5면, 「답성호원」.

71) 『갈암집』 권8, 32-33면, 「答丁君翊」.

말을 했음을 들어 퇴계의 입장을 옹호하였다. 현실적으로 본유지리가 형기의 간섭 없이 발하는 것이 과연 가능할 수 있느냐 하는 문제가 있다. 이는 어디까지나 덕의 선험성을 말한 것으로 맹자의 성선설 입론과 취지를 같이하는 것이다.[72] 그러나 이러한 입장은 칠정의 선한 면을 폄하하는 우를 범하게 된다.[73]

또 그는 퇴계의 리기호발설을 '입론의 두 가지 양식' 이라는 측면에서도 고찰하였다. 즉 그는 말하기를

> 만약 분별설(分別說)에 따라 말한다면 이러한 두 가지 방식의 말이 있는데, 이것은 사단리발-칠정기발의 징험이 될 수 있다.[74]

라고 하였다. 이는 퇴계 호발론이 갖는 또 하나의 의미인데, 그것은 도덕적 입론은 불가불 선-악 대립적으로 말하지 않을 수 없다는 것이다. 퇴계가 리기상수를 말하면서 호발을 주장한 이유가 거기에 있는 것이다. 위에서 '분별설에 따라 말하면' 하는 것이 바로 선-악 대립 입론 양식을 말하는 것이다.

퇴계는 일찍이 사단과 칠정을 말하면서 사단-칠정의 관계는 인심-도심의 관계와 같다고 하여 별문제가 없었으나, 율곡은 퇴계의 이러한 설을 비판하면서 자신은 '인심도심종시설(人心道心終始說)' 을 주창하였다. 이는

---

72) 덕의 선험성을 강조하거나 맹자의 성선설과 같은 것은 본체론적 윤리설 또는 절대론적 윤리설이라 할 수 있는데, 이는 원칙적으로 인정될 수밖에 없다. 다만 이 도덕설의 난점은 칠정이라는 현실적 정서를 직시하지 못하는 데 있다. 다시 말하면 칠정의 선한 면을 사단과 다르다고 간주함으로써 도덕의 현실성을 놓친다는 것이다. 한편 오히려 사단이라는 매우 추상적인 데 얽매이는 우를 범하는 약점이 있다.

73) 갈암은 "(율곡처럼) 사단을 칠정 중의 선 일변으로 보게 되면 이는 천리를 인욕 중에서 구하는 것이 아닌가?" 라고 말하고 있다. 『갈암집』, 권8, 32-33면, 「답정군익」.

74) 동서, 권13, 9면, 「답신명중」.

물론 심의 활동을 정이라는 정감 이외에 '의(意)'라고 하는 심리작용〔計校商量〕까지 합쳐서 보고 인심과 도심의 상호 전환을 말함으로써 현실적인 도덕활동, 즉 의지의 작용으로 노력하는 면을 강조하려 한 것이다. 그러면서 그는 인심-도심을 상호 대립적인 가치로 보기도 하였다. 즉 그는 "칠정은 인심과 도심을 합하여 말한 것이다."라고 하고,[75] 또 "기가 이미 작용하면 인심인데, 칠정의 선악을 합한 것이다."라고 하였다.[76] 율곡이 칠정이 사단을 포함한다고 한 논리대로라면 인심이 도심을 포함하는 것이 되어 칠정이 인심이 되어야 하는데, 그는 칠정은 인심과 도심을 합한 것이라고 한 것이다. 이는 인심과 도심을 상대적으로 보는 증거이다.

갈암은 이러한 율곡의 인심도심설의 모순을 지적하기를

> 칠정이 사단을 포함하는 것은 인심과 도심을 상대적으로 말하는 것과 다르다고 해 놓고 또 도심은 칠정 가운데 선 일변이다라고 하였으니 이는 서로 모순된다.[77]

라고 하였다. 그리하여 갈암은 율곡의 종시설과는 달리 인심-도심은 근원적으로 처음부터 각각 본성〔性命〕에서 발하고 육체〔形氣〕에서 생하는 것이라고 하였다.[78] 이것 역시 퇴계 호발설의 관점 그대로이다. 율곡이 이와 같이 비판을 받은 것은 율곡이 인심-도심을 상대적으로 보면서도 칠정이 전부 악이 아닌 것과 같이 인심을 전적으로 악이라 할 수 없는 성리학의 선악관에서 유래하는 것이다. 즉 성리학에서 악은 절대악이 아니라

---

75) 『율곡전서』 권10, 7면, 「답성호원」.

76) 동서, 권9, 36면, 「답성호원」.

77) 『갈암집』 권18, 11면, 「서변」.

78) 동상.

불완전한 선, 소멸되는 과정에 있는 선의 결핍태로 보기 때문이다. 그러므로 율곡의 종시설도 이러한 선악관의 반영인 것이다. 즉 인심이나 칠정을 잘 컨트롤하여 선으로 돌리는 노력을 배제할 수 없었던 것이다. 그리고 갈암이 원초적으로 인심과 도심이 나뉜다고 한 것은 도덕적 입론상 또한 불가피한 것이다. 이러한 상충하는 두 가지 문제가 인심도심설에 원래부터 개재되어 있었던 것이다.

갈암에 와서 율곡의 리기론에 대한 비판은 성리학의 리의 의미를 사실은 잘못 본 것이며, 율곡 사칠론및 인심도심론에 대한 비판은 율곡의 '사칠배속(四七配屬)'의 모순, 종시설로 인한 모순을 잘 지적했다고 볼 수 있다.

3. 밀암 · 대산 · 정재의 성리설

밀암 이재는 갈암의 아들로 부친과 숙부 숭일에게 수학하여 퇴계-학봉-경당-갈암으로 이어지는 영남 호파의 학통을 계승하여 그의 외손 대산을 거쳐 손재-정재-서산으로 학통이 내려갔다. 그는 기호학파에 맞서 퇴계의 주리설을 옹호, 천명하는 데 주력하였다.

그는 기본적으로 리기론의 제일원칙인 '리기불상리잡'을 인정하였다. 즉 그는 말하기를 "리가 기를 벗어나 독립할 수 없다. 이로써 말하면 리기가 원래부터 서로 떨어지지 않는다."라고 하고,[79] 또 "무릇 리를 말할 때는 반드시 기에 나아가 리를 밝혀내어야 한다. 리가 기를 떠나지 않으면서 또 서로 섞이지 않는 것을 안 연후에 거의 틀리지 않을 것이다."라고 하였다.[80] 기본적인 인식은 그러하지만 그는 리의 주재성(존재론적)과 순

79) 『밀암집』 권6, 12면, 「答權方叔」.

80) 동서, 권23, 38면, 「自序」.

수성(도덕론적)을 강조하고자 하였다. 그러므로 그는 말하기를

> 리기를 함께 말하여 혼란을 초래하기보다 차라리 리만 말하고 기는 말하지 않음으로써 스스로 맹자가 성선을 말한 뜻에 따르고자 한다.[81]

라고 하였다.

그의 이러한 기본 시각은 부친을 계승한 것으로 특히 『태극도설』의 "태극이 동하여 양을 낳고"의 문구와 주자의 "리에 동정이 있으므로 기에 동정이 있다."라는 말[82]에 근거하여 리 스스로에 운동성이 있다고 주장하였다. 그는 말하기를

> (위의 주렴계와 주자의 말을 인용한 다음) 이것은 그 동정이 리에 있고 기에 있지 않음을 미루어 알 수 있다. 리는 감정도 운동도 없지만 그 어찌 한 덩어리 죽은 물건으로서 정(靜)하기만 하고 동(動)할 수는 없고, 또 그 발동〔發〕은 기의 작용이겠는가?[83]

라고 하였다. 또 그는 말하기를 "주자가 말하기를 리에 스스로 동정이 있다고 했는데, 왜 기에 관계되는가?"라고 하기도 하였다.[84]

그러므로 밀암은 이러한 관점에서 여헌(旅軒) 장현광(張顯光)과 같이 "사단과 칠정이 다 리의 발이다."라고 한다면[85] '발하는 것은 모두 기이

---

81) 동서, 권23, 37면, 「자서」.

82) 『주자대전』 권56, 「답정자상」.

83) 『밀암집』 권3, 7면, 「答權地主以鎭」.

84) 동서, 권6, 7면, 「답권방숙」.

85) 여헌이 '氣發理本'의 입장에서 "사단과 칠정은 모두 리가 발한 것이다. 왜냐하면 칠정은 性의 用이기 때문이다."라고 하였다. 『여헌성리설』, 권4, 54면, 「歷引經傳」.

다' 라고 하는 것과 같아서 기를 보고 리로 여기는 병폐나 인욕을 보고 천리로 여기는 병폐에 빠지게 된다고 하였다.[86] 이와 같이 그는 존재론에서 리동을 주장하고 도덕론에서는 리발을 주장하여 퇴계의 호발설을 부친 갈암을 이어 충실히 계승하였다.

대산 이상정은 밀암의 외손으로 14세부터 외조부에게 사사하였다. 세상에서 그를 '소퇴계' 라고 할 정도로 퇴계의 설을 계승하여 주리파의 형성, 발달에 크게 기여하였다. 그는 리기론의 중요 명제인 '리기동정' 이나 '리기선후' 등에 대하여 그 양면성을 잘 파악하여 그 본래적 의미를 이해하는 것이 중요하다고 하며 매우 합리적인 태도를 가지고 있었다. 즉 그는 말하기를 "주자가 '리에 동정이 있으므로 기에 동정이 있다. ……' 라고 한 것은 주리(主理)로써 동정을 말한 것이고, 또 주자가 '태극이 동정을 포함한다거나 태극에 동정이 있다고 하면 옳으나 태극이 곧 동정이라 하면 안 된다.' 라고 한 것은 주기(主氣)로써 동정을 말한 것이다. 이와 같이 양면으로 보아야 두루 갖추어지는 것이다. 청대장(淸臺丈; 權相一)은 리에 동정이 있다고 하는 것만을 주로 하고 기동(氣動) 일변은 말하지 않았다. 그렇다면 주자의 두 번째 말과 퇴계 선생의 '기가 동함에 리가 따라서 나타나니, 복괘(復卦)에서 천지의 마음을 본다고 한 것이 이것이다.' 라고 한 것은 모두 없어지게 된다." 라고 하였다.[87] 이것은 권상일이 '리유동정' 과 '리선기후' 에 편중하여 '리생기' 를 주장한 데 대한 비평에서 나온 말이다.[88]

---

86) 『밀암집』 권3, 32면, 「答李國材」.

87) 『大山集』 권7, 6면, 「答李仲久守恒 별지」.

88) 권상일은 퇴계의 문인 松巢 權宇의 5대손으로 안동에 살았는데, 대산과 논쟁하였다. 그는 '리생기' 의 리의 능동성을 주장하는 주리설을 전개하여 '理主氣資' 의 관점을 가졌던 대산과 논쟁하였다.

그는 리기 관계를 비교적 균형 있게 보려하였다. 즉 그는 말하기를 "천지 사이에는 리기의 동정만이 있을 뿐이다. 리라는 것은 동정을 주재하는 묘한 것이요, 기는 도와서 동정하는 질료〔資具〕이다. 그러므로 주재하는 묘에 근거하여 말한다면 능히 동정하는 까닭과 동정이 그 질서를 잃지 않는 것은 모두 이 리의 본연한 묘이다. 그 질료를 제공하는 형세로서 말한다면 동은 곧 양의 열림이요 정은 곧 음의 닫힘이다. 음양은 다 형이하자이지만 리는 그 위에 타고 그 운용의 묘를 발휘하게 하는 주재이다."라고 하였다.[89] 그는 이와 같이 리기를 '주재지묘(主宰之妙)'와 '동정자구(動靜資具)'로 보았다.[90] 요약하면 '리주기자(理主氣資)'라고 할 수 있다. 이는 대산이 리기를 비록 균형 있게 보았다고 하지만 율곡류의 리의 '소이(所以)'라는 형상성에 만족하지 않고 퇴계 주리설의 입장에서 리의 작용성을 보다 더 강조하고자 하는 의도가 있다. 리기 관계만 균형 있게 본다면 리기의 역할을 어떻게 표현하든 상관없을 것이다. 대산의 '리주기자'에서 퇴계 주리설의 계승을 볼 수 있다.

그러므로 그는 율곡류의 설을 비판하여

> 근세에 리기를 말하는 자는 주로 불상리를 주로 하니, 리를 거의 말라 죽은 물건으로 인정하고 동정합벽은 기의 기틀이 스스로 그런 것이라 한다. …… 만약 리와 기를 서로 대립시켜 각자 발용한다고 하면 이 역시 잘못이다.[91]

라고 하였다. 더 나아가 그는 리의 주재성을 강조하여 리를 '활물(活物)'

89) 『대산집』 권39, 8면, 「理氣動靜說」.
90) 이에 대한 원문은 "理也者, 所主以動靜之妙也, 氣也者, 所資以動靜之具也."인데, 이를 특징을 살려 요약하면 이렇게 말할 수 있다.
91) 『대산집』 권6, 19면, 「답권청대상일」.

(살아 있는 사물)이라 하였다. 즉 그는 말하기를

> 리는 활물이다. 비록 기를 타고 동정한다고 하더라도 그 운용의 묘를 발휘함은 리의 지극히 신묘한 작용이다. 그러므로 하지 않으면서 하는 것이라 무위가 아주 없는 것이 아니며, 주재하지 않으면서 주재하므로 주재가 없는 것이 아니다.[92]

라고 하였다. 여기에서도 대산의 퇴계 주리설의 계승을 볼 수 있다.

사단칠정설에 있어서도 그는 혼륜과 분개로써 설명하면서 어느 한 편에 치우치면 안 된다고 하였다. 즉 율곡의 혼륜설(混淪說; 섞어 말함)과 권청대의 분개설(分開說; 구분하여 말함)이 다 잘못되었다고 하면서 그는 말하기를 "저들이 리기의 떨어지지 않음만 보고 사단도 기발이라고 한 것은 하나만 알고 둘은 모르는 것이다. 그 폐단은 '구분이 없는 것' 이다. 한편 또 어떤 사람은 분개를 주로 하여 서로 통일하여 보지 않고 칠정을 성(性)의 발(發)이라 할 수 없다고 하는데 이는 다름만 보고 같음은 모르는 것이니, 그 폐단은 실정에 어두워 참되지 않은 것이다."라고 하였다.[93]

그리하여 그는 더 나아가 율곡의 문도들이 혼륜론을 강조하므로 부득이 잘못을 바로잡지 않을 수 없다고 하면서 퇴계의 분개설의 입장을 지지하였다. 즉 그는 말하기를

> 사단은 기의 수반이 없지 아니하나 천리가 주인이 되고 기는 객이 되며, 칠정에서는 리의 타는 바가 없지 아니하나 형기가 주인이 되고 리는 객이 된다. 그 객과 주인으로 드러남에 어찌 나누어지지 않겠는가?[94]

---

92) 동서, 권40, 23면, 「讀聖學輯要」.

93) 동서, 권39, 26-27면, 「사단칠정설」.

라고 하였다. 또 그는 말하기를

일을 따라 느껴 감에 서로 자승(資乘; 바탕이 되고 타기도 함)하니, 다만 그 가운데 주리 · 주기의 나뉨을 볼 수 있을 뿐인데, 어찌 두 갈래가 있다고 의심하겠는가?[95]

라고 하였다. 여기서 "어찌 두 갈래 ……"라고 한 것은 율곡이 퇴계의 호발설을 비판하여 한 말이다. 그가 율곡을 비판한 논리는 매우 정당하다. 왜냐하면 그는 혼륜과 분개의 두 관점이 필요함을 역설함과 동시에 퇴계 분개설의 의미를 정확히 해석해 내었기 때문이다. 그가 위의 말에서 "사단은 기의 수반이 없지 아니하나"라고 한 것과 "칠정은 리의 승재가 없지 아니하나"라고 한 것은 분명 '존재'에 있어서의 리기 관계를 말한 것이고, 그다음 '주객론'으로써 분개를 설명한 것은 '가치입론'을 설명한 것이다. 물론 그가 가치적 입론에서의 리기 분개설과 존재의 설명에서의 리기혼륜설의 특성을 오늘날 철학에서와같이 깊이 인식하고 있었다고 보기는 어렵지만, 혼륜-분개의 두 관점(설명법)은 분명 퇴계의 호발설을 해석하는 중요한 무기가 된 것은 틀림없다. 이 점에서 대산은 뛰어난 퇴계 계승자라고 할 만하다.

정재 유치명은 대산 이상정의 외증손으로 퇴계학파 호파의 학맥을 계승하였다. 대산의 문인 손재 남한조에게 사사하였으며 입재(立齋) 정종로(鄭宗魯)에게도 배웠다. 문하에 응와 이원조, 서산 김흥락 등이 배출되었다.

---

94) 동서, 권20, 24면, 「答李希道」.

95) 동서, 권39, 26면, 「사단칠정설」.

그는 대산의 학설을 계승하여 리를 '활물'이라 규정하고, 리 자체에 동정의 작용성이 있다고 하였다. 즉 그는 말하기를

> 기의 동정은 반드시 리에 의존하니, 리의 동정은 기를 기다림이 없다. (……) 만약 리에 동정이 없다고 한다면 리를 죽은 재와 같은 것〔死灰無情〕으로 인정하는 것이니, 기는 곧 근원이 없는 동정이 된다. 이 리는 활물이다. 양양히 유동하고 충만하여 있지 않은 곳이 없으니 어찌 무위이겠는가? 그러므로 '천도가 유행하여 만물을 기른다' 했으며, '한번 음하고 한번 양되게 하는 것을 도라고 한다'라고 했으며, '태극이 동하여 양을 생하고 정하여 음을 생한다'고 한 것이다. 여기서 소위 도나 태극은 리를 말한 것이다. …… 동하여 양을 생하고 정하여 음을 생한다고 말한 것은 리가 동정함을 직접 말한 것이다.[96]

라고 하였다. 여기서 정재가 말하고자 하는 것은 존재론에서의 리의 작용성을 강조하려는 것이다.

그는 또 심성설에 있어서 리발의 의미를 이렇게 해석하였다. 즉 그는 말하기를

> 사단의 발에 있어 '리는 스스로 발할 수 없으며, 발하게 하는 것은 기이다'라고 한다면 이는 '천도가 유행이 아니고 유행하는 것은 음양이며, (천도가) 음하게 하고 양하게 하는 것이 아니고 바로 음양이 그렇게 하는 것이 되니, 리를 해침이 심하지 않은가?[97]

96) 『定齋集』 권19, 3면, 「理動靜說」.

97) 동상. 今於四端之發, 獨曰理不能自發, 發之者氣也, 是將曰天道非流行也, 流行者陰陽也, 非陰之陽之也, 乃陰陽爲之也, 是不亦害理之甚乎?

라고 하였다. 여기서는 사단의 문제에서의 '리발' 의 의미를 존재론적으로 보는 모순이 있지만, 여하튼 정재의 의견은 리가 '자발(自發)한다' 는 데 있다.

퇴계의 호발설이 약간의 입론상의 오해를 빚는다는 것을 기호학파에서 공격하자 이에 대해 반론을 펴려는 영남학파에서는 존재론과 도덕론을 구별하지 않고 '리자발' (또는 能發能生)의 문제를 옹호할 필요가 있었다. 그런데 율곡류의 리기상함론(理氣相涵論; 理氣不相離雜論)은 리의 원리성을 강조한 관계로 리의 '작용' 이 선명히 드러나지 않는 느낌을 주었다. 즉 리는 기에 어떤 '적극적 역할' 을 하는가? 하는 문제가 리의 '소이' (까닭)만으로는 잘 납득이 되지 않았던 것이다. 과정철학에서처럼 '영원한 객체' 와 '현실적 존재' 사이의 관계에 대해 정밀한 설명이 없었던 리기 관계는 보는 관점에 따라 리의 작용을 강조할 수도 있는 것이다. 그 표현에서도 '리자발' 이라고 하든 '능발능생' 이라고 하든 별문제는 되지 않는다고 생각한다. 또 리기 관계 설명에 한문(漢文)식 표현이 가지는 특성과 한계가 있기 때문에 리의 능동적 작용을 강조하는 주자의 말에 집착할 수도 있는 것이다. 그러나 문제는 리기를 논할 때 반드시 리기의 '불상리잡' 하는 관계를 균형 있게 논해야 하는 점이 중요하다. 또한 사단칠정과 같이 도덕적 가치의 문제를 논할 때는 율곡이 비판한 "호발설은 마음에 두 근본이 있는가 오해할 소지가 있다"는 말에 대해 해명할 수 있어야 한다. 그리고 리기 개념은 존재론적 개념이므로 이것을 도덕론에 전용하여 쓸 때는 율곡의 비판과 같은 문제가 생긴다는 것에 대해서도 인식하고 있어야 한다.

퇴계 후계자들은 이러한 점에 대해서는 명확히 인식하지 못하였던 것 같다. 다만 대산의 경우 비교적 높은 안목을 가지고 리기 관계를 균형 있게 논한 것 같다. 정재의 경우는 대산을 계승했다고 하지만 어느 한 편으로 치우친 감이 있다. 이것은 말하자면 '리본주의(理本主義)' 라고 표현할 수 있겠다. 정재의 이러한 리본주의가 나올 수 있는 것은 또 성리학에서 태극과 리가 별 구분이 없다는 데 그 원인이 있다. 태극은 '여러 리의 총합' 〔衆理之總名〕이라고 하는 바와 같이 개별적인 존재의 리 보다 포괄적인 의미만 있지 리와 태극과의 관계는 설정되어 있지 않다. 이는 성리학은 무신론으로서 태극이라는 최고 궁극자를 상정하는 데 그치고, 이것과 개별 리와의 관계는 자세하게 설정할 필요를 느끼지 못하였던 것 같다. 다만 태극이 개별 사물의 리에 내재되어 있다는 일종의 '종교적' 언명에 그치고 있다(統體太極 - 各具太極; 月印萬川). 이와는 대조적으로 과정철학은 영원한 객체와 신(God)의 관계가 철학적으로 잘 설명되어 있으므로 영원한 객체와 현실적 존재와의 관계도 따라서 명확히 설정될 수 있었다. 다카하시 도루(高橋亨)가 정재의 성리설을 평하여 "리의 신묘한 작용을 역설하여 리를 우주의 주체로 삼았다." 고 한 것[98]도 그러한 맥락이다. 성리학에서 리라고 할 때 어떤 것을 가리키는지 잘 분별해야 한다.

그의 이러한 리본주의의 관점은 명덕설(明德說)에서도 나타나고 있다. 그는 말하기를 "명덕이라 하면 심 위에서 도리가 광명하게 비추는 곳을 말한 것이니, 이는 모두 리기를 합한 가운데 리를 주로 하여 말한 것이다."라고 하였다.[99] 일반적으로 심이나 명덕은 리기의 합으로 생각해 왔는데, 그가 명덕이라 할 때는 리를 강조하여 말한 것이라고 한 것은 주리적 관점을 나타낸 것이다. 이것이 나중에 한주 이진상이 '심즉리' 를 주장하는 데 영향을 주었을 것이다.[100]

98) 다카하시(高橋亨), 「이조유학사에 있어서의 주리파 주기파의 발달」, 『조선지나문화의 연구』 경성제대, 소화 4년, p.232.

99) 『정재집』 권17, 7면, 「讀書瑣語」.

100) 다카하시(高橋亨)는 "정재의 사칠설은 대산의 그것을 계승한 것이지만, 그는 더욱 리에도 동정이 있다고 하는 점을 강조하고, 리의 신묘한 작용을 역설하여 리를 우주

4. 한주 이진상의 심즉리설

한주 이진상은 숙부인 응와 이원조에게 배웠으나 거의 독학으로 학문을 성취하였다. 20세 때에는 도산서원을 참배하고 퇴계를 사숙할 결심을 하였다. 23세 때에는 「이단설(異端說)」을 지어 이단은 공통으로 기를 중시하는 데로 귀착된다고 하며 당시의 주기론을 공격하였다.[101] 그는 퇴계의 호발설을 인정하면서도 사칠 모두 '리발일로(理發一路)' 라고 보았다. 그는 성리학을 연구하되 주자 및 퇴계의 초년, 만년설을 구분하여 만년설만 취하고, 또 객관적인 관점에서 성리설을 연구하였다. 그리하여 그는 수간(竪看), 횡간(橫看), 도간(倒看)이라는 세 가지 인식 방법과 역추(逆推), 순추(順推)라는 두 가지 논리를 창안하였다.[102] 수간은 리의 본체에 나아가 인식하는 방법, 횡간은 리의 발현처에서 인식하는 방법이며, 도간은 사물의 구체적 모습에서 인식하는 방법이다. 순추는 수간에, 역추는 도간과 횡간에 기초한 논리이다.[103] 오늘날 논리로 말하면 역추는 귀납법, 순추는 연역법에 해당한다. 그는 인식의 단계로 먼저 도간으로 여러 사물을 구체적으로 인식하고, 그다음 현상에 나아가 그 현상을 통하여 본원을 유추하며, 마지막 높은 단계로 본원상에서 말할 수 있어야(여기서는 인식이라기보다는 관념적 사유라 할 수 있다) 한다고 했다.[104]

의 주체로 삼았으며, 다시 더 나아가 심의 본체는 리이지 기가 아니라고 하는 점까지 설파하여 다음의 이한주, 곽면우가 창도했던 심즉리의 법문의 기초를 열었다." 라고 하였다. 다카하시, 「이조 유학사에 있어서의 주리파 주기파의 발달」, p.232.

101) 『한주집』 부록, 권1, 5면.

102) 그의 세 가지 인식논리는 숙부 이응와로부터 적지 않은 영향을 받은 것 같다. 유명종, 『한국 유학 연구』(대구: 이문출판사, 1988), pp.344-357 참조.

103) 『한주집』 권7, 41면, 「答沈穉文 별지」.

104) 이한주의 인식논리에 대한 연구는 송찬식, 「조선말기 주리파의 인식 논리」, 『동방학지』 제18집(연세대학교, 1978)의 선구적 업적이 있다.

그는 우리나라의 화담 서경덕, 율곡 이이, 남당 한원진, 외암 이간, 창계 임영, 녹문 임성주 등의 학설을 주기적이라 하여 배척하였다. 그러므로 후일 고제 면우 곽종석은 말하기를 "한주 이진상이 나와 맹자, 정자(程子)의 유서를 거슬러 올라가고, 주자와 퇴계의 올바른 전통을 연구하여 심즉리의 설을 제창하였다. 그리하여 왕양명의 잘못된 학설과 세간 학자의 (퇴계에의) 왈가왈부를 논파하였다. 이 공을 논하면 오늘날의 정자라고 할 수 있다."라고 하였다.[105] 여기서 그가 양명학도 주기설의 범주에 넣고 있는 것을 알 수 있다.

그는 주자와 퇴계의 입장을 충실히 계승하여 리기론은 '리생기(理生氣)', '리선기후(理先氣後)', '리주기자(理主氣資)'를, 심성설에 있어서는 '심합리기(心合理氣)'를 '심즉리'로 바꾸어 주장하였다. 그는 말하기를

> 리는 없는 것 같으나 있고, 허한 것 같으나 실하다 …… (리에는) 먼저 소이연(所以然)이 있고, 이것이 소당연(所當然)에 나아가고, 소당연이 있으면 소능연(所能然)에 나아간다. (……) 지금 학자는 다만 소이연 한 구절만 지키고, 능연에 나아가면 바로 기라고 한다. 이는 소견이 형이하의 그릇〔器〕에 얽매어 미묘한 기틀(즉 리)을 모르는 것으로 한탄스럽다.[106]

라고 하였다. 또 그는 말하기를

> (『태극도설』의) 동하여 양을 낳고, 정하여 음을 낳는다는 것은 리의 동정이고 기의 동정이 아니다. 따라서 동정은 음양의 근본이 되고 태극은 동정의 주재가 된다. 동정하는 것은 리이다. 단 동정을 태극으로 여길 수 없는 것은 허자

105) 『면우집』 권128, 「心性雜記」.

106) 『理學宗要』 권1, 11면.

(虛字)를 가지고 실체(實體)에 해당시켜야 하기 때문이다.[107]

라고 하였다. 또 그는 "양이 동하고 음이 정하는 곳에서 말하면 동정하는 것은 기이나, 먼저 태극을 말하면 동도 리의 동이며 정도 또한 리의 정이다."라고 하였다.[108] 이상은 『태극도설』과 『역』의 태극의 '동'과 '생'의 문제를 한주가 해석한 것인데, 그는 태극의 '본원에서 말하면' 동정 자체가 리의 동정이라는 것이다. 종전에는 동정하는 작용 그 자체는 음양이고, 그 원인을 추구하여 '동정이 있게 한 것'으로 태극을 상정하였다. 그러나 한주는 태극의 동정, 즉 태극의 '유행'을 말하고자 하는 것이다. 이는 마치 '신의 이 세상에서의 역사(役事)하심'과 같은 논리이다. 여기서 주리론자들이 겨냥하는 바를 충분히 알 수 있다. 그러므로 그는 말하기를

음양이 아직 생기지 않았을 때는 태극이 스스로 동정하고, (태극이) 음양을 낳아 음양이 이미 있으면 태극이 음양을 타고 동정을 묘하게 하는 것이다.[109]

라고 하였다. '동정을 묘하게 한다' 하는 것이 '신의 이 세상에서의 역사하심'이다.

그리하여 한주는 "리는 …… 주재가 되어 동정의 묘(妙)이고, 기는 …… 질료가 되어 동정의 도구이다."라고 하고,[110] 이러한 주리론을 주장한 한주는 퇴계처럼 리의 작용을 체용으로 설명하였다.[111] 또 '리선기후'는 논리상으로 그렇다는 것이지 실제 사물상 선후가 있다는 것은 아니라고 하

107) 『한주집』 권7, 8면, 「與柳仲思 별지」.
108) 『리학종요』 권1, 19-20면.
109) 『한주집』 권15, 14면, 「答許退而 별지」.
110) 동서, 권11, 26-27면, 「答金聖汝」.
111) 동서, 권23, 24면, 「答張舜華 별지」.

였다.[112] 그는 또 논리적으로 따지면 리가 기를 낳으므로 선후가 있다고 하였다〔推其所從來, 則理生氣, 所以有先後也〕.[113] 그러므로 한주에 있어서 리선기후론도 초월적인 리의 실제적 작용성(즉 이 세계내의 내재성)에 있다. 원래 무신론인 성리학에서 태극이 최고 궁극자이므로 이러한 태극을 상정하여 주리론을 주장하면 리의 주재성이나 '추뉴근저성(樞紐根柢性)'은 유신론의 신의 '창조성'과 비견될 수 있다. 그러므로 이런 점에서 주리론자가 리의 '소이성'에 만족하지 않고 리의 주재성과 작용성(추뉴근저성)을 강조하려는 의도는 충분히 이해할 수 있다.

그의 이러한 태극론, 리기론은 심성론에도 그대로 반영되어 퇴계의 호발설을 지지하면서 더 나아가 호발도 결국 '리가 기를 타고 발현한다'고 보았다. 그는 말하기를

> 호발이라 하더라도 리기가 각각 발한다는 것이 아니다. 발현하는 곳에서 볼 수 있는 것은 기이나, 기가 나옴〔生〕은 또한 리에 근본하는 것이니, 발하는 바를 가리키면 정황이 여러 가지이나 어느 것이 리에서 발하는 것이 아니리요?[114]

라고 하였다. 여기서 한주가 말한 모든 정이 리발이라 한 것이 앞의 '리승기이발(理乘氣而發)'하는 것으로 이러한 '리발일도설(理發一途說)'은 호발론을 부정한 것이 아니라 더 발전시킨 것이다. 이는 존재론에서의 '리생기설(理生氣說)'과 궤를 같이하는 것이다. 그는 호발설과 자기의 리발일도설은 서로 모순되는 것이 아니며, 퇴계의 본의라고 하였다.[115] 그러나 한

112) 『辨志錄』 권2.

113) 『리학종요』 권1, 32면.

114) 『한주집』 권32, 18-19면, 「四七原委說」.

주의 이 설은 퇴계의 호발설을 옹호하는 가운데서 더 부연한 것이기는 하나 리발일도설은 결국 '성발위정(性發爲情)' (성이 발하여 정이 된다)으로 돌아가고 만다. 다시 성리학 원론으로 돌아가는 토톨로지인 것 같다. 그의 독창설이라고 일컬어지는 '심즉리설' 도 이 연장선상에 있다.

한주는 이러한 리발일도설을 더 철저히 하여 '심즉리(心卽理)' 를 주장하였다. 즉 그는 말하기를

> 심을 논할 때 심즉리 보다 더 좋은 것은 없고, 심즉기보다 더 나쁜 것은 없다. 저 심즉기의 설은 진실로 근세 유현(율곡 - 필자)으로부터 나왔는데, 세상에서 많은 학자들이 추종하였다. 소위 심즉리는 양명 같은 이가 미친 듯이 한 주장으로 우리 학문을 하는 자들이 배척했는데, 지금은 그 반대이니(반대로 양명과 비슷한 심즉기를 추종하니) 무슨 이유인가?[116]

라고 하였다. 그가 심즉리를 주장하는 이유는 그의 다음 말을 보면 짐작이 갈 것이다. 즉 그는 말하기를

> 심을 기라고 하면 근본의 도가 기로 돌아가 리는 죽은 것이 되어 공허하게 될 것이다. 성현들은 의리를 주로 하여 심을 말하였는데, 심을 기라 하는 설이 유행하면 성현의 심법(心法)은 헛일이 되고 세상은 혼란하여질 것이다.[117]

라고 하였다. 여기서 한주가 '세상의 혼란' 을 걱정한 것은 퇴계가 리기로 분개 입론하지 않으면 욕망과 금수(즉 氣)에 빠진다고 한 것과 맥을 같이

---

115) 『求志錄』 권12, 「近思錄箚義」.

116) 『한주집』 권32, 1면, 「심즉리설」.

117) 동서, 권32, 4-5면, 「심즉리설」.

한다.

한 가지 부언할 것은 한주는 호발론을 부연하는 과정에서 리기 문제에 대해 종전과는 다른 명제를 제출하였다. 즉 그는 말하기를 "정의 발에 발하는 것은 리요, 발하는 작용은 기이다. 발하는 것은 무엇인가? 발하는 바의 주가 되기 때문이다. 발하는 작용은 무엇인가? 발하는 바의 질료가 되기 때문이다."라고 하였다.[118] 결국 '리주기자' 를 다르게 말한 것인데, 표현이 전래의 성리학 명제 표현법과 달라 오해의 소지가 있다. 한주의 뜻을 감안하여 번역할 수밖에 없다. 이것 역시 '성발위정' 의 원칙에서 부연된 것이라고 할 수 있다.

한주의 성리설은 이와 같이 퇴계의 호발설을 옹호하기 위하여 자기 나름으로 새로운 설명을 해나갔는데, 정이 다 리에서 발한다는 '리발일도설' 은 성리학 심성론의 원칙의 토톨로지에 불과하고, 그것의 확대로서의 '심즉리설' 은 왕양명의 그것과 이름이 같아 명실이 상부하지 않아 새로운 내용을 잘 나타내기가 오히려 어려웠고, '발하는 것은 리이고 발하게 하는 것은 기이다〔發者理也, 發之者氣也〕' 라는 설도 앞의 설의 연장선상에서 나온 것인데, 그 표현상 오해의 소지가 있다고 할 수 있다. 그러나 표현상의 문제를 잠시 접어두면 한주의 주리론은 퇴계 도덕론의 정신을 계승하는 과정에서 리의 주재성의 강조와 리의 '발현' 이라는 작용을 강조하고자 한 것임을 알 수 있다. 이는 신의 이 세상에서의 역사하심과 같이 신의 내재성, 즉 태극의 내재성을 강조하고자 하는 취지라고 볼 수 있다.

---

118) 동서, 권19, 12면, 「答郭鳴遠疑問」: 凡情之發, 發者理也, 發之者氣也, 發者何, 以其爲所發之主也, 發之者何, 以其爲所發之資也.

5. 결어

퇴계 이후 약 100여 년이 지난 뒤 기호학파에서 퇴계 입론의 잘못을 논하게 되자 영남학파에서도 퇴계 성리설을 옹호하고 변명하기 시작하였다. 처음 갈암이 학파 의식을 가지고 율곡설을 비판하며 퇴계설을 옹호하였다.

갈암은 존재론에서는 율곡류의 '소이'의 원리성에 만족하지 않고 리의 유행발현으로서의 '작용'을 가지고 퇴계의 '리동'을 해석하였다. 또 퇴계의 호발을 사단-공적, 칠정-사적의 도식과 분개설이라는 대립 입론법을 들어 옹호하는 한편, 호발설의 리발을 '마음 가운데의 리의 발동'로 해석하였다. 그러나 갈암의 율곡 리기론에 대한 비판은 성리학의 리의 의미를 잘못 본 것이며, 율곡 사칠론(특히 사칠배속) 및 인심도심론에 대한 비판은 예리한 지적이라고 할 수 있다.

밀암은 존재론에서 리동을 주장하고 도덕론에서는 리발을 주장하여 퇴계의 호발설을 부친 갈암을 이어 충실히 계승하였다. 그는 리의 주재성과 순수성을 강조하고자 하였다

대산은 리기 관계를 비교적 균형 있게 보려 하였다. 그러면서도 리를 '활물', 리기 관계를 '리주기자'라고 하여 주리론을 전개하였다. 사칠론에서도 혼륜·분개 두 입론 방식이 필요하다고 하고, 퇴계 분개설의 의미를 '사칠주객론'으로써 설명하였다. 혼륜·분개법은 분명 퇴계의 호발설을 해석하는 중요한 방법이므로 대산은 뛰어난 퇴계 계승자라고 할 만하다.

정재의 경우 리의 자발론과 리활물론을 가지고 퇴계설을 옹호하였다. 그러나 대산에 비해 한쪽으로 좀 치우친 감이 있다. 그러나 정재가 말하고자 하는 것은 존재론에서의 리의 작용성을 강조하려는 것으로 주리론

이 더 철저화된 결과이다. 그러므로 사단의 문제를 논하면서 '리발'의 의미를 존재론적으로 말하는 모순은 있지만, 여하튼 정재는 리가 '자발한다'는 것을 강조하였다. 이것은 말하자면 '리본주의'와 같은 것이다.

한주는 리기 문제를 해석하는 한 방법으로 수간, 도간, 횡간이라는 인식 방법과 역추, 순추라는 논리를 창안하였다. 그리하여 한주는 존재론에서는 '리생기', '리선기후', '리주기자'를 주장하였고, 도덕론에서는 퇴계의 호발설을 변호하여 칠정도 리의 발이라 하여 '리발일도설'을 제출하였다. 이에서 더 나아가 율곡의 '심은 기이다'에 대항하여 '심즉리'를 주장하였다. 뿐만 아니라 종전의 성리학의 명제인 '발하는 것은 기이고 발하게 하는 것은 리이다〔發者氣也, 所以發者理也〕'와는 달리 '발하는 것은 리이고 발하게 하는 것은 기이다〔發者理也, 發之者氣也〕'라고 반대되는 설을 내세웠다. 이는 리의 주재성과 리의 유행발현의 작용을 강조하려는 주리론의 결과임은 물론이다.

한주의 성리설은 퇴계의 호발설을 옹호하기 위하여 자기 나름으로 새로운 설명을 해나갔는데, 그러나 리발일도설은 결국 '성이 발하여 정이 된다'에 근거하여 말한 것이므로 다시 성리학 원론으로 돌아가는 토톨로지인 것 같다. '심즉리설'도 이 연장선상에 있는데, 이는 왕양명의 심즉리설과 명제가 같아 혼동의 여지가 있다. '發者理也, 發之者氣也'라는 설도 같은 연장선상에 있는데, 그 표현상 오해의 소지가 있다고 할 수 있다. 그러나 표현상의 문제를 잠시 접어두면 한주의 주리론은 퇴계 도덕론의 정신을 계승하는 과정에서 리의 주재성의 강조와 리의 '발현'이라는 작용을 강조하고자 한 것이다. 이는 기독교의 '신의 이 세상에서의 역사하심'과 같이 신의 내재성, 즉 태극의 내재성을 강조하고자 하는 취지라고 볼 수 있다.

이는 퇴계 리동설, 리발설의 또 다른 설명으로서 갈암이 먼저 주장한 리의 '소이성'(형상성)에 만족하지 않고 리의 '추뉴근저성'을 강조하려는 것과 같은 취지이며, 더 거슬러 올라가면 퇴계의 '리의 실재화'에서, 더 근본적으로는 천도(자연법칙)와 인도(인간 규범)를 합일로 보려는 자연법 사상으로서의 성리학 자체의 속성에서 연유하는 것이다. 그러므로 성리학의 리는 과정철학의 신의 양극성처럼 초월성과 내재성이라는 이중성을 갖고 있는데, 영남 성리학파는 퇴계설을 부연하고 옹호하는 과정에서 리의 내재성, 즉 실제적 '작용성'(추뉴근저성)을 새롭게 인식한 데 그 의미가 있다고 할 수 있다.

제4부

율곡 이이와 기호학파의 주자학

8장

율곡 이이의 성리학과 사회정책론

1. 서언

율곡(栗谷) 이이(李珥)는 당시 16세기 후반의 조선조 사회를 경장기로 파악하여 제도 개혁을 해야 한다고 생각하였다. 그의 이러한 현실주의적, 상황주의적 정치론은 '기(氣)' 의 변화를 중시하는 그의 성리학과 무관하지 않다. 그러나 그는 당시 제도의 개혁, 즉 '변통론(變通論)' 을 적극 주장하였지만, 그 속에는 '사회정책론' 으로서의 철학이 들어 있다. 그 철학이란 변통론이 가져올 수 있는 지나친 이익 추구 일변도에 따른 부작용, 즉 원리와 원칙의 결여라든가 왜곡된 입법 취지, 또는 사회정의에 부합되지 않는 입법 등 소위 '정의의 망각' 에 대해 크게 경계하는 것이었다.

율곡은 시무책(時務策)을 개진하는 가운데서 말하기를 "도에 있어서는 시비(是 · 非), 일〔事〕에 있어서는 이해(利 · 害)가 병립하기 어려운데, 권도(權道)를 잘 행하여(즉 변통하여) 의(宜; 적의성)에 맞도록 하면 그 가운데 是와 利가 동시 충족된다."고 하였다. 이때 변통을 잘하여 '宜' 에 맞도록 하는 것을 '득중합의(得中合宜)' 라고 하고(이때 中을 얻는 것 자체가 宜에 맞는 것이다), 그러기 위해서는 '나라와 백성을 위한다는 이념'이 있어야 한다고 하였다. 이로써 볼 때 율곡이 말한 宜는 사리(事理), 즉 일의 합리성(적의성)과 아울러 오늘날의 사회 정의(justice)의 이념과도 다소 통하는 그와 같은 사회적 '공익'을 위한 '의리(義理)'를 말하였다고 할 수 있다.[1] 다시 말하면 율곡은 나라와 백성의 공익을 위하여 제도 개혁(변통)을 해야 하고, 그 개혁은 사리와 의리를 그 속에 담고 있어야 된다는 것이다. 그러한 개혁이 다시 더 많은 공익을 산출할 것은 물론이다.

율곡의 사회정책론에 있어서의 이러한 득중합의의 논리는 그의 철학인 성리학에서 연유한다. 그의 리기론(理氣論)이 서화담(徐花潭), 이퇴계(李退溪), 그리고 나정암(羅整庵)까지 두루 비판하면서 주자 리기론의 본질에 접근하려 하였고, 그 결과 그는 리기의 묘한 관계를 '리기지묘(理氣之妙)'라고 하였다. 이는 리 · 기 양자의 '상함(相涵)'의 관계[2]를 간파한 것인데, 이러한 사고방식이 사회정책론에 있어서는 변통론과 득중합의의 논리로 나온 것이 아닌가 생각된다. 이기론뿐만 아니라 '기발리승일도설(氣發理乘一途說)'의 '사단칠정론(四端七情論)'이나 '인심도심종시론(人心道心終始論)'이나 또는 나정암의 '리기일물설(理氣一物說)'에 대한 비판 등에서 그의 사회정책론과 조응되는 사고방식을 찾을 수 있다.

---

1) 여기서 '義理'라고 한 것은 사회적 '정의'의 의미를 나타내고자 한 것이다. 물론 義는 '宜'라고 하는 바와 같이 일의 합리성(適宜性)을 말하나, 유교에서는 언제나 그러한 宜도 보편 진리의 의미가 함축되어 있다는 의미로 '理'자를 덧붙인다.

2) 여기서 '相涵的'이라 한 것은 필자의 용어이다. 리와 기의 관계, 즉 형상(form)과 질료(matter)의 형이상학적 관계를 말한 것이다. 리 · 기 관계를 불교적 용어인 '體用'의 관계 (즉 體用一源 또는 相卽一體)로 표현하기도 적절하지 않고, 또 음-양이나 선-악처럼 '消長' 관계의 논리로도 적절하지 않아 이와 같이 명명하였다. 덧붙여 말하면, 리 · 기를 성리학에서 가치 입론에 대립 개념으로 많이 원용하였는데, 선-악은 일대일 대립이지만, 리-기는 대립 되면서도 '理'는 '純善', '氣'는 '淸 · 濁 · 粹 · 駁'으로 인한 '可善可惡'의 이중성(선에의 가능성)을 잘 나타낼 수 있기 때문이 아니었나 생각된다.

오늘날 선진국치고 법과 제도가 합리화되어 있지 않은 나라가 없는데, 우리는 아직도 사회 합리화는커녕 연고주의에서 벗어나지 못하고 있고, 세계화에 맞춰 개혁을 외치고는 있으나 개혁 정신 자체가 확산되지 못하고 있다. 이러한 현상을 단순히 국민 개개인의 도덕성 부재에 돌릴 일이 아니고, 사회윤리학적으로 접근할 필요가 있다. 즉 올바른 법과 제도의 정비를 통한 국민 의식의 전환이라는 사회정책적인 면에서 접근해야 한다고 볼 때 비록 전근대의 사회정책론이기는 하나 율곡의 사회정책론의 기본 정신을 한 번 경청할 필요가 있겠다.

2. 율곡의 사회정책론 – 변통론과 득중합의론

율곡은 당시 16세기 후반의 조선조를 경장기로 파악하여 제도개혁을 해야 한다고 생각했다. 율곡은 이에 대해 다음과 같이 말하였다.

> 우리 태조께서 개국하시고 세종이 수성(守成)하여 비로소『경제육전』을 마련하였고, 세조가 계승하여『경국대전』을 만들었다. 이는 시대에 따라 제도화한 것이지 선대의 법도를 어지럽게 한 것이 아니다. 지금 폐단이 모두 선대의 법으로부터 나왔다 하더라도 마땅히 세조를 규범으로 삼아 그전 제도를 조금 바꾸어 영구적인 도를 확립해야 하거늘 선대의 법도 아니고 권신이나 간신의 손에서 나왔는데도 그것을 선왕의 헌장처럼 준수하고자 하니 그 이유가 무엇인가?[3)]

3)『栗谷全書』권15, 27면(관심면, 이하 같음)「東湖問答」(이하『栗谷全書』는『율전』으로 약함).

이러한 그의 상황인식은 수기와 치인(治人)의 균형에서 '치인'의 필요성이 좀 더 강조되었다. 즉 그는 말하기를 "수신이 치국보다 앞서지만 그것은 다만 순서가 마땅히 그렇다는 것이고, 만약 수신이 완전하길 기다린 연후에 정치를 하면 덕이 완전하기 전에는 국가를 어디에다 둘 것인가?" 라고 하였다.[4] 그의 정치론 속에서 통치가 통치자의 '수신'의 결과로 나오는 것이 아니라 구체적인 정치적 실천을 통해서 나온다는 것을 말한 것이다. 따라서 율곡의 통치론 속에서 '치인'이 독자적인 영역은 아니지만, 그 자체를 중요시하고 있음을 알 수 있다.

이러한 율곡의 통치론은 상황주의적인 정치론 즉 '변통'을 강조하게 된다. 율곡은 말하기를

> 한 성인이 죽고 나면 반드시 또 한 성인이 연이어 나와 천하를 다스리는데, 때 맞춰 변통하여 백성들을 곤궁하지 않게 한다. 그러나 그 소위 사람 마음에 기인하고 하늘의 이치에 근본한 것은 조금도 바뀌지 않는다. 불변자는 천지의 이치요, 변통자는 고금의 진리다.[5]

라고 하였다. 이러한 변통론은 주자학의 자연법적 지향이 후퇴하고 상황주의적인 발상의 방향으로 나아가고 있는 것을 말해 준다. 이것이 율곡의 정치론에서 리얼리즘의 측면이다.[6]

---

4) 동서, 권25, 67면, 「聖學輯要」.

5) 동서, 권26, 36면, 「성학집요」.

6) 퇴계는 통치론에 있어서 인군의 수신을 법과 제도 보다 더 중시하고 제도 개혁에는 소극적이었다. 다시 말하면 '天地之常經'을 추구하는 전통적인 자연법적 지향이 지배적이었다. 반면에 율곡은 통치자의 통치 기술이라든가 구체적인 정책을 중시하여 자연법적 지향이 희박해지고 상황주의적인 발상을 하고 있었다. 박충석, 『한국정치사상사』(삼영사, 1982), p.37; p.45.

그는 '불변자〔常經〕' 와 '변통' 을 대립시켜 말했지만, 퇴계보다 적극적으로 상황론을 개진함으로써 후기 실학파의 제도개혁론의 선구역할을 한 것이다. 그는 "법(제도)은 때(시대; 상황)에 따라 제정되어야 하고, 때가 바뀌면 법도 바뀌어야 한다."라고 하였고,[7] 또 "정치는 때를 귀하게 여기고, 일은 실질을 힘쓰도록 해야 한다."라고 하였는데,[8] 이것이 그의 정치적 상황론의 요점으로 생각된다.

그의 이러한 상황론적 정치론은 시무책, 즉 사회정책론에서는 이념과 현실, 의리와 이익이 동시 추구되어 보국(保國)과 안민(安民)의 실효를 거두어야 된다는 특색 있는 사회정책론을 낳았다. 그는 다음과 같이 말하였다.

> 때맞춰 中을 얻는 것이 권도이고, 일을 처리하는 데 宜에 합하는 것이 의(義)이다. 권도로써 변화에 응하고, 의로써 일을 마름하면〔制事〕 국가를 다스리는 데 무슨 어려움이 있겠는가?
>
> 도에 있어 병립할 수 없는 것은 是와 非이며, 일〔事〕에 있어 함께 할 수 없는 것은 利와 害이다. 한갓 이해가 급하다 하여 시비의 소재를 고려하지 않는다면 일을 마름하는 義에 어긋나며, 또한 시비를 생각하여 이해의 소재를 살피지 않는다면 변화에 응하는 권도에 어긋난다. 그러나 권도에는 정해진 규칙이 없으니 中을 얻음〔得中〕이 貴하고, 義에는 일정한 방법이 없으니 宜에 합함〔合宜〕이 귀하다. 中을 얻고 宜에 合한즉, 是와 利가 그 가운데 있는 것이다. 진실로 나라를 편안하게 하고 백성에게 이로우면 다 행할 수 있는 일이요, 나라를 편안하게 하지 못하고 백성을 보호하지 못하는 것이라면 다 해서는 안 되는 일이다.[9]

---

7) 『율전』 권5, 13면, 「萬言封事」.
8) 동서, 권5, 12면, 「만언봉사」.
9) 동서, 「습유」, 권5, 26면, 「時弊七條策」.

여기서 율곡이 권도를 말한 것은 그의 변통론과 조응되는 동일한 발상이다. 때맞춰 中을 얻는다는 것은 '시중지도(時中之道)'로서 원칙을 고수하되 고집하지는 말고 그것을 상황에 맞게 적절히 실현한다는 의미이다. 中은 상황에 맞는 도이나, 그 속에는 이미 일의 옳음〔是〕과 일의 합리성(적의성; 宜)이 들어있어야 한다. 그것이 매우 보편성을 가질 때 그것은 또한 '義'라고 할 수 있다. 그러므로 권도나 시중에 있어서 중요한 것은 바로 이 '義'이다.

공자도 말하기를 "군자가 천하의 일을 처리하는 데 있어서 可하다 不可하다 어느 쪽으로 고집하지 않고 오로지 의를 따를 뿐이다."라고 하였다.[10] 의미가 상통한다고 할 수 있다. 이에 대해 주자는 다음과 같은 사씨(謝氏)의 말을 인용하였다. "가하다 불가하다 하지 않지만, 그러나 도로써 삼은 기준이 없으면, 마음대로 하는 것이 되고, 또 노 · 불(노장과 불교)이 자기들은 마음이 집착하지 않으니 변화에 응할 수 있다 하지만 결국 성인의 뜻과는 다르고, 성인의 학문은 가 · 불가 사이에 의가 존재해 있다."[11] 즉 도 없이 자기 임의대로 하는 것과 노 · 불을 가 · 불가의 두 경우에 비교하였다.

또 공자는 당시 일민(逸民; 벼슬하지 않은 자, 은둔자)을 평하면서 모두 일장일단이 있다고 하면서 자기는 이들과 달리 가한 것도 없고 불가한 것도 없다고 하였다.[12] 가 · 불가가 없으니 역시 앞의 경우와 같이 오로지 의를 따를 뿐이라는 의미이다. 이에 대해 주자는 다시 맹자의 말을 인용하여 해석하기를 "맹자가 '공자는 벼슬할 만하면 벼슬하고, 그만둘 만하면 그만두고, 오래 할만하면 오래 하고, 빨리 물러날 만하면 빨리 물러난다' 하

10) 『논어』「里仁」-4.

11) 동상.

12) 동서, 「微子」-8.

였는데, 이것이 가 · 불가가 없다는 말이다."라고 하였다.[13)]

맹자도 의에 대한 언급이 있다. 그는 말하기를 "큰 인물은 말을 함에 반드시 믿음을 기약하지 않고, 행동은 과단성을 기약하지 않는다. 다만 의에 따라 할 뿐이다."라고 하였다.[14)]

율곡이 권도를 주장하면서 의를 강조하는 것은 공자나 맹자의 의에 대한 생각과 같다. 권도는 사실 상황윤리이므로 사회정책으로 말하면 변통론이요, 그것은 율곡의 말과 같이 나라와 백성에게 많은 이익을 가져다주는 것이다. 거기에 시(是)와 리(利), 즉 옳음과 이익이 병행되며, 그 이익은 옳음에서 오는 이익이 된다는 것이다.

율곡은 이러한 변통론과 득중합의의 사회정책론의 철학을 가지고 당시 시대를 진단하고 시급한 시무책을 진언하였던 것이다. 그는 「동호문답(東湖問答)」에서 시폐로서 가장 심하다고 생각되는 5개 항목을 들었다.[15)] ① 일족절린(一族切隣)의 폐, ② 진상번중(進上煩重)의 폐, ③ 공물방납(貢物防納)의 폐, ④ 역사불균(役事不均)의 폐, ⑤ 이서주구(吏胥誅求)의 폐 다섯 가지이다.[16)] 또 그의 시무책 중 가장 체계적인 것은 48세시 선조에게 올린 「계미육조계(癸未六條啓)」인데, 그 6개조의 항목은 ① 어진이의 등용, ② 군대 양성, ③ 국가 재정의 확보, ④ 변경 수비의 강화, ⑤ 전투용 말의 준비, ⑥ 백성의 교육과 계몽이었다. 이러한 시무책 외에도 율곡은 공공기관 노비의 고통, 서자의 벼슬길 허용, 노비의 해방, 언로의 개방 등 당시로써는 획기적인 정책을 건의하였다.

이러한 건의는 단순한 현실주의자의 개혁론만으로 보아서는 안 되고

---

13) 동상.

14) 『맹자』, 「이루하」-11.

15) 『율전』 권15, 잡저-2, 2면 이하, 「동호문답」.

16) 동서, 권8, 18면 이하, 「육조계 계미」.

그의 '리기지묘'와 같은 철학적 기반에서 나온 정치사회적 실천론인 것이다. 이러한 시무책은 그의 역사의식과 상황 인식, 그리고 사명감에서 나온 것이었기 때문에 이것이 받아들여지지 않자 율곡은 크게 실망하였다. 다음과 같은 말은 당시의 그의 심정의 일단을 말해준다고 보겠다. 즉 그는 말하기를 "만일 전하께서 신의 정책을 모두 채택하시어 굳게 변함없이 3년 동안 시행하여 보시다가 그래도 민생이 편안하지 못하고 나라 재정이 부족하고 군대 양성이 뜻과 같이 아니 되시면 신에게 목을 베신다 해도 신은 달게 받겠습니다."라고 하였다.[17)]

이상과 같이 살펴본 율곡의 사회정책론은 무조건의 개혁이 아니라 '의리-이익 병행'을 전제로 한 철학 있는 변통론임을 알 수 있다. 그의 이러한 변통론과 득중합의론은 그의 리기론이나 심성론과 불가분의 관계에 있다.

3. 율곡 성리학의 특성 – 리기지묘의 논리

율곡의 사회정책론과 관련하여 그의 성리학의 특성은 다음 네 가지 측면에서 고찰할 수 있다. 첫째는 서화담의 유기론(唯氣論)에 대한 비판으로 나온 '리통기국설(理通氣局說)'이고, 둘째는 이퇴계의 사칠리기호발설에 대한 비판으로 나온 '기발리승일도설'이고, 세째는 나정암의 리기일물설에 대한 비판에 보이는 '리기지묘론'이고, 넷째는 역시 나정암의 심성설에 힌트를 얻은 '인심도심종시설(人心道心終始說)'이다.

리통기국설에서는 리와 기의 형이상학적 관계, 즉 리기의 상함성(相涵性)에 대해 명확히 함으로써 주자 리기론이 가지고 있는 자연형이상학, 즉

17) 동서, 권7, 49면, 「陳時事疏」.

우주론적 형이상학 체계에 대해 깊은 통찰을 보여주고 있다. 따라서 이 리통기국설은 현실에 대한 인식에서 리기 상함의 사고방식을 취함으로써 이상과 현실의 조화를 추구하게 된다. 퇴계의 호발설에 대한 기발일도설은 비록 사단(四端)이라도 구체적 사물에 대한 접촉을 통하여 나온다는 사고방식이므로 한층 현실을 중시한 사고방식임을 알 수 있다. 나정암이 '리기일물' 이라 하여 리를 기에서 보아야 된다고 한 데 대하여 주자의 리가 가지고 있는 형이상학적 원리성(초월성)을 강조하였다. 이는 기에 편중된 지나친 현실주의, 상황주의를 경계하는 사고방식이라 할 수 있다. 마지막으로 그가 나정암의 '인심도심체용설(人心道心體用說)' 을 보고 거기에 다소 힌트를 받으면서도 체용설을 부정하고 인심도심종시설로 나아간 것은 인심-도심 상호 간에 인간의 '사려분별' 작용〔意〕에 의해 전환 가능하다는 것을 강조한 리얼리즘적 사고방식이 들어 있다.

1) '리통기국' 과 '리기지묘' 의 '상함적' 사고방식

율곡은 서화담의 유기론에 대하여는 리통기국설을 가지고 비판하였다. 서화담의 사상은 유기론으로서 횡거 장재의 기론을 계승한 것이다. 화담은 '담연무형(湛然無形)' 하고 '담일허정(湛一虛靜)' 하여 시공간에 있어 무한하고 형체가 없는 상태의 기를 기의 체〔先天〕라고 보고, 이것을 '태허(太虛)' 라고 규정하였다.[18] 그리하여 인간을 포함하여 천지만물은

18) 화담은 말하기를 "太虛는 湛然無形하다. 이것을 이름 붙여 先天이라고 한다. 그 크기는 밖이 없고 그 먼저는 시작이 없다. 어디에서 오는지 알 수 없다. 그 湛然虛靜이 氣의 근원이다. … 갑자기 뛰기도 하고 급히 열리기도 하는데, 누가 그렇게 시키는가. 스스로 그렇게 한다〔自能爾〕. 또 부득불 그렇게 될 수밖에 없다〔不得不爾〕. 이미 一氣라고 했으니 一은 스스로 二를 머금는다. 이미 太一이라고 했으니 一은 바로 二를 함유한다." 라고 하였다(『花潭集』 권2, 12면, 「原理氣」).

이 담일청허한 태허의 작용에 의해 생성된다고 보았다. 즉 화담은 만물생성과 그 근원을 기로써 설명하고자 하였다.

그런데 화담의 유기론에 있어 유의해야 할 것은 두 기〔음양〕의 움직임〔動靜闔闢〕이 외재적 작용에 의한 것이 아니고, 모두 그 자체의 기틀〔機〕에 의해 자연적으로 이루어진다고 본 사실이다.[19] 즉 태허의 자발적 전개에 지나지 않는다고 본 것이다. 이러한 의미에서 화담은 리의 능동적 성격을 철저히 부정하고 있는 것이다.[20] 즉 율곡이 리를 사물의 존재론적 근거로 보고 있는데 대하여 화담은 리를 기의 작용의 '조리성' 내지 '정합성(整合性)' 을 잃지 않고 전개되는 까닭〔所以〕으로서 규정하였다

화담에 있어서 리의 이러한 위치 저하는 기의 중시로 나타날 수밖에 없다. 즉 그에 있어서는 존재의 근거로서의 태허, 즉 '담일청허(湛一淸虛)의 기' 를 생각하고 있었다. 그러므로 화담은

19) 栗谷도 '機自爾' 에 대해 말한 바 있다. 기 자체의 속성에 대한 생각은 율곡도 氣論者와 같다(『율전』 권14, 56면, 「天道策」 및 동서 권10, 26면, 「答成浩原」). 그러나 이는 기의 자체 운동성이라는 속성을 말하는 것이지, 존재에 있어서의 '형상' (form), 즉 理를 부정하는 것은 아니다. 유기론자는 이 '형상' 자체를 부정한다. 한편 唯理論者 奇蘆沙가 율곡의 理를 '우리 몸의 혹이나 말 등 위의 파리[附肉之贅, 隨驥之蠅]' 라 비판한 것(『노사집』 권12, 24면, 「외필」)은 성리학 논의를 다시 원점으로 돌린 것이다.

20) 화담은 리에 대해 "氣 밖에 理가 없다. 理는 氣의 宰다. 소위 宰라는 것은 바깥에서 와서 주재하는 것이 아니다. 그 氣의 用事가 所以然의 올바름을 잃지 않는 것을 가리켜 宰라고 한다." 라고 하였다(『화담집』 권2, 14면, 「理氣說」). 氣論者의 이러한 논의는 羅整庵에게서도 보인다. 그도 역시 '所以然' 또는 '主宰' 라는 말을 하고 있다(『困知記』(續), 권상, 38장). 그러나 덧붙여 "理는 氣의 理이다. 반드시 기 속에서 리를 보아야 한다." 는 식으로 말하고 있다(동상). 물론 理氣의 밀접한 관련성을 강조하는 것이지만, 다른 설(心性說) 등을 종합해 보면 역시 리의 '형상' (form)으로서의 속성, 즉 형이상학적 원리성(초월성) 자체를 부정하고 있다. 정암에 비추어 보아도 화담 역시 궤를 같이한다고 볼 수 있다. 특히 그는 '氣의 用事의 所以然' 이라 하여 리의 '형상' 으로서의 성격이 더욱 잘 나타나고 있지 않다.

사람이 죽는 것은 육체와 영혼이 흩어지는 것이다. 그러나 담일청허하게 모이는 것은 끝내 흩어지지 않는다. 태허담일 가운데로 흩어지니 동일한 기이다.[21]

라고 하여 죽음은 개물을 구성하고 있는 육체와 영혼〔形魄〕이 흩어지는 것일 뿐, 기의 본체인 담일청허의 기는 소멸하지 않는다고 하였다. 이러한 기에 대해 율곡은

리는 변화가 없으나 기는 변화가 있다. 원기(元氣)는 생기고 또 생기어 끊임없다〔生生不息〕. 그리하여 가는 것이 지나가면 오는 것이 잇는다. 가버린 기는 이미 있지 않은데 화담은 일기(一氣)가 영원히 있다〔一氣長存〕고 생각한다. 그렇게 되면 가는 기는 가지 않고 오는 기는 뒤를 잇지 않는 것이다. 그러므로 화담에게 기를 보고 리라고 여기게 되는 병폐가 있게 되는 것이다.[22]

라고 비판하였다. 즉 '일기장존(一氣長存)'을 말함으로써 이것이 형이하적인 존재인 기를 불변적 존재, 즉 형이상적 존재인 리와 같은 위치에 놓게 되었다고 비판하였다. 율곡은 또 화담의 제자인 사암(思庵) 박순(朴淳; 1523~1589)에게 답하는 편지에서도 화담의 설에 대해 언급하기를

서화담의 주장은 너무 지나쳐서 음양의 추뉴(樞紐)의 묘한 것이 태극에 있는 줄을 모르고서 바로 일양(一陽)이 생기기 전에 氣의 음(陰)한 것을 음·양의 근본인 줄 알았으니, 성현의 뜻에 어긋남이 없겠는가?[23]

---

21) 『화담집』 권2, 15면, 「鬼神死生論」.

22) 『율전』 권10, 38면, 「답성호원」.

23) 동상.

라고 하여 화담이 기를 형이상으로 본 것을 재삼 비판하였다.

율곡은 또 "리기가 떨어지지 않는 그 묘한 곳에 있어서 분명히 보았다. 다른 사람처럼 독서하여 모방하는 것과는 비교가 되지 않는다."라고 하여[24] 리기불상리(理氣不相離)를 말한 화담의 리기론의 독창성을 높이 평가하면서도

> 화담은 총명은 남보다 뛰어났으나 중후한 인품이 부족하였다. …… 그러나 다만 그 위에 리통기국의 한 구절이 있다는 것과 계선성성(繼善成性)의 리는 어느 사물에도 없는 데가 없지만, 담일청허의 기는 있지 않은 경우가 많다는 것을 몰랐다.[25]

라고 하여 화담이 기를 리로 간주한 것은 '리통기국'을 모르기 때문이라고 하였다.

율곡은 '리통(理通)'에 대해 우계(牛溪) 성혼(成渾; 1535~1598)에게 답하는 편지에서

> 리통이란 무엇을 말하는 것인가. 리란 본말이 없고 선후가 없다. 본말이 없고 선후가 없으므로 아직 감응(感應)하지 않았다고 해서 앞선〔先〕 것이 아니고, 이미 감응했다고 해서 뒤〔後〕가 아니다. 그러므로 기를 타고 유행하는 것이 일정하지 않지만 그 본연지묘는 어디에도 있지 않음이 없다. 기가 치우치면 리가 또한 치우치지만 치우친 것은 리가 아니고 기이며, 기가 온전하면 리가 또한 온전하지만 온전한 것은 리가 아니고 기이다. 청탁수박(淸濁粹駁)과 찌꺼기, 재, 거름, 오물 가운데도 리가 있지 않은 곳이 없어 각각 그 본성이 되지만

24) 동서, 권10, 37면, 「답성호원」.
25) 동상.

그 본연의 묘리(妙理)는 손상되지 않고 그대로이다. 이것을 리통이라고 하는 것이다.[26)]

라고 설명하였다. 즉 리는 기와 떨어지지 않는 관계이므로 기의 발동(發動)을 타고 유행(流行)의 리로서 만 가지〔萬殊〕로 전개되지만, 그 본체(本然의 理)는 기의 유행에 의한 어떠한 국면이나 상태에서도 손상됨이 없이 편재(遍在)한다는 것이다. 이와 같이 '어디에도 있지 않은 데가 없다' 라고 하는 리의 본체의 성격에 유의하여 '리통' 이라고 칭하였다. 그리고 '기국(氣局)' 에 대해서는

기국이란 무엇을 말하는 것인가. 기는 이미 형태와 자취〔形迹〕에 관계되기 때문에 본말이 있고 선후가 있다. 기의 본체는 담일청허할 뿐이니, 어찌 찌꺼기, 재, 거름, 오물 등의 기가 있으리오마는 오직 그것이 움직여〔升降飛揚〕 조금도 쉬지 않으므로 일정하지 않아 여러 가지 변화가 생긴다. 이에 기가 유행할 때에 그 본연을 잃지 않는 것도 있고, 그 본연을 잃어버리는 것도 있다. 이미 그 본연을 잃어버리면 기의 본연은 있는 데가 없다. 치우친 기는 치우친 기요 온전한 기가 아니며, 맑은 것은 맑은 기요 탁한 기가 아니며, 찌꺼기, 재는 찌꺼기, 재의 기요 담일청허의 기가 아니다. 이는 리가 만물 가운데서 그 본연의 묘리가 어디서나 그대로 있지 않는 것이 없는 것과 같지 않으니, 이것을 기국이라 하는 것이다.[27)]

라고 하였다. 율곡에게 기는 형이하의 '유형유위(有形有爲)' 의 존재, 즉 질료(質料; matter)이므로 항상 승강비양하여 다양한 상황을 만들어 내는 것

---

26) 동서, 권10, 26면, 「답성호원」.

27) 동상.

이다. 여기서 기의 본원으로서의 담일청허라는 것도 기는 그 구체적 존재 양태에서는 청·탁을 비롯하여 외형적으로는 다양하지만 본래는 모두 담일청허하다고 하는 의미일 뿐이지, 결코 담일청허한 상태가 불변주편(不變周遍; 불변하고 두루 퍼짐)의 기의 본체로 생각하는 것은 아니다. 그러므로 율곡에게 있어서는 기의 본래의 상태인 담일청허의 상태를 실현하고 있는 기와 실현하고 있지 않은 기가 있게 되는데, 이는 기의 속성상 당연한 일이라는 것이다. 이 점에서 기는 형이상적 존재인 리와 결정적인 차이를 갖고 있고, 그러한 기의 성격을 율곡은 '기국' 이라고 이름 붙인 것이다.

율곡은 이러한 관점을 구체적 사물에 적용하여 다음과 같이 더 부연하여 설명하였다.

> 고목에는 고목의 기가 있고 재에는 재의 기가 있다. 천하에 어찌 형체가 있으면서 기가 없는 사물이 있겠는가. 다만 이미 고목과 재의 기이므로 산 나무〔生木〕타는 불의 기는 아니니 생기(生氣)는 이미 끊어져 유행할 수 없다. 리가 기를 타는 것을 가지고 말하면 리가 고목과 재에 있는 것은 기에 국한되어 각기 하나의 리가 되는 것이다. 리의 본체를 가지고 말하면 그것이 비록 고목과 재에 있으나 그 본체로서 온전한 것은 스스로 그대로이다. 그러므로 고목과 재의 기는 산 나무 타는 불의 기가 아니나 고목과 재의 리는 산 나무 타는 불의 리이다. 다만 그 리가 기를 타고 한 사물에 국한될 뿐이다.[28)]

즉 고목에는 고목의 기, 죽은 재에는 죽은 재의 기가 있기 때문에 고목에 산 나무의 기, 죽은 재에 타는 불의 기는 결코 없다. 이것이 즉 기국이

---

28) 동서, 권10, 33면, 「답성호원」.

다. 이것은 기가 형이하의 질료적 성격을 가지고 있기 때문이다. 이에 비해 리는 기의 움직임에 '타고' 고목의 기에는 고목의 리로서, 죽은 재의 기에는 죽은 재의 리로서 전개된 것이다. 이것이 유행(현상계)의 리다. 이것은 리는 기와 달리 초월적 존재이기 때문에 유행의 리도 리 자체(리의 본연)를 들면 고목과 죽은 재에도 본연의 리는 그 본래의 산 나무 타는 불의 리라고 간주 되는 것이다. 결국 율곡에 의하면 리의 본체는 여러 가지 기에 두루 펴져 존재하고 있는 것이 된다. 이것이 '리통' 이다.

결론적으로 말하면 초월적인 존재인 리는 기와의 동시 존재에 있어서 유행의 리(리의 작용)와 본연의 리(리의 본체)의 두 측면을 생각할 수 있지만, 질료적인 존재인 기는 개별 한정적인 존재방식으로만 존재할 수밖에 없다고 하는 것이다. 그러므로 리통기국은 유행의 리에 초점을 맞추지 않고, 리의 본체에 주목하여 생각해낸 것이라고 할 수 있다. 물론 이때 유행의 리와 본연의 리는 두 가지가 아닌 것이다. 율곡은 리 · 기에 각각 체 · 용을 설정하여 담일청허의 기와 본연의 리, 만수(만 가지 사물)의 기와 유행의 리라고 하는 의미에서의 리기불상리를 파악하는 것이 아니다. 그러므로 담일청허의 본연의 기를 부정한다고 하여 본연의 리가 의지할 곳을 잃어버린다는 것을 의미하는 것은 아니다.[29] 율곡은 말하기를

> 대저 본연한 것은 리일(理一)이고, 유행하는 것은 분수(分殊)다. 유행의 리를 버리고 별도로 본연의 리를 구한다면 절대 안 된다. 또 만약 리에 선악이 있다

---

29) 宋錫求는 "理通의 依着處인 本然之氣, 즉 澹一清虛之氣가 없다는 것은 결국 리의 본연인 理一의 의착처가 없다는 것이 아닌가 하는 난점이 생긴다."라고 하고, 이어 유기론자 任鹿門의 율곡 비판을 소개하고, 마지막에 자기 의견으로 "율곡의 입장에서 보면 元氣의 生生不息을 주장함으로써 원기의 어떤 潛勢力(담일청허지기는 아니지만)을 인정하여 理通의 의착처로 삼고 있는지 알 수 없다."라고 하였다. 송석구, 『율곡의 철학사상 연구』(형설출판사, 1987), 69-71면.

는 것을 가지고 리의 본연이라고 본다면 그것 또한 안 된다.[30)]

라고 하였다. 이는 리는 유행하는 기에 의해 국한되지만, 그러나 본연의 리는 별도로 존재하는 것이 아니고, 이 유행의 리를 통하여 유행의 기(만수의 기)와 불상리의 관계에서 전개되기 때문이다. 그러므로 율곡의 이통기국설은 불상리 · 불상잡, 즉 '리기지묘' 의 원칙 아래 창출된 것이다. 이 '리기지묘' 는 리 · 기를 '상함적' 관계로 본 것을 율곡 나름으로 표현한 것으로 주자의 리기론을 더욱 논리적으로 해석한 것이다. 이것은 율곡의 매우 높은 형이상학적 안목을 보여준 것이라고 볼 수 있다. 이 점에서 율곡은 정주(程朱)에서 조금 일탈한 나정암의 리기론을 '리기일물(理氣一物)' 의 병통이 있다고 본 것이다.

2) '칠정이 사단을 겸함' 의 현실주의적 심성론

퇴계는 잘 알려진 바와 같이 사단칠정을 논하면서 사단은 리발(理發), 칠정은 기발(氣發)이라 하여 '리기호발설' 을 주장하였다. 퇴계는 53세시에 추만 정지운의 『천명도』에 있어서의 '사단은 리에서 발하고 칠정은 기에서 발한다〔四端發於理, 七情發於氣〕' 라는 말을 '사단은 리의 발이고 칠정은 기의 발이다〔四端理之發, 七情氣之發〕' 라고 개정하였다.[31)] 이 문구는 기의 발동(發動)과 더불어 리의 발동도 동등하게 인정한 의미를 담고 있다. 그 후 6년이 지나 퇴계 59세시에는 「사단의 발은 순리(純理)이므로 선하지 않음이 없고, 칠정의 발은 기를 겸하였으므로 선악이 있다」라고 개정하였고,[32)] 이를 계기로 하여 그해부터 퇴계와 고봉 기대승 사이에 8년

30) 동서, 권9, 39면, 「답성호원」.

31) 『퇴계전서』 권41, 「天命圖說後敍」(이하 『퇴계전서』는『퇴전』이라 약함).

에 걸쳐 편지 왕복을 통한 논쟁이 있었다. 그 후 퇴계 60세에 그간의 논쟁 결과를 반영하듯 다소 문구를 수정하였는데, 그러나 입론의 취지는 '리발' 의 입장을 계속 유지하고 있었다. 그때 이굉중(李宏仲)에게 보낸 편지에서

> 천하에 리 없는 기 없고, 기 없는 리 없다. 사단은 리가 발하여 기가 따르는 것〔四端, 理發而氣隨之〕이요, 칠정은 기가 발하여 리가 타는 것〔七情, 氣發而理乘之〕이다.[33]

라고 하였다. 여기에서 리발을 견지하면서 리기 공재(共在)의 원칙을 깨지 않으려고 하는 모습이 보인다. 그러나 '수(隨)' '승(乘)' 자의 첨가를 고려하면 리발을 강조함은 물론, 은연중 리를 기보다 높이려는 가치론적 입장을 나타내려 했음을 알 수 있다. 즉 '사단' 의 발에는 '수' 자를 쓰고, 칠정의 발에는 '승' 자를 썼다. 이는 기에 대한 리의 제어(制御)의 의미를 나타내려고 한 의도임을 알 수 있다.

이에 대해 율곡은

> 소위 기가 발하여 리가 탄다는 것은 말이 된다. 다만 칠정만이 그런 것이 아니라 사단도 역시 기가 발하여 리가 타는 것이다. 왜냐하면 어린아이가 우물에 빠지는 것을 본 연후에 측은지심(惻隱之心)이 발현되는데, 이때 보고 측은히 여기는 것이 기다. 이것이 소위 기발이다. 측은의 본체는 인(仁)이다. 이것이 소위 리가 타는 것이다. 사람 마음만 그런 것이 아니라 천지의 변화도 기화리승(氣化理乘) 아닌 것이 없다.[34]

---

32) 동서, 권16, 1면, 「與奇明彦」.

33) 동서, 권36, 5면, 「答李宏仲問目」.

라고 하여 사칠 모두 '기발리승' 이라고 하였다. 이러한 입장에서 사단도 모두 칠정에 포함되는 다 같은 정이며, 다만 사단은 리발에 의한 것이 아니고, 청명한 기에 본연 그대로의 리가 나타난 경우(즉 이것은 유행의 리가 된다)라고 보았다. 이와 같이 퇴계의 사칠론에 있어서의 리기호발설을 율곡은 부정하고 오로지 기발리승만 가능하다고 보았다. 이는 리기불상잡의 원칙과 리는 형이상자, 기는 형이하자로 규정하는 그의 입장에서 퇴계의 호발설(互發說)을 비판한 것이다.

물론 퇴계의 리발의 취지는 도덕적 입장에서 이해돼야 한다.[35] 그러나 리의 능동성을 분명 퇴계는 주장하였다.[36] 이에 대해 리의 존재론적 '무작용성' 을 강조하는 율곡에게 있어서는 퇴계의 리기호발설에 대해

> 퇴계 선생은 이미 선으로써 사단에 귀속시켰다. 그리고 또 말하기를 칠정에 불선이 없다고 했다.[37] 그렇다면 사단 밖에 또한 선한 정이 있다. 이 정은 어디

34) 『율전』 권10, 32면, 「답성호원」.

35) 즉 퇴계는 "理는 貴하고 氣는 賤하다. 그러나 理는, 無爲하나 氣는 有欲하다." 라고 하고(『퇴전』 권12, 24면, 「與朴擇之」), 또 "理에 氣隨가 없다면 작용할 수 없고, 氣에 理乘이 없다면 利欲에 빠져 禽獸가 된다." (동서, 권36, 2면, 「답이굉중문목」)라는 말을 아울러 보면 有欲한 氣에 대한 도덕적 가치인 理의 제어라는 의미가 함축되어 있음을 알 수가 있다. 退溪에 있어 理는 氣에 대한 윤리적 제어를 하는 '가치실재' 로서 생각되어진 것임에 틀림없다.

36) 퇴계는 말하기를 "태극에 동정이 있다는 것은 태극이 스스로 동정하는 것이고, 天命의 流行은 천명 스스로의 유행이다. 어찌 다시 시키는 자가 있겠는가 …대개 理氣가 合하여 物에 명령하는 것은 그 神妙한 用이 스스로 이와 같은 것이지 天命流行處에 별도로 시키는 것이 있다고 말할 수 없다. 그것은 이 理는 극히 존귀하여 對敵이 없고 物에 命令하되 物에 명령을 받지 않기 때문이다." 라고 하고(『퇴전』 권13, 16면, 「答李達李天機」), 또 "주자가 일찍이 말하기를 '理에 동정이 있으므로 氣에 동정이 있다.' 라고 하였다. 만약 理에 동정이 없다면 氣는 어떻게 동정이 있겠는가. 이것을 안다면 이러한 의심이 없을 것이다." 라고 하였다(동서, 권39, 28면, 「답이공호문목」).

37) 퇴계의 이 말은 사칠논변이 시작된 경신년(1560년; 퇴계 60세 11월) 고봉에게 보낸

> 에서 나오는가 …… 선한 정에 이미 사단이 있는데 또 사단 밖에 선한 정이 있으면 이는 사람 마음에 두 근본이 있는 것이다.[38]

라고 하여 칠정 중의 선한 정은 어디에서 유래하는가 하는 논리에 의해 퇴계의 사단리발설의 모순을 지적, 퇴계의 설은 결국 본래 하나인 사람 마음을 분열시키는 것이라고 비판하였다.

또 율곡은 퇴계가 '기'를 '이욕금수'의 바탕이 된다고 본 데[39] 대하여 '보고 느낀다는' 신체의 '물질적인 작용'의 의미로 보았다. 그러므로 율곡은 말하기를

> 성인의 마음이라 하더라도 느끼지 않고〔無感〕 마음이 스스로 움직이지는 않는다. 반드시 느끼고 나서 마음이 움직이며, 그 느낀 바는 모두 바깥의 사물이다. 무엇으로 그렇게 말할 수 있는가. 아버지에 느끼면 효심이 움직이고, 임금에 느끼면 충의 마음이 움직이고, 형에 느끼면 공경의 마음이 움직인다. 만약 밖으로 느끼는 바 없이 마음속에서 스스로 나오는 것이 사단이라고 하면 이는 아버지 없이 효심이 나오고, 임금 없이 충의 마음이 나오고, 형 없이 공경의 마음이 나오는 것이니, 어찌 사람의 진실한 정이겠는가?[40]

라고 하여 사·칠 모두 바깥으로 느낀 뒤에 마음이 움직인다고 보았다.

율곡의 이러한 '기발'의 개념과 '기발리승일도설'은 인간 심리의 리얼

편지의 다음 구절, 즉 "사단의 發은 순수한 理이어서 不善이 없고, 칠정의 발은 氣를 겸하였으므로 선악이 있다."를 두고 하는 말인 것 같다. 이에 대하여 고봉의 비판(제1서)이 있다. 『퇴전』 권16, 1면, 「與奇明彦」.

38) 『율전』 권9, 35면, 「답성호원」.

39) 『퇴전』 권36, 2면, 「답이굉중문목」.

40) 『율전』 권10, 6면, 「답성호원」.

리스틱한 관찰의 결과 얻어진 것으로, 칠정의 선한 정으로의 전환이라고 하는 인간의 적극적, 구체적 노력을 강조하고 있는 매우 현실주의적 사고 방식임이 틀림없다.

3) '리기일물' 비판에 나타난 '리'의 원리성

리와 기의 관계를 형이상의 원리(形相; form)와 형이하의 質料(matter)의 상함(相涵) 관계로 보고 이를 리기지묘(理氣之妙)라고 나타낸 율곡의 자연 형이상학(우주론)의 입장에서는 나정암(羅整庵)의 리기론이 주자의 리기론과는 맞지 않다고 생각, '리기일물'의 병통이 있다고 비판하였다. 그것은 나정암에게 있어서는 '리기혼일'의 시각[41]에 가려 리의 존재론적 '초월성'(즉 원리성)의 의미가 많이 후퇴하였기 때문이다. 그러므로 율곡은 말하기를 "나정암은 근본에 있어 본 것이 있으나 주자에게 리기를 이원(二元)으로 보는 견해가 있지 않나 의심하였다"라고 하였다.[42]

여기서 율곡이 '근본에 있어서 본 것이 있다'고 칭찬한 것은 정암이 리기를 이물(二物; 두 가지 사물)로 보지 않은 점, 즉 리를 너무 추상적으로 보아서는 안 되고 반드시 기와의 관계에서 보아야 한다는 주장에 대한 칭찬이다. 정암은 말하기를

리는 다만 기의 리이다. 기의 움직임 속에서 그것을 보아야 한다. 갔다가 오

41) 야마시타 류-지(山下龍二)는 말하기를 "주자학이 事象 속에서 理를 생각하고 있는데 대해 나흠순류의 氣의 철학은 事象 그 자체 속에 있어서 리를 생각하는 점에서 보다 현실중시적이라고 하는 차이가 있다. 그러므로 나흠순의 리기론을 크게 말하면 기의 철학이지만, 좁혀 말하면 理氣渾一의 사상이라고 하는 것이 보다 정확하다."라고 하였다. 야마시타(山下龍二),『陽明學硏究』(하)(동경: 현대정보사, 소화 46), pp.80-82.

42) 『율전』 권10, 13면, 「답성호원」.

고 왔다가 가고 하는 것이 기의 움직임이다. 갔다 왔다 그렇게 하지 않을 수 없는데, 그 까닭을 알 수 없다. 하나의 사물이 있어 주재하는 것이 있다면 그것이 리라는 이름이 붙게 된 까닭이다. …… 리는 반드시 기에서 보아야 하지만 그렇다고 기를 리로 보는 것은 틀린 것이다.[43]

라고 하였다. 또 "그렇게 되는 까닭을 모르는 것, 이것이 이른바 리이다." 라고 하기도 하였다.[44]

이와 같이 정암은 기에서 리를 보아야 한다고 하고, 또 기의 '주재'로 리를 보는 것에서 리를 지나치게 '실재화' 하여 관념화시키는 것에 반대한 것을 알 수 있다. 이 점은 율곡에게 아마 영향을 주었을 것이다. 그러나 그가 말하는 기에서 보는 리, 주재로서, 또는 까닭으로서의 리는 분명 주자 형이상학 체계에서의 존재 근거로서의 원리성과는 다소 거리가 있다. 주자의 리기론의 요점은 '소이(所以)' 라고 하는 존재 근거 내지 원리로서의 리의 초월성(원리성)이기 때문이다.[45]

정암의 다음 말은 그의 입장을 단적으로 말해준다.

오직 명도(정호)의 말이 가장 정밀하다. 이천(정이)과 주자는 좀 맞지 않다. …… "음양하는 까닭이 도이다."라고 한 것과 "열리고 닫히는〔闔闢〕 까닭이 도이다."라고 한 말에서 살펴보면 까닭은 분명 형이상을 지칭한 것이나, 그러나 리기를 두 가지 사물로 보는 혐의를 조금도 면하지 못하였다. 명도가 "원래 이 대로가 바로 도이다."라고 한 말을 살펴보면 자연 혼연한 묘를 볼 것이니, 다시 까닭이란 글자를 붙일 필요가 없을 것 같다.[46]

---

43) 『곤지기』속, 권상, 38장.

44) 동서, 권상, 11장.

45) 주자의 자연형이상학의 본질은 그의 『태극도설해』에 잘 나타나 있다.

여기에서 정암이 '까닭' 으로서의 리, 즉 형이상학적 원리(근거)로서의 리를 부정하고 있는 것을 단적으로 볼 수 있다. 그가 명도의 말에 찬성하고 있는 것은 송학 발전 단계에 있어서 명도의 단계는 리가 아직 '실재화' (존재의 근거로 기와 차별화)하지 않아 기와 대립하고 있지 않은 '현상이 도이고 도가 현상이다〔器卽道, 道卽器〕' 의 입장이어서 자기의 '리기혼일' 의 입장과 통하기 때문이었다.[47]

정암이 리기를 두 가지 사물로 보지 않고 리를 기에서 보아야 한다는 입장은 리기불리의 원칙 강조에서는 율곡의 입장과 상치되지 않는다. 그러나 정암의 리의 실재화의 부정은 율곡의 리의 형이상학적 초월성 인정이라는 입장과는 달랐던 것이다.

율곡은 이와 같이 서화담류의 유기론도 비판하고 나정암류의 기의 철학도 부정하고 주자의 리기론의 본질에 핍진해 들어가 리와 기의 상함적 관계를 포착하였던 것이다. 이것을 율곡은 '리기지묘' 라고 표현하였고, 이러한 그의 사고방식은 사회정책론에도 그대로 옮겨가 변통론에서의 의리와 이익의 병행을 강조하는 사회정책론의 철학을 낳았던 것이다.

---

46) 『곤지기』 권상, 11장.

47) 이찌카와 야스지(市川安司)는 "程伊川에서 주자로 학문이 계승됨에 따라 리의 實在化의 경향이 강해졌다. 명도의 리는 리가 갖는 보통 일반의 의미에서 이제 막 실재화의 단계에 이르는 과정에 있다." 라고 하였다. 이찌카와(市川安司), 「程明道의 理에 대하여」, 『人文科學紀要』 제7집(동경: 동경대학 인문학부), p.314; 야마시타(山下龍二), 전게서, p.73에서 재인용. 市川의 이 말은 사상사적으로 명도의 '막 실재화 단계' 라는 것을 이천, 주자에 비해 그렇다고 말하고 있지만, 그러나 잘못하면 명도의 철학이 이천, 주자에 비해 저발전 단계인 것처럼 오해하게 만드는 소지가 있다. 명도의 철학 본질은 그 자체 '道卽器, 器卽道' 라 한 바와 같이 철학적 의의를 갖고 있다. 다만 형이상학적으로는 애매한 이론이다.

4) '인심도심상대종시설'에 보이는 '의(意)'의 강조

퇴계가 사 · 칠을 인심 · 도심에 각각 비견하여 논한 데 대해 율곡은 사 · 칠과 인심 · 도심은 서로 다르다고 보았다. 그는 말하기를

> 심은 하나인데 인심이니 도심이니 말하는 것은 성명(性命)과 형기(形氣)의 차이인 것이다. 정은 하나인데 사단이니 칠정이니 말하는 것은 리를 전언(專言)한 것과 기를 겸언(兼言)한 것이 서로 다르기 때문이다. 그러므로 인심 · 도심은 서로 겸할 수 없고 서로 시종이 된다. 사단은 칠정을 겸할 수 없으나 칠정은 사단을 겸한다. …… 사단은 칠정의 포괄성과는 같지 않고, 칠정은 사단의 순수함과 다르다.[48]

라고 하였다. 인심 · 도심이나 사 · 칠의 정이 다 심의 작용이나, 심과 정의 범위로 구분한다면, 그 각각의 범위에서 인심 · 도심의 관계와 사 · 칠의 관계가 각각 다른 관계이기 때문에 퇴계처럼 인심과 칠정, 도심과 사단으로 비견시킬 수 없다고 율곡은 보았다. 즉 인심 · 도심은 서로 대립되는 모순 관계인 반면, 사 · 칠은 칠정이 전체요 사단이 그중에서 순수한 것만 선택하여 지칭한 것이 된다는 것이다. 즉 인심 · 도심은 상대종시(相對始終)할 수 있다는 것이다. 그러므로 그는 말하기를 "사단은 칠정에 나아가 그 선 부분은 택하여 말한 것이므로 인심 · 도심을 서로 대립하여 말하는〔相對說下〕 것과 다르다."고 하였다.[49] 종시한다는 것은 처음에는 인심이었다가 나중에는 도심으로 되고, 또는 처음에는 도심이었다가 나중에는 인심으로 될 수 있다는 것이다. 율곡은 말하기를

48) 『율전』 권9, 34면, 「답성호원」.

49) 동상, 35면.

성명의 바름〔正〕에서 나오다가도 사사로움을 섞으면 처음에 도심이었으나 나중에 인심으로 끝나게 되고, 처음 바른 이치〔正理〕에 어긋나더라도 마음을 고치어 욕망에 따르지 않으면 처음의 인심이 도심으로 끝나게 되는 것이다.[50)]

라고 하였다. 율곡의 인심도심론에 힌트를 준 것은 주자의 말에서도 찾을 수 있다. 주자는 말하기를 "인심이 있는데 이를 수렴하면 바로 도심이요, 도심에서 시작하나 그것을 내버리면 바로 인심이다. 인심은 병졸과 같고 도심은 장수와 같다."라고 하였다.[51)] 전반부는 인심도심 가변론으로 율곡이 그대로 취한 것이고, 후반부 인심도심 가치우열론은 율곡이 취하지 않은 것 같다.

그런데 이때 인심·도심의 전환의 계기가 되는 것이 심의 작용으로서의 '의(意)'라고 율곡은 보았다. 다시 말하면 심에는 이 '의'라는 비교하고 생각하는〔計較商量〕 작용, 즉 사고와 분별 판단하는 작용이 있다고 하였다. 즉 그는 말하기를

심의 적연부동(寂然不動)한 때가 본성의 경계이고, 감이수통(感而遂通)한 때가 정(情)의 경계이고, 정이 동한 후 정에 따라 계교상량하는 것이 의의 경계이다. 단지 하나의 심인데 각각 경계가 있을 뿐이다.[52)]

라고 하였다. 그러므로 그는 『대학』의 성의(誠意)도 이와 연관하여 "정밀하게 살피는 여부는 의의 작용이다. 그러므로 수양은 성의 보다 앞서는 것이 없다."라고 하였다.[53)] 다시 말하면 인심·도심의 심은 '性心情 +

50) 동상, 34-35면.
51) 『어류』(북경: 중화서국, 1986), 권78, p.2012.
52) 『율전』 권14, 33면, 「雜記」.

意' 의 구조로 이루어진 것이며, 정은 '성발위정(性發爲情)' 으로 모든 심리적인 작용으로서의 정감을 총칭한 것이라고 본 것이다. 그리하여 '심통성정(心統性情)' 의 명제에서 보는 바와 같이 성리학에서 일반적으로 말한 것은 심의 정의 측면만을 강조하였으나, 율곡은 의를 강조함으로써 심의 작용을 결국 정(정감)의 종류와 의(사려 판단)의 종류로 구분하게 된 것이다.

이는 도덕에 있어서 인간의 노력을 강조한 사고방식으로써 칠정이 사단을 겸하므로 칠정을 잘 제어하여 선을 실현할 수 있다는 발상과 같이 매우 동태적인 사고방식인 것이다.

정암의 인심도심론은 도심은 체, 인심은 용으로 인심도심체용론이다. 정암은 말하기를 "인심 · 도심은 다만 하나의 심이다. 도심은 체로 말하는 것이고, 인심은 용으로 말하는 것이다. 체 · 용은 원래 서로 떨어지지 않는다."라고 하였다.[54] 그리하여 개인 수양에 있어서는 도심이 인심을 제어하고 성이 정을 제어해야 한다고 보았다. 그는 말하기를 "도심은 성이고, 인심은 정이다. 심은 하나인데, 두 가지로 말하는 것은 동 · 정의 나뉨이요, 체 · 용의 구별이다. 무릇 정으로써 동을 제어하면 길하고, 동하여 돌아오지 않으면 흉하다."라고 하였다.[55]

율곡의 인심도심상대종시론은 정암의 인심도심체용론을 다소 참작한 것 같으나, 그것과는 달리 '상대종시' 로 나아갔다. 이 '상대종시' 에서 보듯이 율곡은 인심 · 도심을 모순대립 관계로 보았다. 그러나 율곡은 또 인심을 인욕이라 보지는 않았다. 즉 그는 "도심은 순수한 천리(天理)이므로 유선무악〔선만 있고 악은 없다〕이지만, 인심에는 천리도 있고 인욕도 있으므로 선하기도 하고 악하기도 하다."라고 하였다.[56] 또 그는 "인심이 어

53) 동서, 권9, 36면, 「답성호원」.

54) 『곤지기』 부록, 「答林次崖第二書」.

55) 동서, 권상, 4장.

찌 불선하리요. 과불급이 있어서 악에 흐른 것이다."라고 규정하였다.[57] 또한 율곡은 "칠정은 인심 · 도심을 합하여 말한 것이다."라고 하면서,[58] "기가 이미 작용하면 인심인데, 칠정의 선 · 악의 합이다."라고 하였다.[59] 그러므로 결국 인심은 선 · 악의 합으로 도심과 선 · 악으로 대립하는 것이 아닌 셈이다.

주자는 말하기를 "인심은 전적으로 인욕이 아니다. 인심은 목마르면 마시고 배고프면 먹는 것이나 눈이 보고 귀가 듣는 것과 같은 것인데, 나쁘게 흐를 위험이 있으므로 위태롭다고 하는 것이다."라고 하였다.[60] 주자는 또 "인심 · 도심은 교계처(交界處; 상대적으로 엇물려 消長)이지 두 개의 사물이 아니다. 천리 · 인욕도 마찬가지이다. 천리를 얻으면 인욕은 자연히 소멸된다. 호오봉(胡五峰)이 천리와 인욕이 같이 가지만 그 내용은 다르다〔同行而異情〕라고 한 것은 맞는 말이다."라고 하였다.[61]

주자의 이러한 설을 보면 인심 · 도심(천리 · 인욕도 마찬가지이다)은 형기-성명, 리-욕, 공-사처럼 대립하지만, 또 서로 '소장(消長; 엇물려 변화)' 관계에 있는 것이 된다(즉 천리 아니면 인욕, 인욕 아니면 천리 이런 식이 소장 관계이다). 그러나 우리가 윤리적 가치 판단을 할 때는 상대적으로 평가할 수밖에 없으므로 자연 선-악처럼 대립시키게 된다.[62] 대립시키면 '실재화' 하여 보게 된다(실재적 定位). 선-악을 소장관계로 보는 것은 유교에서 악을 '절대악' 이라 보지 않고 선의 '결핍태' (과 · 불급)로 보고자 하는 선악관과 유관하다. 그러므로 유교에서는 선-악(인심-도심 등) 관계

56) 『율전』 권14, 4면, 「인심도심도설」.
57) 동서, 권10, 13면, 「답성호원」.
58) 동상, 7면.
59) 동서, 권9, 36면, 「답성호원」.
60) 『어류』 권118, p.2864.
61) 동서, 권78, p.2015.

는 이중적 관계가 설정되고 있다고 할 수 있다. 따라서 율곡의 인심도심 상대종시론은 유교와 주자의 이러한 취지를 반영한 것이라고 하겠다.

그러면서 율곡은 앞에서 말한 대로 '인심은 선악이 다 있다', '칠정은 인심 · 도심의 합', '인심은 칠정의 선악의 합'이라 하여 인심을 전적으로 악하다고 하지 않았다. 이것은 칠정의 선(으로의 가변성)을 기대하는 것과 같이 인심의 '선의 가능성'을 기대하는 것이 아니겠는가? 여기에 가치론적 입론에서는 선-악으로 대립시키지만 동시에 선-악은 소장 관계, 즉 절대악을 인정하지 않는 사고방식이 이중적으로(오버래핑되어) 투영되고 있다고 하겠다. 율곡의 인심-도심 상대론과 인심유선악론은 입론 형식에서는 모순인 것은 사실이지만, 이는 율곡설의 착오라기보다 선악관과 가치적(대립적) 입론 사이의 충돌이라는 성리학 본래의 아포리아라고 보아야 할 것이다.[63]

율곡의 인심도심상대종시론은 위와 같은 주의해야 할 철학적 문제가

---

62) 성리학에서 리 · 기 개념은 선-악의 상징으로 대체 사용되었다. 퇴계는 사칠논쟁에서 보듯이 리 · 기를 선-악의 개념으로 사용하였다(리는 極尊無對, 기는 利欲禽獸). 반면에 이를 부정한 율곡의 경우는 '인심-도심'의 대립적 입론으로 선-악에 대신하였다고 하겠다. 율곡은 자연-인간 통합적 리기론을 견지하였지만(자연, 인간 모두 氣發理乘뿐), 도덕적 입론에 있어서는 역시 선-악의 대립적 입론이 필요하였던 것이다. 일인 학자 高橋亨도 율곡의 입론에서 이와 같은 것을 보았던 모양이다. 그는 말하기를 "율곡이 퇴계의 리발기발설을 부정한 것은 그 發자의 뜻을 해석하는 차이에 지나지 않고, 그 원리를 거부하는 것은 아니었다. 이것이 앞에서 인용한 바와 같이 牛溪가 '이것이 바로 퇴계 호발설의 뜻이다'라고 一針을 맞은 까닭인 것이다."라고 하였다. 高橋亨, 「이조 유학사에 있어서의 주리파 주기파의 발달」, 『조선지나문화의 연구』(경성제대, 소화 4년), p.200.

63) 裵宗鎬교수는 "道心은 四端으로서 善이요, 人心은 有善惡이다. 그러면 有善惡인 인심이 선인 도심을 또 포섭할 수 있지 않을까가 문제다. 만약 인심이 도심을 포섭할 수 있다면 그것은 마치 칠정이 사단을 포섭하는 것처럼 되므로 칠정이 인심과 같다고 해야 될 것이어늘, 도리어 칠정은 인심도심을 合言한 것이라 말한다. 이는 인심과 도심을 상대적으로 봄으로써 인심 안에 도심을 兼包시키지 아니하는 것이다."라고 말

내재하여 있으나, 결론적으로 말하면 그는 인간의 심을 '의'를 강조함으로써 종래 보다 더 다이나믹하게 파악하려 하였고, 인간의 노력을 통한 도덕적 성취를 강조하는 리얼리스틱한 사고방식을 가지고 있었다. 이러한 사고방식이 사회적 실천에 있어서는 보다 상황주의적이고 현실주의적인 발상을 가능하게 했다고 할 수 있다.

이상 살펴본 바와 같이 율곡의 성리학은 보다 상황주의적이고 현실주의적인 사고방식을 가지면서도 이상과 현실의 조화(동시 추구)라고 하는 기본 정신을 가지고 있었다. 그리하여 그의 사회정책론의 변통론 및 득중합의론과 조응되었다. 이와 같은 특성은 결국 리기 상함적 사고방식에서 왔다고 할 수 있다.

4. 결어

율곡은 당시 조선조 중엽을 살면서 그때까지 누적된 각종 사회적 모순을 직시하고 이를 개혁해야 한다고 생각하였다. 그리하여 한 세대 앞선 퇴계에 비해 정치론에서 통치자의 수신이 모든 것의 근본이라는 소극적 통치론에서 한 걸음 나아가 통치자의 통치 기술과 그 제도의 중요성을 깨닫고 제도 개혁을 통하여 옳은 정치를 이루려고 하였다. 이것을 율곡의 변통론이라고 한다.

그러나 율곡은 이러한 변통에는 단순한 개혁 의욕만 있어서는 안 되고,

하였다. 배종호, 『한국유학의 철학적 전개』(중)(연세대출판부, 1985), pp.86-92. 한편 宋錫球 교수는 율곡이 인심도심종시론에서 인심을 인욕으로 돌리지 않은 것은 인간의 修爲之功에 의해 도심으로 전환할 수 있다는 생각에서 그렇게 보는 것 같다고 하고, 또 그러한 논리적 불명확을 통하여 그의 가치론적 사고를 보고자 한다고 하였다. 송석구, 『율곡의 철학사상 연구』(형설출판사, 1987), pp.135-136.

이념(철학)이 있어야 한다고 보았다. 그것이 시무책에서 피력한 소위 '득중합의론(得中合宜論)' 이다. 이는 변통을 위해 권도를 행할 때 그 '시중(時中)의 도' 를 붙잡는 것이 중요한데, 그 중을 잡는 것이란 바로 일의 합리성(적의성)〔宜〕에 맞도록 하는 것이 된다는 것이다. 일의 합리성(적의성)은 기본적으로 변통의 목적, 즉 나라의 안위와 백성의 행복을 위하는 근본 목적에도 부합되어야 하므로 크게 보면 오늘날의 사회 '정의(justice)' 의 정신과도 통하는 것이다. 물론 성리학에서는 그와 같은 신성한 목적을 담을 때, 이 의(宜)가 단순한 합리성(적의성)이 아니고 보편성을 지닌 '진리' 가 된다 하여 '의(義)' 또는 '의리(義理)' 라고 말하기도 한다.

이 '득중합의' 되는 곳에 '시(是)' 와 '이(利)', 즉 '옳음' 과 '이익' 이 동시에 실현된다는 것이다. 이때 이익은 바로 백성을 위한 '공익' 임은 물론이다. 율곡에 의하면 공익을 위해서 변통을 해야 하며, 그때 중요한 것은 바로 이와 같이 '옳음' 과 '이익' 을 병행시키는 것이며, 그렇게 함으로써 그 변통이 옳은 변통으로서 더 많은 이익(공익)을 산출한다는 것이다. 이 변통론과 득중합의론이 율곡 사회정책론의 기본이다.

이러한 상호 모순되는 '옳음' 과 '이익' 의 병행이라는 사고방식은 근본적으로 그의 리기론, 즉 '리기상함' 의 논리에서 왔다. 그는 서화담의 유기론, 퇴계의 리발론, 나정암의 리기일물론 등에 대한 비판을 통해 주자의 우주론, 즉 자연형이상학(우주형이상학)을 깊이 이해하여 리기 관계를 상함적으로 파악하였다. 이를 율곡은 '리통기국', 또는 '리기지묘' 라고 나타내었다.

뿐만 아니라 율곡은 사단칠정론에서도 퇴계의 사칠리기호발론을 비판하고, 칠정이 사단을 포괄하며 사단도 기발이라고 하여 칠정이라는 생생한 인간 정감의 현실을 붙잡고, 그것을 선으로 인도하기 위한 인간적 노력을 기울이었다. 또한 인심도심상대종시설을 통하여 한편으로는 '의

(意)' 의 작용에 의해 인심의 도심으로의 전환 가능성, 즉 인심의 선 · 악 가능성을 기대, 인심을 인욕으로 보지 않았다. 이는 사칠론에서처럼 인간 정감의 생생한 발현을 직시하려는 현실적 사고방식인 것이다.

물론 이러한 율곡의 상황주의적, 현실주의적 사고 경향은 상대적으로 말하는 것일 뿐, 전체적으로 볼 때 율곡은 이상과 현실의 조화를 강조하고 있다. 이는 리기 관계에 대한 상함적 이해가 그 바탕이 되어 있기 때문이다. 이것이 그의 사회정책론에서는 변통론과 득중합의론으로 나타났다. 이와 같이 그의 성리학과 사회정책론은 상호 조응되고 있는 것이다.

9장

율곡 이후 기호학파의 주자학 전개

1.서언

조선조 후기의 성리학 전개는 퇴계와 율곡의 성리학을 계승하고 부연하는 한편, 퇴 · 율 성리학의 일부를 비판하고 수정하는 방향으로 갔다. 그리하여 비판하고 수정하는 방향은 퇴 · 율 양 사상을 절충하게 되었는데, 이는 단순한 종합이 아니고, 오랜 논쟁과 사색을 거치면서 양 사상을 비판적으로 분석하여 얻어낸 결과이다.

기호 성리학은 율곡 이이의 사상을 발원으로 하여 그것을 계승하고 발전시킨 기호학파의 성리학으로 정치적으로는 노론, 소론의 당론이 되기까지 하여 인조반정 이후 조선조 후기 학계 및 정계를 주도하였다. 이 기호 성리학은 율곡의 문도 사계(沙溪) 김장생(金長生)과 그 아들 신독재(愼獨齋) 김집(金集)을 거쳐 우암(尤庵) 송시열(宋時烈)과 그 문도 수암(遂庵; 寒水齋) 권상하(權尙夏)로 계승되어 다시 남당(南塘) 한원진(韓元震), 남당에서 다시 녹문(鹿門) 임성주(任聖周)로 이어지는 소위 직계파가 있고, 우암 문도 농암(農巖) 김창협(金昌協)으로부터 미호(美湖) 김원행(金元行)을 거쳐, 매산(梅山) 홍직필(洪直弼), 다시 간재(艮齋) 전우(田愚)로 이어지는 비판적 학파인 별파가 있다. 신독재의 문인에 우암 이외에도 윤선거(尹宣擧, 호 美村), 송준길(宋浚吉, 호 同春堂)이 있다. 또 당대 석학인 박세채(朴世采, 호 玄石; 南溪)는 청음(淸陰) 김상헌(金尙憲)의 문인이다. 그의 사칠설이 문인 창계(滄溪) 임영(林泳)에게 영향을 주었고, 창계의 학설을 농암은 매우 존중하였으므로 그 영향을 받았다고 할 수 있다.

한편 농암 계열은 농암-김원행(金元行, 호 美湖)-김이안(金履安, 호 三山齋)-박윤원(朴胤源, 호 近齋)을 거쳐 한쪽으로는 매산-고산-간재로 이어졌고, 다른 한쪽으로는 오희상(吳熙常, 호 老洲)-유신환(兪莘煥, 호 鳳棲)-김윤식(金允植, 호 雲養)으로 이어졌다. 도암(陶庵) 이재(李縡) 역시 미호와 같이 농암의 문인이다. 농암과 동시대에 창계와 같은 학설을 견지한 학자가 졸수재(拙修齋) 조성기(趙聖期)인데, 그는 사승 없이 학문을 닦았다. 구한말의 주리론을 주장한 화서(華西) 이항노(李恒老)도 농암의 아우 김창흡(金昌翕, 호 三淵) 계열인 이우신(李友信, 호 竹村)에게 배웠으므로 기호학파에 넣을 수 있다.

이상 기호학파의 사승관계와 분파 내역 등 대체적인 윤곽을 언급하였다. 이 글에서는 율곡에서 시작하여 사계-신독재-우암의 직계를 먼저 논하고, 우암의 후계로서 우암-수암-남당-녹문의 직계와 우암-농암의 별파를 선택하여 논하였다. 농암 이후는 도암과 간재만 논하였다. 이러한 선택적 논술은 남긴 문헌의 학술적 내용도 고려하고, 또한 사승관계에 따라 전개된 학술사상의 추이 맥락을 좀 더 명료화할 필요에서 단순화하려고 하였기 때문이다. 그리하여 이 글에서는 그 사상 내용을 퇴·율 시대부터 많이 언급한 '사단리기칠정론'을 주제로 삼았다.

기호학파의 율곡 이후의 전개는 율곡의 우주론-인간론 통합적 시각, 즉 先존재론적인 입장을 계승한 직계파와, 농암에서 시작된, 율곡설의 선 존재론적 인간론의 윤리적(가치론적) 불충분을 부분적으로 비판하며 퇴계의 윤리적 입론을 부분적으로 수용해 간 절충적 견해를 보인 별파로 나누어져 전개되었다.

절충적 견해는 상당한 기간에 걸쳐 이루어진 논쟁의 결과 사색의 축적으로 이루어진 사상적 발전이기도 하지만, 주자학에 근원적으로 내재된 존재-가치의 상충 문제를 점차 명료하게 인식해 간 과정이기도 하다.

2. 사계와 우암의 율곡 계승

사계는 리기론, 사칠론 등에 큰 관심을 두지 않았다. 오히려 그는 예의 이론에 밝아 조선조 사상사에서 그를 예학파(禮學派)의 거두로 보고 있다. 사계는 전적으로 율곡의 설을 계승하여 사단칠청을 모두 심의 작용으로 보고 칠정 밖에 다시 사단이 없다고 하였다. 즉 그는 말하기를

> 저 오성(五性) 밖에 다른 성은 없고, 칠정 밖에 다른 정은 없다. 맹자가 칠정 중에서 선정(善情)을 적출하여 사단으로 지목하였으니, 칠정 밖에 사단이 있는 것이 아니다. 선·악의 단서는 그 어느 것이 정이 아니겠는가? 악이란 본래 악이 아니고, 다만 형기(形氣)에 엄폐되어 과·불급이 있어서 악이 된다. 그러므로 정자(=정명도)는 선·악은 모두 천리(天理)라고 하였고, 주자는 말하기를 천리로 인하여 인욕이 있다고 하였다. 그러니 사단 칠정이 과연 두 가지 정이며, 리·기는 과연 호발할 수 있는가? 사단·칠정을 두 가지 정으로 보는 것은 리·기에 투철하지 못한 바가 있다.[64]

64) 『사계선생유고』 권5, 1-2면, 「四端七情辯示韓士仰」.

라고 하였다.

인심 · 도심과 사단 · 칠정과의 관계에서도 역시 율곡을 계승하여 칠정으로써 인심 · 도심을 겸한다고 하였다. 그는 말하기를

> 저 칠정은 인심 · 도심을 총합하니, 이는 리 · 기를 겸하여 말한 것이다. 『어류』의 기발의 설은 기를 주로 하여 말한 것이다. 율곡이 오기가 아닌가 의심한 것도 이 때문이다. …… 율곡의 소위 칠정 중에 인심 · 도심이 있다는 설은 의심할 것이 없다. 증자(曾子)와 자사(子思)가 사람의 정을 논할 때 다만 칠정만 말하고 사단은 말하지 않은 것은 칠정 중에 자연히 도심이 있기 때문이다. 맹자에 이르러 사단을 비로소 말하고 자사 이전에는 도심 일변을 말하지 않았는데, 그러면 자사는 도심을 몰랐단 말인가? 칠정이 형기에서 발하면 인심이라 하고, 의리에서 발하면 도심이라 한다. 율곡의 소위 리 · 기를 겸하여 말한 것이지 기를 주로 하여 말한 것이 아니라는 것은 이를 두고 한 말이다.[65]

라고 하였다.

사계는 '칠정 밖에 사단이 없다'는 것의 논거로 악은 과 · 불급이라고 하였다. 이는 칠정도 과 · 불급이 없으면 사단과 같다는 논리이다. 성리학의 선악관은 악을 절대악으로, 즉 악을 선 · 악 이분법적으로 보지 않고, 악은 어디까지나 '불완전한 선'이며, 선으로 나아가는 과정에 있는 것이며, 악은 소멸 과정에 있는 것으로 본다. 이는 성리학의 유기체 우주관에서 연유하는 것인데, 이 우주관에서는 우주 자체가 생생불식의 우주 섭리〔生意; 仁〕에 의해 움직이므로 우주에 근본적으로 악이 있을 수 없게 된다. 그러므로 소우주인 인간의 '본성이 발하여 정이 된다'의 심의 작용상

---

65) 동상 및 동서, 권5, 3면.

에서도 원칙적으로 악한 정은 있을 수 없는 것이다. 정자(=정명도)의 '선 · 악이 모두 천리' 라는 것이 바로 그런 의미를 나타낸 것이다. 그러므로 인간 성 · 정의 구조라는 존재론적 관점에 서면 칠정의 과 · 불급을 절대악으로 볼 수 없는 것이며, 따라서 칠정의 선은 그 자체 사단의 선과 다른 것이 아니게 된다.

그러면서 한편으로는 성리학에서 사단은 분명 선의 이데아의 세계를 말하고 있다. 주자가 사단에도 중절 · 부중절, 정 · 부정이 있다고 했지만,[66] 이는 심의 작용면에서 그렇게 말한 것이고, 맹자의 원의는 이상적인 도덕심의 발로를 극단적인 예를 들어 설명한 것이다. 그러므로 사단은 어디까지나 도덕의 목표이다. 주자 역시 칠정이 인간 정의 총칭인 양 칠정과 사단을 배속해 보인 것[67]도 칠정의 포괄성을 말해주는 것이다. 그러면서 끝내 일대일로 배속할 수 없다고 한 것은 또한 사단이 칠정과는 다른 '이데아' 임을 입증하는 것이다.

칠정의 선이 사단과 다르다고 할 수 없으면서 또 같은 것이라고도 할 수 없는데 성리학에서의 존재론적 관점과 가치론적 관점의 상충이 있는 것이다. 그러나 악이 아직도 존재하고 있는 엄연한 현실(육체적 기질)에 있어서 우리가 가치론적 입언을 한다면 어떻게 할 수 있겠는가? 우리의 언어 형식은 역시 퇴계처럼 이분법적으로, 대립적으로 말하지 않을 수 없는 것이다. 사칠리기논쟁의 복잡성은 이러한 논리적 상충에 중요한 원인이 있다.

기호학파의 사칠설은 동춘당에 이르기까지(신독재는 예에 밝고 리기, 성정 문제에 대해서는 별로 말하지 않았다) 큰 변화 없이 율곡설을 답습하였고, 우암에 와서 반대설을 철저하게 논박하였다. 우암에 와서 퇴 · 율의 상반

66) 『주자어류』(북경: 중화서국, 1986), 권53, p.1297. 이하 『주자어류』는 『어류』라 약함.
67) 『어류』, 권87, p.2242.

된 학설은 점점 당파적 이데올로기로 변해 갔다. 우암은 말하기를 "신독재가 일찍이 우계 학문이 퇴계보다 낫다 하였고, 조중봉(趙重峰; 趙憲)이 아조의 포은(정몽주), 율곡이 진유이고 여타는 들어가지 못한다 하였고, 신독재는 일찌기 퇴 · 우(퇴계와 우계)는 미진하다고 여겼다."라고 하였다.[68] 신독재의 퇴 · 우 비교는 당파적 편견으로 우암에 이르러서는 이미 기호학파의 당론이 되어 있었다. 이에 대해 남인은 퇴계를 극존하며 율곡 · 우암을 억누르려고 하였다.

우암은 말하기를

> 율곡이 사단 또한 기발리승(氣發理乘)이라 하고, 퇴계는 사단은 리발이기수지(理發而氣隨之)요, 칠정은 기발이리승지(氣發而理乘之)라고 말하였는데, 퇴계는 사단 · 칠정이 모두 묘한 기발이리승지임을 몰랐다. 또 율곡은 퇴계의 '리발이기수지' 이 일구는 큰 잘못이라고 하였다. 리는 감정, 헤아림, 만듬 (과 같은) 작용이 없는 것이다. 리는 기 가운데 있는 고로 기가 운동, 작용하면 리 역시 거기 부여된다. 『중용』 첫장에서 볼 수 있다. 율곡은 또 퇴계의 리발기수의 잘못은 그의 태극설을 보면 더욱 분명하다고 하였다. 나는 태극이 음양을 타고 유행한다는 것은 들었어도 음양이 태극을 타고 행한다는 것은 듣지 못했다. 그러므로 주자는 태극이란 본연의 묘이고, 동정이란 타는 기틀이라고 했다. 여기서의 동정은 즉 음양이다.[69]

라고 하였다. 우암은 율곡의 퇴계 비판 관점을 그대로 유지하였다. 퇴계의 태극설 운운한 것은 퇴계가 태극이 동하여 음양을 낳는다고 한 것을 말한다.[70] 퇴계는 우주론에서는 리 · 기를 동일 레벨로 입론하나, 인간론

68) 『송자대전』(부록), 「어록」, 〈이희조 록〉. 이하 『송자대전』은 『송전』이라 약함.
69) 『송전』 권130, 23면(잡저), 「주자언론동이고」.

에서는 사단-칠정, 리-기를 가치적 입론으로 이분법적으로 입론할 수밖에 없다는 것을 구분하지는 못하였다. 그것은 성리학이 기본적으로 '천인합일(天人合一)'이라는 자연법사상이기 때문에 우주와 인간 문제, 사실과 가치문제를 구분할 수 없었던 것이다. 이렇게 보면 퇴계의 우주론은 인간론의 반사적 위치에 있다고 볼 수 있다.

그러나 우암에게 있어서 율곡을 계승하면서 부닥친 딜레마는 율곡설과 주자의 "사단은 리의 발이요, 칠정은 기의 발이다."라는 말[71]과의 모순되는 것이다. 우암은 이에 대해 리기호발은 주자 사칠설의 정론이 아니고, 기록자 보한경의 기록 잘못이라고 단정하였다. 당초에 율곡은 이 구절에 대해 "주자의 이 설은 뜻이 딴 데 있다. …… 사단은 오로지 리만을 말하고, 칠정은 기를 겸하여 말한 것이다."라고 하였다.[72] 사실은 율곡의 말과 같이 리만을 말하고 기를 겸하여 말하는 데 주자의 뜻이 있었던 것이 아니라, 가치를 논하는 데 있어서는 이분법적으로 사칠을 구분하여(대립시켜) 입론하면 그렇게 할 수밖에 없는 것이다. 이 때 리·기는 이미 의미가 전화되어 선·악의 가치론적 용어로 쓰인 것임은 말할 것도 없다. 이렇게 보면 기록자의 잘못은 아니고, 주자의 성리학적 표현(명제) 자체가 원래 앞에서 말한 바와 같이 두 관점의 명확한 구분 없이 이루어졌기 때문에 혼란을 야기할 수밖에 없었던 것이다. (그러나 한 철학자의 사상 형성에 있어 전후 시간적으로나 논술 방법에 차이가 날 수도 있고, 또 혹 기록자의 착오도 전혀 없다고 할 수 없으므로 우암의 이러한 노력은 가치가 있고, 앞으로 좀 더 자세히 연구할 과제라고 할 수 있다.)

우암은 율곡설을 논리적으로 한발 더 진전시켜 사단은 순선(純善)이라

---

70) 『퇴전』 권41, 20면, 「비이기위일물변증」 및 권39, 28면, 「답이공호문목」

71) 『어류』 권53, p.1297.

72) 『율전』 권10, 5면, 「답성호원」.

는 율곡설을 정정하여 사단에도 중절 · 부중절이 있다고 하는 한편, 이 주자설을 가지고 와 율곡의 사단도 '기발리승' 이라는 설을 입증하려고 하였다. 그는 말하기를

> 퇴계 · 고봉 · 율곡 · 우계 모두 사단을 순선이라고 했는데, 주자는 사단에도 불선(不善)이 있다고 하였다. 네 선생이 이 설을 미처 보지 못했을까? 저 사단에 왜 불선이 있는가? 사단 역시 기발리승지 하기 때문이다.[73]

라고 하였다.

이보다 앞서 기고봉(奇高峯)은 퇴계와의 논쟁 중 이 문제를 긍정적으로 제기한 바 있는데, 이때 그 이유로 리는 기 중에 있고, 리는 약하고 기는 강하기 때문이라고 하였다.[74] 즉 고봉은 리 · 기의 현상을 두고 말하였다. 이에 대해 퇴계는 말하기를

> 사단 또한 부중절이 있다는 논의는 매우 신선하지만, 맹자의 본의는 아니다. 맹자의 뜻은 순수하게 인의예지 상에서 발출되어 나오는 것을 가리켜 말하여 '성이 선하므로 정 역시 선하다' 는 것을 나타낸 것이다. …… 보통 사람에 있어서 정의 발현의 부중절에 나아가 그것과 뒤섞어 논한다면 …… 어찌 이것을 가지고 사단이 순수한 천리의 발현임을 혼란시키겠는가?[75]

라고 하였다. 이 문제에 대해 고봉과는 다른 퇴계의 입장을 잘 볼 수 있다. 주자의 의도는 물론 사단도 심리적 작용 측면에서 보면 그렇다는 것이었

---

73) 『송전』 권130, 23면, 「주자언론동이고」.

74) 『고봉집』 권3, 「고봉답퇴계재론사단칠정서」.

75) 『퇴전』 권16, 41면, 「답기명언논사단칠정 제2서」.

지만, 맹자의 윤리적 입장을 혼란스럽게 만든 것은 사실이다.

그러나 우암 이후는 주자의 말을 인용하며 점점 사단 역시 부중절, 불선이 있다고 주창하기에 이르렀다. 여기에는 우암의 주자 존신의 영향도 있었다.

또 우암은 율곡의 '심이 기이다〔心是氣〕'[76]라는 명제를 계승하여 주기학파(主氣學派)의 대원칙으로 삼았다. 율곡은 주자의 심의 '허령지각(虛靈知覺)'의 측면을 중시하여 심을 기로 보았는데, 우암은 이를 적극적으로 수용하였다. 그는 제자가 "심의 허령은 기입니까, 아니면 리·기의 합입니까? 라고 물은 데 대해 그것은 기라고 대답하고, 율곡 선생도 일찍이 심을 기로 보았다고 하였다.[77]

'심은 기이다'는 기호학파에 있어서 가장 중요한 당론으로서 영남학파의 '심은 리이다〔心卽理〕'와 정반대되는 이론이었다. 이 이론은 우암 이후 그 문도들에 의해 사색의 심화에 따라 논의가 더욱 정밀해졌다.

우암에 의해 노론의 당파가 이후 약 200년간 정계를 주도함으로써 율곡·우암의 학계에 대한 영향도 컸다. 우암 이후 학통은 두 파로 나누어졌다. 송우암-권수암-한남당-임녹문 계열과 송우암-김농암-김미호-홍매산-전간재 계열이 그것인데, 권수암 계열이 직계파라면 농암 계열은 별파라고 할 수 있다. 별파가 율곡설을 일부 부정하였으므로 좌파라 할 수 있고, 이에 대해 직계파를 우파라고 편의상 명명할 수 있다.

76) 『율전』 권10, 28면, 「답성호원」.

77) 『송전』, 「어록」, 〈김간록〉.

3. 우암학파의 주기적 학설

율곡은 사칠에 있어서는 리기호발을 인정하지 않았으나 인심 · 도심에 있어서는 하나는 형기(形氣; 육체)에서, 하나는 성명(性命; 도덕심)에서 발한다는 주자의 설을 부정하지 않음으로써 사람의 심에서, 리에서 일어나는 (도덕적) 지각과 기에서 일어나는 (감각적) 지각 두 가지가 있음을 인정하는 것이 되었다. 율곡은 "인심 · 도심은 서로 겸할 수 없고 서로 처음과 끝〔始終〕이 된다."라고 하고,[78] 또 "성이 발하여 정이 되고, 심이 발하여 의(意)가 된다."라고 하였다.[79] 그러면서 율곡은 또 말하기를 "칠정은 인심 · 도심을 합하여 말한 것이다."라고 하고,[80] 또 "기가 이미 작용하면 인심인데, 칠정으로 선악을 합한 것이다."라고 하였다.[81] 율곡의 이러한 상반되는 입론에 대해 율곡 문도들은 고심하였으나 우암에 이르기까지 별다른 이론을 세우지 못하였다. 수암(=한수재)과 농암에 이르러 비로소 '형기의 기'와 '리기의 기'를 구분하기에 이르렀다. 수암은 율곡의 "발하는 것은 기이고, 발하게 하는 까닭은 리이다."의 대원칙을 근본으로 하여 퇴계의 '리기호발'을 반박하면서 인심도심설에 언급하기를

> (주자의) '인심은 형기의 사사로움에서 생긴다'에서의 이 氣 자는 귀 · 눈 · 입 · 코〔이목구비〕를 가리켜 말한다. (정지운의『천명도설』의) '칠정은 기에서 발한다'에서의 이 기자는 심을 가리켜 말한다. 글자는 비록 같아도 가리키는 바는 전혀 다르다. 그러나 옛부터 선현이 매번 인심 · 도심을 이렇게 말할 수

---

78) 『율전』 권9, 34면, 「답성호원」.
79) 동서, 권20, 55면, 「성학집요」.
80) 동서, 권10, 7면, 「답성호원」.
81) 동서, 권9, 36면, 「답성호원」.

있으면 사단 · 칠정은 왜 이와 같이 말할 수 없는가 하는데, 이는 다만 잘 살피지 않아서 그렇지 않겠는가?[82]

라고 하였다.

한남당 역시 같은 말을 하였다. 즉 그는

주자의 「답채계통서」를 보면 주자가 '인심은 기발, 도심은 리발' 로 본 것 같으므로 나중에 리기호발론자들이 이것을 큰 증거로 삼았다. 그러나 자세히 고찰해 보면 그렇지 않다. 그 인심을 논하면서 '육체〔形〕를 주로 하여 질(質; 물질적인 것)이 있다' 고 한 것이나 '사사로움으로 혹 불선하다' 한 것은 대개 귀 · 눈 · 입 · 몸〔이목구체〕를 가리켜 말한 것이다. 무엇을 육체라 하느냐 하면 귀 · 눈 · 입 · 몸의 감각기관을 육체라 할 수 있고, 심에서 발출하는 기는 육체라고 할 수 없다. 사사로움이라는 것은 귀 · 눈 · 입 · 몸의 감각을 사사로움이라 할 수 있고 심에서 발출하는 기는 사사로움이라 할 수 없다. 대개 인의예지의 리를 귀 · 눈 · 입 · 몸의 감각과 대립해서 말하면, 하나는 공적이고 불선이 없고, 하나는 사적이고 혹 불선하다. …… 이것은 소위 나누어 말하는 것이지 심이 구비한 리 · 기를 나누어 인심은 기에서 발하고 도심은 리에서 발한다는 것이 아니다.[83]

라고 하였다.

이 설은 기호학파나 영남학파나 매우 중요한 문제이다. 근본적으로 심의 작용을 리발 · 기발 두 길로 볼 것이냐 하는 문제이기 때문이다. 영남학파에서는 이에 대해 반론하기를

---

82) 『한수재집』 권21, 11면, 「잡저」.

83) 『주자언론동이고』(남당 완성본), 「인심도심고」.

주자가 비록 심을 기에 비해 신령〔靈〕하다고 하였지만 여기에서는 그렇게 말할 수 없을 것 같다. 대개 형기의 기는 심기(心氣)의 기이다. 기에 어찌 두 가지가 있겠는가? 형기 · 심기 두 가지로 본다면 성명(性命) 밖에 또 다른 심의 리를 구해야 한단 말인가?[84]

라고 하였다. 영남학파의 비판을 긍정하면, 기호학파의 '리기의 기'와 '형기의 기'를 혼합할 수 없다는 것은 하나의 궁여지책으로 나온 방편설이라 하겠는데, 그렇다면 율곡의 원의는 어디에 있는가?

율곡이 인심 · 도심을 상대적으로 입론한 것은 양자가 종시(처음과 끝)가 된다는 설과도 연관이 있지만, 율곡 역시 인심 · 도심은 심이 발한 뒤에 그 연원을 따져서 상대적으로 비교한 것이라는 생각 때문에 이분법적으로 가치론적으로 말한 것이다. 그러나 인심은 전적으로 악하다고 할 수 없으므로 한편으로는 인심은 칠정의 선 · 악을 포함하고 있다고 하였는데, 이는 율곡의 설도 역시 인욕을 악으로 보지 않는, 즉 악을 절대악으로 보지 않는 성리학의 선악관 위에 기본적으로 서 있기 때문이다. 율곡에 있어서의 이러한 논리적 모순은 성리학의 기본적인 이 두 가지 관점이 상충되는 데서 기인하는 것이다. 그러므로 이 두 관점을 구분하면 그 모순은 자연 해소되므로 우암 우파의 이러한 방편설은 필요 없게 된다. 그러나 철학적 문제의식을 느끼고 사색과 논리를 더욱 청치하게 진전시킨 것은 사상적 발전이라고 아니 할 수 없다.

남당은 또한 율곡의 '심은 기이다〔心是氣〕'를 계승하여 그 관점에서 퇴계를 비판하였다. 즉 그는 말하기를

84) 李鍾祥, 『定軒集』, 15면, 「答南仲元書」.

> 심만을 말하면 심은 리와 기의 합이다. 그것은 대개 성을 그 중에 포함하기 때문이다. 그러나 만약 성과 대립시켜 말하면 성은 리이고, 심은 기이므로 다시 리·기의 합으로 심을 말할 수 없다.[85)]

라고 하였다. 주자는 원래 심·성·정을 분석하여 각각의 기능을 말하면서 심은 성·정을 주재한다고 하였다. 그런데도 기호학파에서 심을 성(=리)과 대립시켜 기로 보는 것은 주자의 "심은 기의 에센스〔精爽〕이다."라는 말[86)]과 "허령(虛靈)은 심의 본체이다."[87)] 및 "(명덕은) 허령불매(虛靈不昧; 허령하여 어둡지 않음)하여 중리(衆理; 온갖 이치)를 갖추어 만사에 응한다."[88)]라고 한 것에 근거한 것이다. 그런데 율곡은 왜 심의 이러한 기의 면을 강조하였을까? 이는 율곡의 인심도심종시설과 연관이 있다. 율곡은 '성발위정(性發爲情)'과 '심발위의(心發爲意)'를 구분하고, 심의 '의지' 적인 면을 강조하였다. 그리하여 인심에서 도심으로의 전환과 수양에서의 '기질의 교정〔矯氣質〕'을 주장하였다. 심은 '리기의 합'이므로 만약 심의 본체면에서 보면 '심즉리'(심은 곧 리이다)라고도 할 수 있는 것이다. 그러므로 율곡의 우주론이 깊이 반영된 인간론의 결론이 '심시기'(심은 기이다)로 전개되었다고 하겠다.

한남당과 이외암은 한수재의 뛰어난 제자였는데, 두 사람 사이에 소위 '인성·물성의 차이〔人物性同異〕'에 대한 논쟁이 있었다. 외암은 '인물성동론'을, 남당은 '인물성부동론'을 주장하였다. 전자를 낙론(洛論), 후자를 호론(湖論)이라고 불렀다. 외암은 『중용』의 '천명지위성'에 대한 주

85) 『남당집』, 「습유 4」, 〈퇴계집차의〉.
86) 『어류』, 권5, p.85.
87) 동상.
88) 『대학』, 〈명덕 주〉.

자의 주 "인간과 만물의 탄생에 각기 그 리를 얻어 오상(五常; 인의예지신)의 덕으로 삼았다."라는 것과 『대학혹문』의 "인간과 만물의 탄생에 반드시 그 리를 얻어 인의예지의 덕으로 삼았다."라는 것을 근거로 '성즉리'의 관점에서 일체만물은 천부의 본성 그대로에 있어서는 차별이 없다고 하였다. 남당은 스승의 설을 계승하여 성을 단순히 리로 보지 않고, 리가 일정한 기에 배속되어야 생물의 각종 다양한 일반성(인성 · 물성)을 이룬다고 보았다. 기질을 거쳐야만 인간과 만물의 구체적 개성이 된다는 것이다. 이런 관점에서 남당은 인성 · 물성은 서로 다르다고 하였다.

이는 성리학의 우주론이 '유기체 우주론'이기 때문에 만물의 보편성을 강조하며 그 생명성에서 유대성을 강조하는 것이다. 즉 인물성동론을 강조하는 것이다. 이는 오늘날 화이트헤드(Whitehead)의 유기체 우주론 역시 인간, 생물, 무생물 간에 본질적인 차이를 인정하지 않고, 다만 유기체로서의 '진화의 정도의 차이'만 인정할 뿐이라는 설과 유사하다. 주자가 형이상학에서는 리기이원론이지만 '리신론(理神論; deism)'의 신학적 체계에서는 '범리론(汎理論; 범논리주의; panlogism)'적 경향이 농후하여 리의 보편성을 강조하는 것이다.[89] 이에 비해 남당의 인물성부동론은 기에 의한 만유의 생성에서의 차별상, 즉 특수성을 강조하는 입장으로서 그 근거는 성리학의 인간론에 두고 있다. 즉 기에 의한 만유의 생성변화는 본질적으로 다름이 없다고 하더라도 기는 원래 청탁수박의 차이가 있고, 또 만유 중에서도 인간은 특히 만물의 영장으로서 우주에서 인간의 위치가 다른 생물과는 다르다는 존재론에서 연유한다. 즉 유기체로서 기에서는

89) 주자의 '태극론'을 보더라도 주자의 존재론은 실제는 범재신론(만유내재신론; panentheism)이다. 그러나 유교의 도덕 형이상학에서는 가치로서의 리를 강조하게 되어 리의 초월-내재의 이중성 중에서 초월성이 매우 강조되어 도덕론의 측면에서 보면 마치 리신론이나 범리론처럼 보인다.

본질적 차이가 없다고 하더라도 그 진화의 정도에 차이가 있고, 그리하여 인간은 특히 '이성'을 가진 동물이라는 것이 성리학의 리기우주론의 기본 관점이다. 이는 유교의 인간중심주의의 반영이다. 그러므로 인물성은 동·부동의 양면을 동시에 보지 않으면 안 된다고 할 수 있다. 남당의 이러한 부동론의 입장은 인물성의 보편성을 부정한다는 의미에서 '반형이상학적'인데, 이 점에서는 중국의 명·청대의 '기의 철학'과 궤를 같이한다. 그러나 과연 기의 철학처럼 반주자학적이었는지는 의문이다. 인물성론은 주자학의 동어반복의 인상이 짙으므로 그 사상사적 의의는 그들의 사회적 관점이나 실천과 함께 고찰해야 될 것이다.

수암은 인물성부동론의 근거를 다음과 같이 논리적으로 설명하였다.

성현이 본성을 논한 데는 대개 3가지 설이 있다. 기를 제외하고 리만 말한 것, 기와 리를 각각 가리키되 기에 섞지 않고 말한 것, 그리고 리와 기를 섞어서 말한 것이 그것이다. 전적으로 리만 말하면 태극 전체가 갖추어지지 않은 바가 없어 만물의 성이 모두 같다. 이것은 한 근원〔一原〕이다. 주자가 매 사물이 각기 태극을 구비하였다는 것이 그것이다. 그다음 각각 그 기의 리를 가리키면 양건음순(陽健陰順)·목인화례금의수지(木仁火禮金義水智)의 그 성이 부동하여 기의 청·탁·미·악에 섞지 않고 말하는 것이다. 그러므로 그 건순오상 됨이 지극한 선을 잃지 않는다. 사람은 그 온전한 것을 얻고 물은 그 편벽된 것을 얻어 인·물의 성이 부동하다. 이는 분수(分殊)이다. 주자 소위 "(『書經』의) '惟皇上帝, 降衷于下民, 民之秉懿'라 하였는데, 이것은 인·물의 다른 곳인데, 서민은 버리고 군자는 보존한다"라는 것이다. 이것은 바로 이 다른 곳에서 보존할 수 있으면 인간이 금수와 스스로 달라질 수 있다고 한 것이다. 그다음 리와 기를 섞어 말하면 강유, 선악이 만 가지로 달라 사람마다 사물마다 그 성이 다르다. 이는 분수의 분수이다.[90]

수암의 이 설은 매우 잘 된 분석인데, 남당 역시 이 설을 계승한 것이다.

외암의 설이 한 번 더 바뀌면 '주리설'의 영남학파에 합해지게 되고, 수암, 남당 설이 한 번 더 바뀌면 성을 기로(기질지성만을 성으로) 보게 되는데, 임녹문이 이러한 주장을 하였다.

녹문(鹿門) 임성주(任聖周)은 남당의 문인으로서 매우 사색적인 학풍을 갖고 있었다. 그는 영남학파의 한주(寒洲) 이진상(李震相)과 상대하여 기호학파의 학설을 갈 데까지 끌고 간 사람이다. 농암학파의 노주(老洲) 오희상(吳熙常)는 그의 학설을 또 날카롭게 비판하였으므로 비교해서 고찰하면 그의 입장이 더욱 명료해진다.

임녹문은 나정암을 사숙하여 그 영향을 많이 받았다. 녹문은 천지는 일기(一氣), 즉 생기(生氣)이고, 사람 역시 다만 기에 의해 본성을 보고, 선악의 근원을 알 수밖에 없다고 단정하였다. 그리하여 퇴계 등이 말한 '기의 장수'로서의 리, 또는 '기의 명령자'로서의 리는 다만 자연의 기 활동의 법칙으로 보았다. 선악 역시 기의 작용이고, 리는 이것을 전연 어찌할 수 없는 것으로 생각했다.

즉 그는 말하기를

> 가만히 생각하니 우주 간에 상하·내외·시종도 없이 가득 차서 여러 조화를 만들어내고 여러 인·물을 생출해내는 것이 다만 하나의 기 뿐이니, 리자를 들여놓을 조그만 틈도 없다. 그 기가 이와 같이 성대하고 작용하는 것은 누가 시키는가? 자연히 그럴 뿐이다. 이 자연히 그러한 곳에서 성인이 '도(道)'라고 이름하고 '리(理)'라고 이름하였다. 그리고 이 기는 원래 공허한 사물이 아니고 전체가 밝고 표리가 통철한 것이 모두 '생의(生意; 생명성)'이다. 이 기가

---

90) 『한수재집』 권21, 6-7면, 「論性說」.

한번 동하여 만물을 발생하고 한번 정하여 만물을 수렴한다. 발생은 원(元)·형(亨)이요, 수렴은 이(利)·정(貞)이다. 이것은 기의 성정(性情)이 '자연' 에서 나와서 '당연지칙(當然之則; 규범)' 이 된다. …… 그런데 소위 자연, 당연이란 별도로 구분이 있는 것이 아니라 다만 기 상에서 말하는 것이다. …… 진실로 이 뜻을 알면 기를 가리켜 리라 해도 안 될 것이 없다.[91]

라고 하였다. 이것은 나정암의 우주일기론의 재판이라 할 수 있다. 그러므로 오노주는 정암이 한번 바뀌면 녹문이 된다고 하였다.[92]

성리학의 기본 명제인 '리일분수' 에 대해 녹문은 '기일분수' 라고 해도 된다고 하여

오늘날 사람들은 매양 '리일분수' 를 가지고 '리동기이(理同氣異)' 라고 보는데, 그들은 '리의 하나(=전체)' 가 '기의 하나(=전체)' 에서 나타나는 줄은 모른다. 진실로 '기의 하나(=전체)' 가 아니면 어디에서 리가 반드시 하나(=전체)라는 것을 알겠는가? '리일분수(理一分殊)' 는 리를 주로 하여 말하는 것인데, 이때 '분(分)' 자는 당연히 리에 속한다. 그러나 만약 기를 주로 하여 말하면 '기일분수' 라고 해도 안 될 것이 없다.[93]

라고 하였다. 원래 '리일분수' 는 '부분' 과 '전체' 의 상관관계를 나타내는 성리학 우주론의 중요한 원리인데, 그 의미는 오늘날 과학에서 말하는 '홀로그램 이론' 과 같은 것으로 전체는 부분의 집합이 아니라 부분 속에 전체의 상이 다 들어 있다는 이론이다. 이것은 존재의 실상을 말하는 것

---

91) 『녹문집』 권2-3, 「녹려잡지」.
92) 高橋亨, 「조선 · 지나문화의 연구」, p.265에서 재인용.
93) 『녹문집』 권19, 3-4면, 「녹려잡지」.

으로 성리학에서 매우 중요한 이론이다. 녹문이 '리기 불상리' 의 원칙에 의거하여 '리' 를 '기' 로 대체, '기일분수' 라고 해도 된다고 한 것은 틀리지는 않지만, 그렇게 한다고 '리일분수' 의 이론이 바뀌거나 그 이론을 더 명료하게 하는 것도 아니어서 결국 토톨로지(동어반복)에 불과하다.

'기일분수' 라고 하면 기라는 속성, 즉 언제나 변화 아닌 때가 없다고 하는 것을 나타내므로 '보편' 을 말하기에는 부적합하다. 물론 '기의 본체' 라는 보편에서 그렇게 말할 수 있다고 하지만, 원래 기는 움직임 아닌 때가 없다는 기본 전제에서 볼 때 기의 본체는 기론에서 관념적으로 요청된(전제된) 개념이므로 리를 부정하고자 하는 기론의 반형이상학적 관점과는 오히려 모순되는 것이다.

녹문은 또한 인간 본성도 기질지성만 인정하였다. 이는 그의 심 · 성을 하나로 보는 관점[94]과도 유관하고, 더 근본적으로는 그의 '유기론' 에서 말미암는다. 그는 '본연지성' 은 '담일본연지기(湛一本然之氣)' 이며, '기질지성' 은 개체의 기질의 청탁수박에 지나지 않는다고 하였다. 그는 말하기를

> 오늘날 사람들 중 사람과 본성을 둘로 나누는 사람이 많다. 그들은 기질이 비록 악해도 본성은 그대로 선하다고 생각하는데, 이는 리와 기를 두 가지로 보는 것으로 본성의 선이 아직 진정한 선이 안 된다. 혹 의심하기를 그렇다면 기질의 탁 · 박은 어떻게 처리해야 되는가? 하면서 기질이 탁 · 박한 자라도 그 '본체의 담일' 은 같지 않음이 없다고 말한다. 대개 사람은 천지의 바른 기를 받아 태어나 심이 공통(空通)하다. 이 공통한 가운데의 '담일본체' 는 천지와 통하여 장애 없이 발로유행(發露流行)한다. 이 때 그 덕을 '본성〔性〕' 이라 하

94) 동서, 권19, 20면, 「녹려잡지」.

고, 그 신통함을 '심(心)' 이라 하고, 그 작용을 '정(情)' 이라 한다. 모두 이 기로 말미암아 이름을 붙인 것이다.[95)]

라고 하였다.

녹문이 유기론의 입장에서 기질지성만을 인정하는 근거는 사람의 원래 기는 바른 기〔正氣〕로서 '담일(湛一)' 하므로 그 성은 진정하게 선하다는 것이다. 이는 율곡의 '담일청허지기설' 에 연유하고 나정암의 영향에 말미암는데, 율곡의 경우는 기의 운동을 말하기 위해 도입한 설명에 불과하나 녹문의 경우는 '담일지기' 를 기의 본체로서 상정하고 있는 것이다. 장횡거의 '태허론' 도 마찬가지지만, 여기에 기론자들의 모순된 입장이 있다. 즉 그들은 반형이상학적 입장에서 '리' 의 초월성을 부정하면서 기의 본체를 또 상정하여, 그것을 실체로 보려 한다. 그러나 기는 원래 리기론에서 '동정무단, 음양무시' 이기 때문에 그 실체는 현실적으로 없고, 그것을 상정한다면 그것 역시 그들이 부정하고자 하는 리와 마찬가지로 초월적인 것이다. 즉, 기는 청탁수박 그 자체가 현실성이요 본질이므로 담연본체는 추상적으로 요청된(전제된) 개념인 것이다. 녹문의 이러한 입장은 나정암을 비판하고 주자 형이상학에 가장 핍진해 들어갔다고 자부한 율곡의 리기론(형이상학)을 충실히 계승했다고 보기 어렵다.

녹문은 인간의 본성을 기질지성 하나만 인정하였는데, 그 근거로 사람의 본성은 그 기질이 선한 것이라고 하고, 이 기질지성 외에 다른 성은 없다고 하였다.[96)] 그리하여 녹문은 악은 기의 찌꺼기 때문이라고 보았다. 즉 그는 말하기를

95) 동서, 권19, 5-6면, 「녹려잡지」.

96) 동서, 권19, 5면, 「녹려잡지」.

> 대저 신체에 편만한 것이 기질이며 몸에 두루 퍼진 것은 담일한 본체요 신명(神明)이다. …… 기의 기틀이 한번 동하면 찌꺼기도 작용하게 되므로 담일한 본체가 누를 입는다. 그러면 심과 성도 누를 입는다.[97]

라고 하였다. 여기서도 녹문이 기의 본원을 상정하고 있음을 분명히 볼 수 있다.

녹문은 기질지성만 인정했지 '성은 기이다' 라고 한 것은 아니다. 기질지성만 인정하는 것은 그의 존재론에서 기만 인정한 것과 궤를 같이하는데, 이는 형이상학을 부정하는 입장이다. 녹문에 와서 율곡의 리기론이 형이상학에 철저한 것과는 다소 거리가 생기게 되었다.

4. 농암학파의 절충적 견해

영남학파의 정통 학통으로 류서애의 고제인 우복(愚伏) 정경세(鄭經世)는 유독 사칠설에 있어서는 퇴계설을 추종하지 않고, 율곡설을 지지하였다. 우복은 노론인 동춘당 송준길의 외숙이었으므로 동춘당의 영향이 있었다고도 볼 수 있다. 남인의 우복, 장여헌처럼 특이한 학풍을 나타낸 이가 노론에서는 김농암, 소론에서는 박남계였다. 이들은 율곡설에 대해 부분적으로 비판을 가하고, 퇴계설을 지지함으로써 결국 절충적 경향을 보였다. 남계는 청음 김상헌의 제자이고, 우암은 청음에게 제자의 예를 하였으므로 남계와 우암은 동문이기도 하다. 그러므로 우암 당대에 이미 학계에서는 이러한 절충적 학풍이 있었다고 볼 수 있다. 이는 어떤 면에서

97) 동서(부록), 「녹문행장」.

보면 지속된 논쟁의 결과 사색이 축적되어 사상적 발전을 가져온 것이라고 볼 수 있다.

남계의 사칠설이 농암에게 영향을 주었는지는 확실하지 않으나, 농암과 동시대의 소론 학자에 졸수재(拙修齋) 조성기(趙聖期)와 창계(滄溪) 임영(林泳)이 있다. 창계는 처음 우암과 동춘당 송준길의 문인이었다가 또 정관재(靜觀齋) 이단상(李端相)의 가르침을 받았고, 또 남계에게도 제자의 예를 하였다. 졸수재는 사승없이 독자적으로 학문을 닦았으나, 양인의 사칠설은 거의 같다. 창계의 사칠설은 남계에서 나왔다고 볼 수 있다.

농암은 창계에 대해 크게 추존하였다. 또 그의 제 삼연(三淵) 김창흡(金昌翕)과 같이 졸수재의 학설에 깊이 경도한 바도 있었다. 농암은 정치적으로는 노론이었지만, 학설에 있어서는 소론에 따랐다. 즉 농암은 남인과 노론의 학설을 절충하였다.

오노주에 의하면 농암의 사칠설은 당시 우암의 정통계열에서는 기피했다고 적고 있다. 즉 그는 말하기를 "농암의 사단칠정설은 정밀하고 깊이가 있고 핵심을 잘 드러내 퇴율이 이르지 못한 이치를 많이 창안하였다. 이를 보면 무궁한 것은 진리라 앞 현인이 남긴 것을 뒤 현인이 밝히는 것이라 하겠다. 수암은 그 설이 율곡과 차이가 있으므로 빼버리자고 주장하여 그 설이 문집 원집(原集)에서는 빠졌다. 그 후 연보를 추가 간행할 때 미호 김원행이 그 요점을 덧붙였는데, 전문이 완비되지 못하여 안타까울 뿐이다."라고 하였다.[98] 수암 등 율곡의 정통학계는 농암설이 후세에 전해지는 것을 원하지 않았던 것이다. 그러나 농암집 발간 후 농암의 고제 어유봉(魚有鳳)이 이것을 전사하여 전함으로써 세상에 전해졌고, 농암 속집 간행 때 그 속에 들어갔다는 것이다.[99]

---

98) 『노주집』 권24, 2면, 「잡지2」.

99) 『농암속집』 권하, 65-75면, 「사단칠정설」.

농암의 사단칠정설은 두 가지 정이 성의 발동인 이상 리와 기의 공발(共發)에서 나온다는 사실은 율곡과 마찬가지로 인정한다. 그러나 사단은 리를 주로 하여 명목을 세우고, 칠정은 기를 주로 하여 명목을 세운다는 데 대해서는 퇴계에 찬동한 것이다. 칠정은 그것만으로는 아직 일체의 정을 포괄할 수는 없지만, 그 표현하는 의의에 대해서 생각해보면 모든 정을 포괄하여 칭한 것이고, 단지 아직 충분히 포괄적으로 거론하지 못했기 때문에 사단을 완전히 칠정에 배속할 수는 없다고 생각했다. 그러므로 농암은 말하기를

> 율곡이 '공경'을 가지고 '구(懼)'에 배속하고, '시비'를 가지고 희·노·애·락의 당연 여부를 아는 것으로 한 것이 아직 미진한 것이다. 하물며 '사양'에 이르러서는 이것을 칠정의 어디에 배속하겠는가?[100]

라고 하였다.

농암은 사단·칠정의 구별에 대해서

> 사람 마음은 리도 있고 기도 있는데, 그 외물에 느껴서는 기의 기틀이 발동하고 리는 거기에 탄다. 칠정은 기의 기틀의 발동에 즈음해 명명한 것이고, 사단은 그 도리(道理)가 드러난 것을 직접 가리킨 것이다. 사단의 명목을 보면 당초 입론한 뜻이 자연 『중용』「악기」와 다른 것을 볼 수 있다. 측은·수오는 애(愛)·오(惡)와 그리 큰 차이는 없지만, 사양·시비는 바로 도리에 나아가 말한 것이다. 어찌 기에 관련이 있겠는가? 이로써 추론하면 사단이 칠정과 다름을 볼 수 있다.[101]

100) 동서, 66쪽, 「사단칠정설」.
101) 동서, 65-66면, 「사단칠정설」.

라고 하였다. 즉 사단은 사실로서는 칠정 중에 포함되지만 가치 개념으로서는 대립적으로 입언할 수밖에 없다는 것이다. 농암의 이 말을 뒷받침하는 것이 사단에서는 맹자가 '확충'을 말하고, 칠정에서는 『중용』에서 '조화〔和〕'와 '절도〔中節〕'를 말하는 이유가 그것이다.

농암은 또 말하기를

> 사단은 선 일변이고 칠정은 겸선악이며, 사단은 리만을 말한 것이고 칠정은 기를 겸하여 말한 것이라고 한 율곡의 설은 명백하지 않음이 없다. 내 의견 역시 조금도 이와 다를 바 없다. 다만 논쟁점은 '기를 겸하여 말한다'는 일구에 있다. 대개 칠정은 비록 실제로 리·기를 겸했으나 요는 기를 주로 한다. 그 선한 것은 기가 리를 따른 것이고, 그 불선자는 기가 리를 따르지 않은 것이다. 그 선·악을 겸했다는 것이 이와 같을 뿐, 처음부터 그 '주기(主氣)'임을 해치지 않는다. 퇴계는 이 점을 보고 여기가 극도로 정미하여 말하기 어려운 곳이므로 분석하여 말할 때 그만 두 갈래가 된 것이다. 그리하여 '기발리승, 리발기수'라고 말함에 이르러 입론의 착오〔名言之差〕가 바른 견해의 누가 됨을 면하지 못한 것이다. 그러나 그 뜻의 정밀함과 상세함은 후인이 살피지 않아서는 안 될 것이다.[102)]

라고 하였다. 농암의 이러한 설명은 사칠논쟁의 핵심을 철학적으로 잘 분석한 것이라고 할 수 있다.

농암은 퇴계의 사칠리기호발설의 의의를 인정하였으므로 퇴계의 리가 기발을 기다리지 않고 자체 발동한다는 설도 그렇다면 인정하였는가? 그는 그런 표현은 쓰지 않고 리의 '주재(主宰)'라고 하였다. 그러나 이런 그

---

102) 동서, 68면, 「사단칠정설」.

의 입장은 인심도심설에 있어서 율곡과 다르지 않을 수 없었다. 율곡은 인심도심설에서 선 · 악을 기의 청 · 탁에 그 원인을 돌렸는데, 농암은 선한 정은 모두 청기로부터 발하나, 탁기로부터 발하는 정이라 하여 모두 악하다고 할 수 없다고 하였다. 즉 그는 말하기를

> 우매한 자가 평소 무도하지만 문득 자기 아버지를 누가 해치려 하면 발끈 화를 내며 그와 원수가 된다. 그 마음이 탁기로 가득 차 있지만, 부자의 사랑이 본성 상 중요하므로 위급한 때에 자기도 모르게 나온 것이다. 이로써 보면 인성이 선한 것을 알 수 있다. 이것을 어찌 청기의 작용이라 하겠는가? 리가 비록 감정이 없고, 작용이 없지만, 그 필연, 능연, 당연에는 자연히 진북계(陳北溪; 陳淳)의 설과 같이 또한 '주재' 가 없는 것이 아니다. 그러므로 사람 마음이 움직임에 리가 비록 기를 타지만 기 역시 리에 명을 듣는다. 이제 만약 선 · 악의 정을 일률적으로 기의 청탁에 돌리면 리의 '실체' , 즉 본성이 선함을 볼 수 없을 것 같다.[103)]

라고 하였다. 이것을 보면 농암은 우주론과 인간론의 구분을 어느 정도 하고, 개념 사용도 그에 따라 적절하게 사용하려 한 것을 알 수 있다. 그가 리의 '실체' 라고 한 것은 바로 성리학의 가치 실재론의 입장을 간파한 것이다. 그러므로 그는

> 대개 퇴계의 소위 리 · 기는 마음 가운데 있는 리 · 기를 가지고 말한 것이다.[104)]

---

103) 동서, 69-70면, 「사단칠정설」.
104) 동서, 「농암선생어록」.

라고 하였다. 이것은 분명 사고의 진전이라고 할 만하다.

농암의 문하에는 학문에도 조예가 깊고 관에도 현달한 자가 적지 않았다. 도암 이재, 섬촌(蟾村) 민우수(閔遇洙), 미호 김원행, 그의 제 삼연 김창흡 등이 그들이다. 이들에 이르러 한남당의 직계 주기파와는 다른 별파를 형성하였다. 그들은 주기의 설을 가지고는 성인의 올바른 뜻을 잃고 성선(性善)의 취지에도 도달할 수 없다고 생각하였다. 그러나 리기호발을 명백히 인정하지는 않았고, 또 '심즉리'도 주장하지 않았다. 다만 심은 리기를 겸하고 리기는 불상리이고, 기를 가지고 심의 발동하는 힘으로, 리는 또 기에 주인이 되어 명령하고 주재하는 자연적 성능을 갖고 있는 것으로 보았다. 요는 심은 리기를 겸하는 것으로 보아 심즉기라고 하거나 심즉리라고 하거나 리기를 대립적으로 보는 관점을 배제하였다. 이는 역사적으로 보면 퇴계학파와 율곡학파를 절충한 입장이다. 그러나 다른 한편으로 생각하면, 이는 퇴·율 양 학설의 입론에 내재해 있던 주자학의 기본 문제인 존재론적 입장과 가치론적 입장의 모순 갈등이 사상의 진전에 따라 점차 명료하게 인식되어 가면서 그 갈등이 해소되어 가는 과정으로 볼 수 있다. 그러므로 이는 사상적 발전이라고 말할 수 있다.

도암 이재는 말하기를 "심은 기이나 리가 구비되었다. 이 기가 있으므로 이 리가 있다. …… 리는 스스로 움직일 수 없고 운동·출입은 기의 기틀을 타는 것이다. …… 리기를 나누어서 심을 말하면 사람에게 두 마음이 있게 된다. 어찌 이런 이치가 있겠는가?"라고 하였다.[105] 여기서는 분명히 율곡의 리기론과 같이 리는 무위, 기는 유위로 파악하고 있다.

그러나 그는 또 말하기를

105) 『도암집』 권14, 14면, 「答沈信甫問目」.

천지지간에 리도 있고 기도 있으며, 또 불상리하며 불상잡한다. 그러나 기가 리를 이기면 혼란하고, 리가 기를 이기면 다스려진다〔治〕. 요는 성현의 천언만어가 '리위기주(理爲氣主)' 넉 자에 지나지 않는다. 맹자의 공은 성선 한마디를 말한 것보다 더 큰 것이 없다. 대개 기질 중에서 성(性) 자를 집어내어 사람들로 하여금 보통 사람과 요·순 임금이 본래부터 두 가지 성이 아니라는 것을 알게 하였는데, 이제 고명한 논의의 허다한 변설이 기를 가지고 주인〔主〕을 삼아, 천하의 지극히 깨끗한 리로 하여금 기의 구덩이에 완전히 빠지게 하고, 나아가 심의 허명(虛明)한 곳에서도 빠져나오지 못하게 한다. 이는 마치 옛날부터 말하는 소위 찌꺼기가 매우 깨끗하다는 말과 흡사한데, 찌꺼기가 설령 하나의 의리를 이루었다 해도 사람의 몸과 마음에 무슨 도움이 되겠는가? 이는 맹자가 고심하며 하나의 성 자를 말한 뜻이 여기에 이르러 다시 묻혀버리는 것이다.[106)]

라고 하였다. 도암은 분명히 윤리적 입론은 율곡의 우주론-인간론 통합적 입론으로서는 불충분함을 알고 있었고, 그 윤리적 입론이 성리학의 본령임을 또한 잘 알고 있었던 것이다.

병계(屛溪) 윤봉구(尹鳳九)는 임녹문과 같이 한남당의 고제였다. 도암은 이들을 호중파(湖中派)라 하였다. 농암 문파의 제6전 제자로 구한말 영남학파의 곽면우와 함께 산림(山林)의 쌍벽을 이루었던 간재 전우에 이르러서는 더욱 주기설을 배격하기에 이르렀다. 즉 전간재는 말하기를

요즈음의 학문의 폐단을 보면 두 가지이다. 하나는 '구태의연'이요, 또 하나는 '지나친 홍분'이다. 후자는 흉중이 불안하여 범사를 자기주장만 하고, 그

106) 동서, 권1, 18면, 「答尹瑞應」.

말의 내력은 묻지 않고 자기 소견에만 의거하여 떠드는 것이다. 전자는 다만 근신하고 명예만 생각하여 그릇된 말과 행동이 정도를 해치는 것을 보아도 감히 지적하지 못하는 것인데, 그 행동이 혹 볼 만한 점이 많아도 끝내 구차스러운 생각뿐이다. 그러므로 어려운 일에는 나태하고, 세속과 다른 일은 감히 행하지도 못한다. 요는 그 뜻은 다만 막지(방해하지) 않으려는 것이다. 이 두 가지의 잘못은 강·유의 차이는 있으나 '주기(主氣; 기 강조)'로써 리를 해치는 것은 같다. 저 '주기가 리를 해침〔主氣害理〕'는 사실 성인의 본성에 근원하여 마음을 다스리는 학문, 즉 '본성에 근거하여 마음을 다스림〔原性治心〕의 학문'과 서로 반대가 된다. 저것이 이기면 이것이 지고, 이것이 성하면 저것이 쇠한다. 그러므로 군자로서 도를 자임하는 자가 이에 대해 힘써 싸우고 자신의 이해를 돌보지 않는 것이다. '주기' 두 자는 천하에 있으면 천하를 혼란시키고, 국가에 있으면 국가를 망하게 한다. 이 두 자는 만물의 도적이니 배척하지 않을 수 없다.[107]

라고 하였다.

간재의 이러한 입장을 보면, 윤리학으로서의 유교, 천인합일의 인간관으로서의 성리학의 본령을 잘 붙들었다고 생각된다. 그러나 그 학설은 율곡의 형이상학, 주자의 우주론에서는 거리가 멀어지고, 퇴계류의 인간학으로서의 성리학, 영남학파의 주리적 가치론에 가깝게 되었다. 영남학파에서도 퇴계설을 버리고 율곡설에 좌단한 이가 있다고 하였지만, 이러한 사상의 절충적 입장은 근본적으로 자연법사상으로서의 주자학에 내재된 존재-가치의 이중성(상충성)에서 유래하는 것이고, 동시에 퇴·율 이후 비록 동어반복이 심하였지만 사색의 축적에 의한 사상적 진전라고 할 수

107) 『간재집』 권1, 「與鳳峀金丈」.

있는 것이다.

5. 결어

기호 성리학은 율곡에서 발원하여 기호 지방의 성리학자들에 의해 전개되었는데, 사계-우암-수암-남당-녹문으로 이어지는 직계파와 우암-농암-간재로 이어지는 별파가 있다(농암학파라 하면 농암과 그의 제 삼연 김창흡과 교유가 있었고 또 학설이 같은 동시대의 도암 이재, 창계 임영, 졸수재 조성기도 포함하여 말한다). 별파는 율곡설의 일부를 비판하면서 퇴계설의 일부를 긍정하는 입장으로 절충파라 할 수 있다. 본고에서는 직계파의 중심인물이 우암이므로 직계파를 우암학파, 별파는 농암이 주축이므로 농암학파라 불렀다.

우암학파는 율곡의 '칠정 밖에 사단이 없다'〔七包四〕는 명제를 계승하면서 주자의 '사단은 리의 발, 칠정은 기의 발' 이라는 명제와 부딪치는 모순을 기록자의 잘못으로 보았으며, 나아가 주자의 '사단도 중절 · 부중절이 있다' 는 설을 수용, 오히려 이것으로 율곡의 학설을 비판하기보다 율곡의 '기발리승일도설(氣發理乘一途說)' 을 증명하려고 하였다(퇴계 역시 주자의 이 설을 비판하였는데, 주자의 본의는 사단도 정(情)의 발로, 즉 심의 작용 현상으로 보면 부중절이 있다는 의미로 말하였지만, 퇴계의 비판처럼 맹자의 본의와는 멀어진 것으로 사칠 논의에 혼란을 야기했다. 맹자는 사단의 선이라는 가치를 확충하자는 의미의 윤리적 명제로 입론하였는데, 이것을 심의 작용 현상이라는 데 적용함으로써 존재론적 입론과 윤리적 입론 사이의 논리적 상충이 빚어진 것이다).

우암학파는 또 율곡의 '심은 기이다〔心是氣〕' 는 설을 계승하여 부연하였는데, 남당은 율곡의 '심시기'의 설을 가지고 퇴계를 비판하였다(율곡의 '심시기'의 설은 그의 인심도심종시설 및 성(誠)의 강조, 기질(氣質) 교정의 수양법과 유관하다).

율곡은 사칠을 논할 때는 '칠정이 사단을 포함한다'는 논리를 구사하였으나 인심-도심을 논할 때는 양자가 상호 대립한다(율곡은 相對之名, 相對說下라고 함)고 하여 사단·칠정과 다르다고 하였다. 그러면서 그는 인심을 악이라고만 보지 않고 선·악을 겸유하는 것으로 보았다(이는 율곡이 인심·도심을 사칠과 같이 '성발위정(性發爲情)'의 정감으로만 보지 않고, '심발위의(心發爲意)'의 '의지' 작용까지 포함한 심의 작용 범위로 본 때문인데, 여기서 율곡의 '인심도심종시설'이 성립된다).

이러한 모순을 해결하기 위해 수암과 농암은 '형기의 기'와 '리기의 기'를 구분하여 인심의 '형기의 사사로움'의 기는 '이목구비'이고, 칠정의 '기'는 '심기(心氣)의 기'로 서로 다르다고 하였다(이에 대해 영남학파에서는 형기의 기는 심기의 기와 어찌 다르겠는가 하고 반론을 제기하였다. 그리고 율곡이 인심-도심을 상대입론하면서도 인심을 악이라고 하지 못한 것은 성리학의 우주론 및 선악관과 연관된 원초적인 문제로 보아야 한다). 뿐만 아니라 율곡이 '인심-도심'을 모순 반대되는 개념으로 본 것에서 율곡 성리설에서의 가치론적 입론의 한 사례를 볼 수 있다. 이는 마치 퇴계가 '리-기', '사단-칠정', '인심-도심' 등을 대립적 가치로 보는 방식과 같다고 하겠다.

우암학파의 남당과 외암 간에 인물성 동이논쟁이 있었는데, 이는 성리학의 유기체 우주론과 우주에서 인간의 위치를 강조하는 인간존재론과의 상호 모순되면서도 통일되는(상보적인) 두 입장을 어느 한쪽으로 강조한 데서 연유한 논의라고 할 수 있다. 남당의 인물성부동론은 특수성과 구체성을 강조한 것으로 '주기적(主氣的)' 입장인데, 이 입장이 우암학파의 직계를 이었다. 이 철학적 문제를 설명하기 위해 수암은 일원(一原)・분수(分殊)・분수(分殊)의 분수라는 세 층의 존재의 층 차를 말하였다. 이는 매우 진전된 철학적 사색이라고 할 만하다.

녹문은 남당계의 기를 중시하는 학통을 이어 더욱 기를 강조하였다. 그는 기의 본체로서 '담일지기'를 상정하고, 모든 현상을 이 기의 작용으로만 설명하려는 유기론의 입장에 섰다. 그리하여 그는 인간의 본성도 '기질지성'만 인정하고, 성리학에서 이 우주의 실상을 말하는 '리일분수'의 명제도 '기일분수'라고 고칠 수 있다고 하였다(그러나 리일분수는 부분과 전체를 말하려는 것이 목적인데, 기일분수라고 하면 기라는 속성, 즉 언제나 변화 아닌 때가 없다고 하는 것을 나타내므로 '보편'을 말하기에는 부적합하다. 물론 '기의 본체'라는 보편에서 말할 수 있다고 하겠지만, 원래 기는 움직이지 않은 때가 없었다는 기론에서 기의 본체는 초월적으로 요청된〔전제된〕 개념이므로 리를 부정하고자 하는 기론의 반형이상학적 관점과는 오히려 모순되는 것이다). 그러나 이는 율곡의 리기의 형이상학과는 거리가 멀어진 것이다.

농암학파는 율곡의 '칠포사(七包四)'의 설을 부정하고 사단과 칠정은 입론의 취지가 다른 만큼 그 내용도 다르다고 하였다. 농암학파는 리기존재론에 있어서는 퇴계의 리발(리기호발)을 긍정하지 않고, 율곡의 기발리승일도설을 긍정하였지만, 윤리적 입론에 의해 선・악의 가치를 분명히 나타내는 데는 율곡류의 우주론-인간론 통합적 방법이 부적절하고 오히려 퇴계류의 사칠대립론, 즉 호발론의 방법이 더 낫다고 보았다.

농암은 율곡의 생각은 사단은 '리만을 말한 것', 칠정은 '기를 겸하여 말한 것'임이 명백하지만, '기를 겸하여 말한 것'이 '주기(主氣)'에 방해되지는 않는다고 하였다. 그리하여 그는 퇴계가 말하기 어려운 곳에서 말을 하다가 '주리', '주기' 두 갈래로 나아가 말의 착오가 있게 된 것이지 그 양변으로 입론하는 취지는 좋다고 하였다(농암이 말하는, 퇴계가 말하기 어려운 곳이란 리·기라는 존재론적 개념으로 사·칠이라는 대립적 가치를 말하는 데 따르는 어려움, 즉 사실적 입론과 가치적 입론 사이의 괴리를 말한 것이다).

도암 이재는 윤리적 입장을 더욱 강조하여 성리학의 요체가 '리가 기의 주인이 된다', 즉 도덕적 가치를 중요시해야 함을 역설하였다.

간재는 '주기가 리를 해친다'의 '주기'와 '본성에 근거하여 마음을 다스린다'는 것은 서로 대립되는 명제로 보고, 가치〔理〕가 성리학의 근본임을 논하여 율곡 후의 '주기적' 학풍을 비난하였다. 그는 심지어 '주기가 나라를 망하게 한다'라고까지 극언하였다. 이는 '주기'의 몰가치적 경향을 비판한 것이다. 이는 율곡설의 부정이라기보다 율곡 이후의 학풍에 대한 비판으로서 이를 통하여 율곡과 성리학의 본래 모습을 회복하자는 경종일 것이다.

농암학파는 퇴계·율곡의 학설을 분석 비교하여 그 장점을 도출하여 원융시킨 절충적 견해이지만, 그동안의 사상적 논쟁을 통하여 사색이 깊어지고 논리가 세련된 결과이다. 이 농암학파의 이론에서 윤리적 입론과 사실적 입론의 차이가 인식된 것은 사상사적 발전이라고 할 수 있다.

제5부

유기론과 유리론의 과정철학적 의미

10장

녹문 임성주 유기론(唯氣論)의 과정철학적 의미

1. 서언

성리학에서 '기론(氣論)' 이라 할 때 이는 매우 중요한 의미가 있다. 기론에 대하여 '리론(理論)' 이라고는 잘 말하지 않는다. 일본 학자 야마노이(山井湧)는 명대 사상사를 정리하면서 '기의 철학', '리의 철학', '심의 철학' 이라는 용어를 썼지만,[1] 이때 '리의 철학' 이 '리론' 에 해당한다고 할 수 있다. 이때 야마노이가 말하는 '리의 철학' 은 주자학을 말하는데, 주자학의 대체적인 경향을 상대적으로 말한 것일 뿐이다. 그러므로 주자학을 정확히 말하면 '리기이원론' 이라 해야 한다. 물론 '심의 철학' 은 양명의 심학을 말한다. 이런 분류는 사상사적 흐름을 파악하는 데 도움이 된다.

명대의 '기의 철학' 은 왕정상, 나흠순, 왕부지 등이 이에 해당하는데, 명대 주자학이 지나치게 '주리적' 으로 흐른 것에 대한 반동으로 나온 것

1) 야마노이(山井湧),『明清思想史の 研究』, 東京: 東京大學出版會, 1980, p.162.

이다. 그런데 이 철학은 모두 송대의 장재의 '기의 우주론' 에 연원을 두고 있다. 기의 우주론이란 이 우주를 기에 의해 설명하는 일종의 고대 자연철학을 말한다. 이 기의 우주론이 주자와 같은 리기이원론의 형이상학에도 그대로 수용되었다. 이 기의 우주론을 '기론' 혹은 '유기론(唯氣論)' 이라 하고, 명대 이 우주론을 자신의 세계관으로 삼은 철학 사조를 '기의 철학' 이라 하는 것이다. 다만 이들도 전연 도덕론이나 인간학을 말하지 않는 것은 아니지만, 기본적으로 리기이원론자에 비해 그 우주론이 '유기론적' 이라는 것이다. 다시 말하면 우주론에 머물렀을 뿐 아직 형이상학으로 나아가지 않은 단계였다고 할 수 있다.

야마노이는 기의 개념에는 차이가 없지만, 장재는 리를 의식하지 않은 상태에서 기를 중시한 경우이고, 나흠순 등의 기의 철학은 리를 의식한 위에서(주자학 보편화 이후 시기이므로) 기를 중시한 경우라고 구분, '기의 철학' 을 어디까지나 사상사적 용어임을 강조했는데,[2] 기의 개념에 차이가 없다면 '기의 우주론' 에서 보면 '장재-기의 철학' 의 연계성도 있다고 보아야 한다.

우리나라의 경우 서경덕이 기의 우주론, 즉 유기론을 전개하였고, 조선조 후기 임성주가 나흠순의 영향을 받아 유기론을 전개하였다.[3] 다만 차

---

2) 동서, p.197. 여기에서 야마노이가 "리와의 대립을 의식하지 않은 방식으로 기를 사용한 점과 리를 기와 대립시키면서 기를 중시한 경우와는 발상법에 있어 차이가 있다."라는 말을 하면서 '기의 철학' 이 '기적 발상법' 이라는 사상사적 용어임을 시사하였는데, 이와 연관하여 유의할 것은 우리나라 조선조 퇴·율 이후 사상사를 서술하면서 '주리(론)'-'주기(론)' 라는 용어를 자주 사용하는데, 그야말로 이것은 야마노이의 말과 같이 리를 기와 대립시키면서(리-기를 동등하게 세트로) 사용하면서 등장한 용어로서 우리나라 '사칠논쟁' 에서 발단된 용어이기 때문에 특수한 의미를 가지고 있다. 따라서 우리나라 사상사 서술 용어로 특수화시켜야 한다. 다시 말하면 명대 기의 철학이 '주기적' (발상/경향)이라고 표현할 때의 일반적 의미와는 구별해야 한다는 것이다.

이점이 있다면 야마노이식 어법을 빌리면, 중국에서처럼 리를 의식하고 기론을 전개했는가 아닌가 하는 정도의 차이는 있을 것이다. 왜냐하면 임성주의 기의 철학이 당시의 인물성동이론 논쟁 속에서 나왔기 때문이다. 그러나 그의 우주론은 기의 우주론으로서 장재-서경덕의 연장선상에서 기론을 전개하여 유기론적 성격을 가지고 있다.[4)]

화이트헤드(A. N. Whitehead)의 과정철학(process philosophy)은 현대 물리학의 미시 세계 실상과 거시의 유기체적 우주론에 기초한 형이상학으로서 그 학적 체계에서는 주자학의 리기이원론과 유사하다. 주자의 리기이원론은 그 우주론에서는 장재 등과 같은 '기론', 즉 유기론적 우주론에 기초하고 있으므로 유기론의 우주론은 과정철학적으로 고찰할 필요가 있다. 물론 리기이원론의 도덕론은 '리의 철학' 이라 할 정도로 리의 개념에 크게 의존하고 있다(이때의 리는 존재의 원리이면서 가치의 표준이 되므로). 따라서 임성주의 경우도 그의 도덕론의 측면인 인물성동이론을 별도로 치면 그의 우주론으로서의 유기론은 과정철학적 관점에서 고찰할 수 있다.

---

3) 임성주에 관한 국내 연구에서 여러 용어들이 쓰이고 있다. '유기론' (유명종), '기일원론' (배종호), '기일원론화' (김형찬), '기학' (정인재), '기철학' (심재룡, 김낙필, 허남진) 등. 여러 가지 용어를 쓸 수 있으나, 중요한 것은 명대나 조선조의 기철학(기의 철학)이 모두 '기의 우주론' 에 있어서는 장재의 기의 개념의 동일선상에 있고, 그것은 주자학과 같은 리기이원론의 우주론에서도 그대로 '우주론' 으로 받아들여지고 있는 보편적 발상이라는 것과, 주자학의 리기이원론은 그 우주론을 바탕으로 하여 다시 그 위에 리, 태극이라는 범주를 설정하여 형이상학을 세운 것이고, 기론은 다만 우주 설명에 그친 것이기 때문에 기론으로 충분하다고 여겼다는 점, 아울러 주자 이후 리를 의식하고 도덕론이나 인간론을 말하였다 하여도 우주론에서는 주자식의 리기이원론적 설명에 반대하고 장재식의 기론이 우주론에서는 자족적이라고 여겼다는 점을 확실히 해둘 필요가 있다.

4) 임성주가 『화담집』을 보지 못하였다고 하였으므로 그의 영향을 얼마나 받았는지는 알 수 없다. 『녹문집』 권10, 7면, 「녹려잡지」.

기의 우주론, 즉 유기론적 우주론을 주장하는 입장은 과정철학적으로 보았을 때 어떤 발상을 하고 있는가, 또 그러한 유기론적 발상의 한계는 무엇인가? 하는 것이 비교 고찰의 중요 목적이 될 것이다.

기의 우주론의 연원을 따지면 장재가 있고, 우리나라 조선조에는 서경덕이 있고, 그리고 임성주에게 영향을 준 학자가 나흠순이므로 이들과 연계해서 고찰할 필요가 있다.[5] 물론 리기이원론적 입장과의 비교도 병행해야 한다.

유기론, 즉 기의 우주론을 과정철학과 비교해서 말하면, 이 우주의 기본적인 요소를 '기' 라고 보는 것은 과정철학에서 우주 만유의 존재 실상이 사물의 기본 구성체인 '현실적 존재' (actual entity)의 연쇄(사회)로 보는 것과 유사하다. 다시 말하면 유기론이 우주 만유의 생성과 존재를 말하면서 '이 우주에 가득 찬 것은 기 아님이 없다' (그리하여 이 기에 의해 만유의 생성과 존재와 소멸이 이루어진다)는 명제와 과정철학이 '이 현실적 존재 이상으로 나아가서 존재의 근거를 찾을 필요가 없다' 는 명제[6]는 매우 유사한 발상이다.

유기론이 우주 설명에 지나치게 기의 범주에 너무 의뢰한 나머지 반형이상학적 입장을 취하므로 리기이원론의 형이상학에서 운위되는 '리' 를 부정하고 있다(기의 조리로 보거나 하위 범주로 본다). 이는 리와 유사한 범주인 과정철학의 '영원적 객체' (eternal object)의 역할을 부정하는 것이

5) 이에 대해서는 다음의 졸고를 참조 바람. 이동희, 「나흠순 성리설의 특성」, 『유학연구』 제8집(대전: 충남대 유학연구소, 2000), 이동희, 「화담 서경덕의 자연관-그의 氣論에 대한 과정철학적 고찰」, 『상허 안병주 교수 정년기념 논문집: 동양철학의 자연과 인간』, 동 간행위원회, 1998.

6) 화이트헤드는 실재의 궁극 단위를 '현실적 존재' 라고 하여 이 현실적 존재를 떠나서는 아무것도 존재하지 않고, 이 현실적 존재를 넘어서 보다 더 실재적인 것을 찾으려 해도 소용없다고 하였다. 화이트헤드, 오영환 역, 『과정과 실재』, 민음사, 1991, p.73.

되는데, 유기론을 과정철학과 비교해 봄으로써 그 반형이상학적 입장을 고찰할 수 있다. 또한 유기론에서 주자 리기론의 중요한 존재 범주인 '태극' 도 부정하는데(기론자들은 태극을 기의 시초로 본다), 이를 과정철학의 신(God)의 범주와 비교해보면 그 반형이상학적 입장을 더욱 분명히 알 수 있다.

그러나 유기론자는 기의 본체(근원)를 상정하고, 이 본원의 기는 '담일청허(湛一淸虛)하다' 고 하여 특수화 시킨다. 이는 유기론에서도 존재의 궁극자를 요청하고 있다는 것을 알 수 있다. 유기론자들은 왜 이렇게 기에 절대적으로 의뢰할까? 그것은 기의 범주 속에 '생명성' (임성주는 生意라고 한다)이라는 개념이 원초적으로 들어 있고, 또한 기에 자체운동인(임성주는 自然이라고 한다)이 있다고 보는 데서 기인한다. 이 자체 운동성이 기에 대해 '시키는 자' , 즉 '원인자' 의 설정을 불필요하게 만든 것이다. 이는 바로 형이상학의 '이데아' 의 세계에 대한 필요를 무화(無化)시킨 것이다.

그러면서 유기론자들은 기의 본체로서 '담일청허의 기' 를 상정한다. 이는 형이상학적 궁극자에 대한 '요청' 이라고 볼 수 없을까? 리기이원론자(형이상학자)들은 리와 태극을 상정하면서 기에 대해서는 '기는 항상 새롭게 태어난다' 고 하며, 기는 '이미 움직였으므로' '이미 청탁수박(淸濁粹駁)이 있다' 고 하면서 기의 본체 상정을 거부한다. 이러한 점이 양자의 차이점이다. 임성주의 유기론의 의미도 이러한 기론의 과정철학적 의미 속에서 쉽게 드러날 것이다.

2. 기의 '자연' 과 생의(生意)

조선조에 와서 주자학은 인간의 심성 문제에 초점이 맞춰져 중국보다 더 많이 논의되었다. 근본적으로 주자학도 도덕론(도덕형이상학)이기 때문이다. 인간의 심을 말한다면 성리학에서 리와 기의 두 작용에 의해 성립되는 것으로 본다. 인간이 소우주이고, 그 중심이 인간의 마음이라고 한다면 이 우주를 리-기로 설명하려는 성리학에서 인간 심의 기능을 리-기로 설명하고자 하는 것은 당연하다. 임성주도 초년에는 이러한 견해를 가지고 있었다. 즉 그는 말하기를 "심(心)과 기질(氣質; 심이 담긴 육체적 그릇)을 둘이라 해도 안 되고, 하나라고 해도 안 된다. 심이란 기질의 양능(良能)이다. 기질을 버리고 심을 찾을 데 없다. 그러나 심은 기질을 벗어나지 않는다. 이미 양능이라 했으니, 형체나 소리도 없고 허령불매(虛靈不昧)하고 신명불측(神明不測)하다. 그러니 기질이 심을 가둘 수 없다."라고 하였다.[7)]

임성주는 또 말하기를 "능(能)이란 무엇인가? 리라고 하면 작용이 없는데 능은 작용이 있다. 기라고 하면 기는 자취(흔적)가 있는데 능은 자취가 없다. 리도 아니고 기도 아니라면 리·기 외에 다른 별도의 것이 있는 것이 된다. 그렇다면 소위 능이란 무엇인가? 기의 능, 리의 묘(妙)일 뿐이다." 라고 하였다.[8)]

이것은 전통적인 리기이원론적 설명이다. 그러나 후기에 쓰인 자료를 보면 '자연' 이나 '생의' 라는 개념을 중시하여 리기이원론에서 벗어나 기론을 중심으로 그의 사상이 전개된다. 즉 그는 말하기를 "그렇게 하지 않아도 저절로 그러하여 스스로 하나의 '허원성대(虛圓盛大)한' 사물〔物事〕이 있어서 아득히 광대하게 퍼져서 안과 밖도 없고 나뉨도 없으며 경계도 없고 시작과 끝도 없이 전체가 밝게 혼융되니, 모두 생의가 유행불식(流行不息)하고 생물불측(生物不測)하는 것이다. 그 본체〔體〕를 천(天), 원기(元

7) 이하 『녹문집』 권2, 3-4면(版心面), 「與渼湖金公」.

8) 동서, 권2, 4면.

氣), 호기(浩氣), 태허(太虛)라 하고, 그 생의를 덕(德), 원(元), 천지지심(天地之心)이라 하고, 그 유행불식은 도(道), 건(乾)이라 하고, 그 불측(不測; 알 수 없음)은 신(神)이라 하고, 그렇게 하지 않아도 그러한 것은 명(命), 제(帝), 태극(太極)이라 한다. 모두 이 허원성대한 사물에 있어서 나누어 이름 붙인 것일 뿐 내용은 하나이다.(小注: 그렇게 하지 않아도 그러한 것을 소위 자연이라 한다)"라고 하였다.[9)]

그렇다면 임성주는 주자학의 리는 어떻게 처리하고 있는가? 그는 리를 '소이연(所以然)', 즉 원리나 원인으로 보는 것을 거부한다. 이는 리를 형이상학적 실재로 보는 것을 거부함을 의미한다. 즉 그는 말하기를 "주자가 천(天)을 리(理)로 해석한 것은 일음일양(一陰一陽)을 도(道)로 생각하는 것과 같으니, 이는 '기역도(器亦道), 도역기(道亦器)'[10)]의 묘를 들어내기 위한 것이다. 어리석은 자는 이를 알지 못하고 푸른 것이 하늘이 아니고 그 위에 별도로 소이연의 리가 있어 天이 된다고 생각하니 심히 허탄하다."라고 하였다.[11)] 그는 이러한 리를 기의 '자연히 그러함' 바로 그것이지 기에 원인을 제공하는 어떤 실재로 보아서는 안 된다는 것이다. 즉 그는 말하기를 "우주에는 위아래, 안과 밖, 끝도 시작도 없이 가득 차서 수많은 조화와 수많은 만물을 만들어 내는 것이 하나의 기일 뿐이다. 리자를 들여놓을 조그만 틈도 없다. 기의 능(能)이 이와 같이 성대하고 이와 같이 작용하는 것은 누가 시키는 것이겠는가? 자연히 그러함에 불과하다. 이 '자연이라는 곳'에서 성인은 도라든가 리라고 이름하였다. 그리고 그 기는 공허한 것이 아니고 전체가 밝게 융화되고 안팎이 꿰뚫었으니, 이는 모두

9) 동서, 권19, 1면, 「녹려잡지」. 이하 「녹려잡지」는 「녹려」라 약함.

10) 이 말은 명도 정호의 말인데, 나흠순도 정호의 이 말을 좋아하였다. 왜냐하면 理氣渾一的 발상이 자기와 같기 때문이었다. 임성주도 이 말을 좋아하였다. 『녹문집』 권10, 38면, 「散錄」.

11) 『녹문집』 권19, 2면, 「녹려」.

생의이다."라고 하였다.[12] 그가 리를 이렇게 부정하고, 우주의 작용에는 기에 의해서만 이루어진다고 한 때문에 사람들은 그를 '유기론자'로 보게 된 것이다.

원래 중국 고대 기 사상에는 '생명성', 즉 '생의'로서의 기의 작용성이라는 발상이 있었다. 그러므로 이 생의로서의 기 속에 리나 도, 다시 말하면 자연의 섭리 자체가 해소되었다. 그것은 고대인들이 기 자체에 운동성이 있음은 물론 그 작용이 신성하며, 시공간을 초월해 있다고 생각했기 때문이다. 이는 주자의 리기이원론(리기론)에서도 그대로 우주론으로 받아들여졌다. 이는 우주론의 기와 리기론의 형이상학에서의 기 양자의 본질적 차이는 없기 때문이다. 다만 차이는 발상법에 있어서 유기론자들이 기의 본체를 설정하는 것과 리기이원론자들이 이데아 세계를 요청하는 것의 차이인 것이다. 따라서 유기론자들은 기로써 우주를 충분히 설명할 수 있는데, 리기론자들이 왜 리를 원리나 원인으로 요청하는지 이해를 하지 못했다. 이는 앞에서 말한 대로 과정철학에서 존재의 근거를 찾기 위하여 원자와 같은 불변의 실체를 상정할 것이 아니라 존재의 기본 구성체인 '현실적 존재' 이상으로 나아갈 필요가 없다는 것과 유사한 발상이다.

임성주나 기론에서는 기의 이 생명성이 바로 자연이며, 생의며, 자연의 섭리며, 또한 신(God) 자체여서 따로 초월자를 필요로 하지 않았다. 그러므로 그는 주자학에서 최고의 궁극자로서 과정철학의 신에 비견되는 태극을 기라고 규정하였다. 즉 그는 말하기를 "만리는 만상이고 오상은 오행이며, 건순은 양의이고 태극은 원기이니, 모두 기에 나아가 이름한 것이다."라고 하여[13] 리로 설명하던 도덕영역을 전부 기에 의해 설명하려 하고 있다. 이렇게 하면 인문세계, 도덕세계가 전적으로 자연세계에 종속

12) 동서, 권19, 2-3면, 「녹려」.

13) 동서, 권19, 3-4면, 「녹려」.

되어 가치를 설명할 수 없게 된다. 그러나 자연세계의 '자연'은 필연을 말할 뿐 가치를 말할 수가 없다.

그리하여 그는 심지어 기의 자연성에 대한 신뢰가 너무 심한 나머지 성리학의 다른 한 축인 도덕론에서도 이 이론을 적용하였다. 즉 그는 말하기를 "리자의 뜻을 생각해 보면 '자연'이란 두 글자로 족하다. 당연이나 소이연 같은 것도 그 귀결점은 모두 자연이다. 자식은 효도하고 부모는 자애로우며, 임금은 어질고 신하는 공경하는 것이 소위 당연이다. 이것은 모두 천명(天命)과 인심(人心)의 자연에서 나와서 그치지 않는 것으로 이것이 소위 소이연지고(所以然之故)라는 것이다."라고 하였다.[14] 그러나 여기서 임성주는 소이연지고라는 원인(존재의 영역)과 소당연이라는 당위(가치의 영역)를 구분하지 않고 있다. 원래 성리학이 천인합일의 자연법사상이어서 존재와 당위를 일치시켜 보지만, 입론할 때는 구분하여 말하지 않을 수 없는 것이다. 또 그는 당위를 자연과 일치시켜 설명하는데, 이는 자연이라는 개념을 도덕론에까지 지나치게 확대한 것으로 주자학의 소이연-소당연 체계에서 보면 지나치게 기의 우주론에 치중한 것이다. 주자학 측면에서 보면 후퇴한 것이라 할 수도 있다.

임성주의 이러한 유기론적 발상은 나아가 기를 리라고 해도 된다는 데까지 나아갔다. 즉 그는 말하기를 "자연, 당연이라는 것도 별개의 것이 아니고, 다만 기 위에 나아가 말하는 것이다. '연(然)' 자는 바로 기를 가리키고, '자(自)' 자 '당(當)' 자는 부질없이 붙어서 그 뜻을 형용한 데 불과하다. 진실로 이 뜻을 알면 기를 가리켜 리라고 해도 안 될 것이 없다."라고 하였다.[15]

14) 동서, 권19, 2면, 「녹려」.

15) 동서, 권19, 3면, 「녹려」. 여기에 대해 오희상은 리기이원론의 입장에서 임성주를 비판한 바가 있는데, 비교해 보면 두 입장의 차이가 극명하게 대조된다. 오희상은 自자,

3. 기일분수(氣一分殊)에서 리통기국(理通氣局) 비판

리기이원론에서는 기로써는 현상을, 리로써는 원인(원리)[16]을 설명하였는데, 보편성과 개별성의 관계는 리로써 설명, '리일분수' 라고 하였다. 왜냐하면 기는 움직이는 것이므로 그 과정에서 편차가 생기고, 따라서 사물의 다양성의 원인이 되므로 사물의 변화와 다양성은 기로써 설명하고, 그러한 다양성의 원인(원리)은 리로써 설명할 필요가 있었기 때문이다. 그런데 보편성은 개별성 속에 있다는 것이 성리학의 우주론이다. 다시 말하면 최고의 궁극자 태극의 리는 이 세계에 구체화될 때 쪼개어지는 것이 아니고, 그대로 개별 사물에 구체화된다는 것이다. 이것이 우주의 실상이라는 것이다. 이는 생물의 생식 과정을 보면 쉽게 이해된다.

오늘날 생명체 복체에서도 그것이 응용되고 있다. 인간의 체(몸) 세포에도 원래 생식세포의 기능이 있었기 때문에 그 체 세포를 재프로그래밍하여 난자에 주입하여 생식세포로 만들 수 있는 것이다. 하나님이 자기를 닮은 형상으로 인간을 창조했다는 것과도 맥을 같이 한다. 이러한 보편성과 개별성의 이론이 성리학에서는 매우 중요한 우주론으로 간주되어 사물을 인식하는 중요한 수단으로 기능하였다. 이것이 도덕세계에 오면 보편사랑으로서의 인(仁)과 개별사랑으로서의 효제충신과의 관계가 된다. 이것을 성리학에서는 '리일분수' 라고 하였다. 이러한 비유는 불교의 '월인만천(月印萬川)' 에서 힌트를 받은 것이다.

當자 등은 다 리를 지적한 것이며, 然자는 '이와 같다' 는 뜻에 지나지 않고 그 정신은 자자, 당자에 있다고 비판하였다. 『老洲集』 권24, 「雜識」.

16) 과거 중세적 사유 방식은 원인과 원리를 구별하지 않고 사용하였는데, 리를 '소이연지고' 로 해석한 것이 바로 존재의 원인을 말하는 것이다. 그러면서 한편으로는 그 존재가 그렇게 존재할 수밖에 없는 원리를 갖고 있다고 말할 때도 '그 사물의 리' 라고 하였다.

그러나 임성주처럼 우주를 기일원론으로 설명하려는 경우 기일분수가 될 것이다. 즉 그는 말하기를 "요즘 사람들은 리일분수를 가지고 리는 같고 기는 다르다고 생각하는데, 이는 리의 一(하나)이 기의 一(하나)에 나아가서 드러남을 모르는 것이다. …… 기를 주로 하여 말한다면 기일분수라고 해도 안 될 것이 없다."라고 하였다.[17] 임성주의 경우 이 우주에 가득 찬 것이 기라고 보았으므로 그 기의 분화로서의 기의 개별화를 생각하면 기일분수라는 주장이 가능하다. 그러나 여기에는 하나의 조건이 부가될 것이다. 즉 '기일(氣一)' 이라는 것이다. 이 '기의 일' 은 흔히 유기론자인 장재나 서경덕의 경우 '기의 본체' , 즉 '태허(太虛)' 를 상정한다. 임성주의 경우도 예외가 아니다.

그렇다면 임성주의 기의 일, 즉 기의 본체는 어떻게 나타나고 있는가? 그는 이것을 담일청허지기라고 하였으며, 이이의 리통기국을 비판하면서 여기에 대해 자세히 언급하고 있다. 즉 그는 말하기를 "율곡 선생은 리기의 근원에 있어 깊이 알아내어 식견이 고매함이 주자 이후 견줄 자가 드물지만, 유독 기의 근본 한 군데 있어서는 완전히 밝지 못하다. …… 리통기국을 논하면서 기를 만수에 돌리고, 또 담일청허지기는 있지 않은 곳이 많다 하였다. 그런데 그 귀결처를 보면 리기를 이물(二物)로 보는 의혹을 면하지 못한다."라고 하였다.[18] 그는 또 "담일청허지기는 바로 천(天)이다. 천이 어찌 있지 않은 데가 있겠는가?"라고 하여[19] 기의 본체로서 '담일청허의 기' 를 보편성의 근거로 절대적으로 정초하고 있음을 보게 된다. 이러한 관점에서 임성주는 이이의 리통기국에 대해 비판하기를 "통국 두 글자는 리기에 분속시킬 필요가 없다. 일원(一原)〔근원〕으로 말하면 리만

---

17) 동서, 권19, 3-4면, 「녹려」.
18) 동서, 권19, 7면, 「녹려」.
19) 동서, 권19, 4-5면, 「녹려」.

일(하나)일 뿐만 아니라 기도 일(하나)이다. 일은 곧 통이다. 만수로 말하면 기만 만이 아니라 리도 만이다. 만은 곧 국이다. (소주: 통국을 리기에 분속시키는 것은 그 용어는 참신하지만 의미는 통하지 않으니 리일분수만 못하다. 리일분수는 리를 주로 하되 기가 그 안에 있어서 둘 사이에 틈이 없으니, 용어가 평이하면서도 의미가 매우 좋다)"라고 하였다.[20]

그런데 「녹려잡식」 후반부에 보면 리통기국이 리기를 둘로 나누는 것이 아니라는 것을 알게 되었다고 피력하고 있다.[21] 그러나 임성주는 기를 보편성의 근거로 보아 담일청허지기를 기의 본체로 보았다. 이는 우주의 궁극자를 기로 대체한 것이다. 이러한 발상의 배경에는 나흠순 처럼 리기를 혼일하게 보려는 관점이 있고, 이 관점에서 이이를 비판한 것이다. 그러나 이이는 리기를 상호 분리해 보려고 하지 않았고, 오히려 성리학의 '리기불상리잡(理氣不相離雜)'을 충실히 견지하려고 하였다. 그러므로 임성주가 리기를 혼일하게 본다는 것은 결국 우주의 근원을 리가 아닌 기로 본다는 것이다.

원래 이이가 리통기국이라 한 것은 리일분수에 대한 설명이다. 즉 리에는 보편성의 근거(원인)를, 기에는 개별성(분수성)의 근거(원인)를 갖다 대기 위한 설명 도구이다. 이는 리와 기는 항상 밀접한 관련이 있다는 형이상학적 원리 자체를 전제로 하고 있다. 임성주가 리와 기의 밀접한 상관성을 전제로 하면서 설명의 편의상 리-기를 나누어 상대적으로 설명하는 방식 자체를 거부한다면 결국 논의는 원점으로 돌아가고 우리는 리와 기에 대해 한마디도 할 수 없거나 아니면 동어반복만 하게 될 것이다.

이이는 리통기국으로써 리의 보편성과 기의 개별성을 말하고자 한 것이지만, 실제 리의 보편성이 더 강조되어 개별성 속에 리의 보편성이 그

20) 동서, 권19, 7면, 「녹려」.
21) 동서, 권19, 24면, 「녹려」.

대로 온전히 들어 있다는 것을 말하고자 했다. 그러므로 이이의 리통기국은 리일분수의 다른 말에 불과하다. 그런데 임성주처럼 기의 본체를 상정하여 이것을 리에 대체하려는 경우 다음과 같은 발상도 나올 수 있다. 즉 그는 말하기를 "거름의 악취와 더러움에서 담일의 그림자도 찾을 수 없을 듯해도 거름을 준 밭에서 곡식의 싹이 돋아나면 무성하게 천지의 생생의 본체가 변함없이 드러난다. 이 기가 통하지 않는 곳이 없음을 여기서 볼 수 있다. 담일은 기의 근본이므로 기의 근본이 존재하지 않는 곳이 있다면 이는 기 밖에 사물이 있는 것이 된다."라고 하였다.[22] 여기서 임성주가 말하고자 하는 것은 거름은 이미 움직여 청탁수박의 편차가 있는 더러운 기이지만 그 곡식의 싹은 담일지기라는 것이다. 그러나 생명의 종자로서의 곡식의 싹은 그 생명성을 하나의 원리로 보면(이데아 세계로 보면) 리라고도 할 수 있다. 유기론자들이 기로써 생명의 싹을 논하는 것은 과정철학에서 인간의 '신의 인식'과 같은 고도의 추상적 정신활동도 현실적 존재의 작용으로 보는 것과 비견된다. 그러나 과정철학은 이데아의 세계를 상정하여 '영원적 객체'를 하나의 범주로 설정하였고, 리기이원론도 역시 리-기로써 우주를 설명하였다. 형이상학은 유기론에서 한 걸음 더 나아가야 된다는 의미가 아닐까?

리통기국은 임성주의 생각에 기국에 리의 보편성이 없는 듯이 보인다는 염려이다. 그러나 이이의 리통기국은 보편성의 근거는 리이고 개별성의 근거는 기라는 것이지 기국에 리의 보편성이 없다는 뜻이 아니다. 즉 리통기국은 리일분수를 전제로 하고 그것을 다른 각도에서 보충 설명한 것이다.

임성주처럼 기의 본체를 상정하고 리를 형이상학적 실재로 보지 않는

---

22) 동상.

다면 기일분수로써 우주의 생성 변화를 설명할 수 있다. 그런데 이 기는 리기이원론자들이 개별성의 원인으로 보듯이 움직이는 과정에서 청탁수박과 같은 여러 편차가 생기게 된다. 유기론자들은 이를 어떻게 받아들이는가? 유기론자들도 이 움직인 기를 장재의 설명과 같이 '유기분요(遊氣紛擾)' 라 하여 기의 편차 생성을 인정한다.[23] 그렇다면 기의 본체와 움직인 기, 즉 유기는 어떤 관계에 있는가? 양자는 동일 차원에 있는 것으로 볼 수밖에 없는데, 양상은 달라도 본질은 변함이 없을 것이다. 그렇다면 양자의 차이는 어떠한가? 질적인 차이는 없다고 보아야 한다. 그럼에도 기의 본체를 상정하는 것은 기가 가지고 있는 '생의(生意)' 때문이다. 임성주는 말하기를 "각기 일기로 된다 할지라도 기의 근본은 개물(個物)에 즉하여 있지 않음이 없으니, 그 응취에 따라 기의 근본이 발현한다. 응취하여 물이 되면 그 윤하(潤下)함은 곧 기의 발현으로 물의 성질을 이루고, 불이 되면 염상(炎上)함은 불의 성질을 이룬다. 그 만나는 바 강유가 다름으로써 그 성질 역시 다르다. 이 기의 생의의 작용 아님이 없다."라고 하였다.[24] 기의 본체의 성격에 이 생의라는 특성이 들어 있다는 것에 유의할 필요가 있다. 이렇게 되면 기의 본체와 유기는 '생의'(생명성)에 의해 동질적인 것이 되는 것이다.

그렇다면 이 우주의 다양성과 변화의 근거는 유기론자들이 어떻게 설명하는가? 임성주는 기의 사재(渣滓; 찌꺼기)에서 그것을 찾고 있다. 즉 그는 말하기를 "보통 사람의 기질은 본체의 담일은 같아도 움직인 기가 마구 움직여(유기분요) 기질을 이룰 때 정갈한 것은 혼백이 되고, 거친 것은 혈기가 되어 안으로 오장, 밖으로 백해(百骸; 뼈)가 모두 이 사재의 혼잡이 없을 수 없다."라고 하였다.[25] 기는 움직임이 없을 수 없고, 그리하여 움

23) 동서, 권19, 6면, 「녹려」.

24) 동상.

직인 기, 즉 유기가 되어 온갖 변화를 다 일으키고(분요), 이것이 다양성과 악의 원인이 된다는 설명이다. 이때 순수한(純善한) 담일지기에서 어떻게 유기분요가 나오게 되는가가 문제다.[26]

담일지기가 유기분요하여 사물의 다양성을 만들어 내는데, 그것이 기의 자체 운동인에 의해 가능하다고 한다면 과연 거기에 질서는 있는가, 또 우주 전체의 조화는 미리 계획된 바가 없는가, 개물의 개체화와 우주 자체의 계획과는 아무런 관계가 없는가 하는 것이 문제로 대두된다. 또 기의 자연이라는 것이 질서성을 전제로 한다면, 그것은 기의 차원과는 다른 소위 이데아의 세계를 말하는 것이 아니겠는가 하는 의문도 일어날 수 있다.

임성주가 왜 유기론적 발상을 하게 되었으며, 성리학 리기이원론 체계에서 그러한 발상이 어떻게 가능한가, 또 어떤 의미를 가지고 있는가 하는 것이 해석되어야 할 것이다. 또한 다른 유기론자나 기의 철학자(기론자)들과 공통점과 차이점은 없는가 하는 문제도 대두된다.

4. 유기론에서 존재의 원리 및 존재의 궁극성 문제

리기이원론자들의 우주론은 리, 기, 그리고 태극이라는 세 개념을 가지

25) 『녹문집』 권4, 22면, 「答李伯訥」.

26) 담일청허지기에서 유기분요의 편차가 왜 나오느냐 하는 것은 이 세상에 왜 악이 존재하느냐 하는 물음과 같다. 이는 리기이원론에서도 마찬가지로 제기된다. 즉 기의 편차에 의해 악이 생기지만, 모든 기의 작용의 근저에 있는 리가 순선하다면 어떻게 악이 나올 수 있느냐 하는 의문이다. 이 문제는 종교학적으로 말하면 '神正論' 이라 할 수 있는데, 성리학에서도 존재하는 것은 선하고 악은 다만 선으로 향하는(변화되어 가는) 과정에 있다고 본다. 즉 악은 절대 악이 아니고 선의 결핍태로 보고 있다.

고 형이상학 체계를 구성했다. 이것은 과정철학과 유사한 발상이다. 그러나 이 형이상학 체계 속에 기의 유기체론은 그대로 잔존하여 우주의 생성과 변화, 만물의 다양한 존재 양태를 기로써 다 설명한다. 그런데 이 기 속에 '생명성'(생의)이라는 속성이 원래부터 부여되어 있었다. 왜냐하면 이 생명성으로 인하여 기의 유기체론 자체가 성립하기 때문이다. 그러므로 기론자들은 이 생명성을 중시하여 기의 운동의 목적성과 질서성을 절대적으로 믿었다. 뿐만 아니라 유기론자들은 더 나아가 기의 근본(본체)을 상정함으로써 기의 이 생명성과 질서성을 더욱 특성화하였다. 그리하여 이 기의 본체로서 리기이원론의 리의 원리성을 대체할 수 있다고 생각하게 되었다. 원래 기론자들은 리의 실체화를 강하게 부정한다. 그렇다면 그들이 상정하는 기의 본체는 실체인가 아닌가? 만일 기의 생명성을 강조한다면 기의 본체도 이미 움직인 유기와는 달리 추상화(초월화)되고 실체화하게 될 것이 아니겠는가?

우선 서경덕의 유기론을 먼저 살펴보자. 그는 기의 자체 운동성을 말하기를 "갑작스레 약동하여 홀연히 열리는데 무엇이 그렇게 시키는가. 스스로 그렇게 할 수 있었던 것이요(自能爾), 또한 스스로 그렇게 하지 않을 수 없었던 것이니, 이를 '리(理)의 시(時)'라 한다. …… 동정(움직임)과 합벽(열고 닫힘)이 없을 수 없으니 어찌하여 그런가 하면 기(機) 스스로 그렇게 되는 것이다(機自爾)."라고 하였다.[27] 뒷부분에서는 그 운동성의 필연성까지 말하였다. 그가 '리의 시'라고 해도 그 리는 그의 사상 전체에서 볼 때 부수적인 설명이다.

그러므로 서경덕이 '리'나 '주재'라는 용어를 쓰고 있으나, 기 자체의 능동성을 전제로 하고 있음을 잊어서는 안 된다. 즉 그는 "기 밖에 리가

27) 『花潭集』 권2, 12면, 「原理氣」.

없으니, 리는 기의 주재이다. 소위 주재라는 것은 밖에서 와서 주재하는 것이 아니라, 그 기의 작용에 있어 소이연의 바름을 잃지 않을 수 있는 것을 가리켜 주재라 일컫는다. 리는 기에 앞설 수 없다. 기가 처음이 없으니(無始) 리도 본래 처음이 없다. 만일 리가 기 보다 앞선다고 하면 이 기는 처음(시초)이 있게 된다. 노자가 허(虛)가 능히 기를 생한다고 하였는데, 이는 기가 시작이 있고 유한하다는 것이다."라고 하였다.[28] 여기서 리가 주재적 의미가 있다고 하더라도 먼저 본체로서의 기가 있은 다음에 그 기의 정당한 작용의 측면에서 법칙성, 혹은 질서성을 리라고 본 것이다. 리는 '기의 주재' 라고 하더라도 그 '리의 시' 는 선천(先天)[29]의 기 이후인 후천(後天)에서 비로소 말해지고 있기 때문에, 리와 기의 관계를 '기 밖에 리가 없다' , '리는 기에 앞설 수 없다' 라고 말한 것이다. 즉 선천에서는 리를 말하지 않았다. 이는 리를 원리성으로 보지 않는 유기론자의 입장이다.

또 유기론자는 기에 의한 우주 설명이 과정철학과 같이 '존재는 과정' 이라는 식으로 설명이 가능하므로 원리로서의 리를 기보다 앞서 있는 것으로 설정하면 기가 시작이 있고 유한하게 된다고 여겼다. 마치 노자처럼 된다는 것이다. 그러나 이는 리기이원론의 기를 잘못 이해한 것이다. 서경덕이 생각한 리는 작용의 소이연이라고 하지만, 작용의 질서성을 강조한 것이므로 형이상학적 원리로 생각한 것은 아니다. 이는 과정철학의 '영원적 객체' 의 '현실적 존재' 에의 진입과 같은 이론과 비교해 보면 유기론자의 리에 대한 생각이 어떠한 것인지 잘 알 수 있다.

이이는 서경덕이 존재의 근거로서 태허, 즉 담일청허의 기를 생각하고

28) 동서, 권2, 14면, 「理氣說」.

29) 선천은 후천의 현상계에 대해 우주의 본원, 즉 본체계를 시원적으로 소급하여 말한 것이다. 이 양자는 사물의 양면과 같아서 인위적으로 나누어본 것일 뿐 동시에 있는 것이다.

있는데 대해 비판하기를 "리는 변화가 없으나 기는 변화가 있다. 원기는 생기고 또 생기어 끊임없다. 그리하여 가는 것이 지나가면 오는 것이 잇는다. 가버린 기는 있지 않는데 화담은 일기가 영원히 있다고 생각한다(一氣長存). 그렇게 되면 가는 기는 가지 않고 오는 기는 뒤를 잇지 않는 것이다. 그러므로 화담에게 기를 보고 리라고 여기는 병폐가 있게 되는 것이다."라고 하였다.[30)]

여기서 기를 보고 리로 여긴다고 비판한 것은 서경덕이 '담일청허지기'를 리처럼 궁극자로 보았다는 뜻이 된다. 그러나 리기이원론에서는 담일청허지기 역시 기이므로 궁극자로서의 우주의 원리가 될 수 없다고 본다.[31)] 서경덕이 한편으로 "개벽(開闢)·동정(動靜)·생극(生克)할 수 있는 소이를 추급하여 태극이라 이름한다."라고 한 말도 있지만,(『화담집』 권2, 「리기설」) 그의 기론 전체 맥락과 비추어 볼 때 이 말은 성격이 다른 말로서 그의 사상 체계에서 비중이 낮다고 할 수 있다. 이와 같이 기의 우주론에서는 역시 원인자(원리성)·궁극자의 문제를 처리하기가 어려웠다. 서경덕이 담일청허지기를 설명하면서 '담일'이라 형용한 것도 그러한 의미인지도 모른다. 또 우주의 기는 '총량불변'이라고 한 것도 그러한 의도라고 볼 수 있다. 즉 서경덕은 "한 조각 촛불의 기가 눈앞에서 흩어지는 것같이 보이지만 그 '남은 기'(餘氣; 촛불을 이루는 원래의 기라는 의미)는 마침내 흩어지지 않는다. 어찌 기가 무(無)에서 없어진다 하랴."라고 하였다.[32)]

---

30) 『율곡전서』 권9, 18면, 「답박화숙」.

31) 이이의 다음과 같은 말은 음미해 볼 필요가 있다. "기가 생기기 전에는 리만 있었을 뿐이라고 하는 주장도 하나의 병통이요, 또 태허가 음양을 낳는다고 하는 것도 한 쪽으로만 떨어져 음양이 본래부터 있는 줄을 모르는 것이니 역시 하나의 병통이다."라고 하였다(『율곡전서』 권9, 19면). 전반부는 주자의 설(기가 있기 전에 이 리가 먼저 있었다고 하는 말)을 비판한 것이고, 후반부는 서경덕을 비평한 것이다. 여기서도 리기이원론자의 리-기 관계 및 음양을 보는 시각이 잘 나타나 있다.

32) 『화담집』 권2, 14면, 「리기설」.

기의 본체를 생각하기는 장재에서 시작되는데, 장재 역시 태허를 말하면서 형질적 실재를 넘어선 초월적인 형이상학적 실재로 묘사하고 있다. 장재의 태허는 기의 본체이고, 만물이 흩어져 돌아가는 곳이다. 그러므로 태허, 기, 만물이 동일 실체의 상대성의 차이에 불과한 것이 된다. 그러면서 장재는 또 말하기를 "천지의 유형(有形)의 제현상은 모두 신화(神化)의 찌꺼기이다."라고 하였다.[33] 이것은 태허의 유형의 기가 각각 상태의 차이를 나타낼 뿐만 아니라 거기에 가치상의 우열이 있다고 보았다. 즉 기나 만물은 본체로서의 태허에 돌아갔을 때 비로소 밝게 되고 신령스럽게 되는 것(神)이라고 보았다. 그러므로 태허는 현실의 천지만물을 초월한 성격을 갖는다. 이와 같이 장재는 기론자이면서 태허를 초월화시켜 봄으로써 태허를 기 및 만물과 이원적으로 보게 되었던 것이다. 기론자에 있어서의 원리성 · 궁극성이 문제가 되고 있음을 여기서 다시 확인할 수 있다. 주자는 장재의 태허에 대해 "그것은 리를 가리키고 있는 것 같은데, 분명하지 않다."라고 한 바 있고,[34] 나흠순 역시 장재의 '태허로부터 천(天)의 이름이 있다'는 말은 리와 기를 이물(二物)로 보는 것이라고 비판한 바 있다.[35] 이 말은 리기혼일적(理氣渾一的)〔리기불상리적〕 관점에서는 장재의 태허 역시 주자의 리처럼 지나치게 초월적이라는 말이다.

이러한 논의를 보면 유기론자가 기의 본체를 상정하는 것 자체가 리기이원론자의 리의 요청처럼 형이상학적 궁극자를 요청하고 있는 것이 아닐까? 그러나 리기이원론자들은 기의 본체를 상정하지 않는다. 왜냐하면 기는 이미 움직였다고 보기 때문이다. 그러한 관점을 나타낸 명제가 '동정무단, 음양무시(動靜無端, 陰陽無始)'라는 것이다. 가는 기는 가고 오는 기

33) 『정몽』, 「태화」, 12장.

34) 『주자어류』(북경: 중화서국, 1986) 권99, p.2534. 이하 『주자어류』는 『어류』라 약함.

35) 『곤지기』, 권하 22장.

는 잇는다는 기의 유동성을 기의 기본 속성으로 보는 것이고, 만일 기의 본체를 상정하여 실체화하면 그것이 기의 원인자가 되어 기의 자체 운동성을 부정하게 되기 때문이다. 유기론자의 기의 강조는 과정철학의 존재 근거를 현실적 존재 이상으로 나아갈 필요가 없다는 현실적 존재의 기본 명제와 비교하여 그 의미를 확인할 수 있다. 그러나 유기론자의 기의 본체론에서는 또한 유기론의 한계를 볼 수 있다. 물론 거꾸로 말하면 그 한계에서 기의 본체가 초월화되는 특성을 동시에 볼 수 있다. 이는 현실적 존재와 아울러 영원적 객체를 기본 범주로 삼는 과정철학과 비교해 보면 잘 이해할 수 있다.

임성주의 유기론은 나흠순의 리기혼일의 기론에서 영향을 받았는데, 나흠순의 기론은 물론 장재의 철학에서 연원한다. 그러나 리기혼일의 관점은 정호의 우주론에서 영향을 받았다. 임성주는 나흠순에 대한 언급이 없지만, 노주 오희상의 비판을 보면 그가 나흠순의 리기혼일의 관점의 영향을 받았음을 알 수 있다. 나흠순은 말하기를 "천지고금에 일기(一氣) 아닌 것이 없다. 기는 하나이지만 동정 · 왕래 등으로 무궁하게 변화 순환한다. 사계절 운행에서 인간 윤리까지 천만 가지가 다 기로 인하여 나타나는데, 어지럽게 섞여 있지만 무질서하지 않다. 그렇게 되는 까닭을 모르는 것, 이것이 리이다."라고 하였고,[36] 또 말하기를 "리는 다만 기의 리이다. 그러나 기를 리로 보면 안 된다."라고 하였다.[37] 역시 장재, 서경덕과 같은 발상이다.

오희상은 말하기를 "정암(나흠순)과 녹문(임성주)은 모두 기로부터 리를 미루어 합일(合一)의 묘(妙)를 보았다. 얼핏 보면 묘하지 않은 것이 아니나 결국에는 모두 주기(主氣)로 돌아가고 만다. 그러나 정암은 매양 이 리를

---

36) 동서, 권상 11장.

37) 동서, 권상 38장.

강조하는 뜻이 있었으나, 녹문은 곧장 기 한 글자로써 천하의 리를 모두 덮어버리고 리가 리된 까닭에 대해 다시 더 탐구하지 않았다. 대개 녹문의 견해는 정암에 근본하지만, 기(氣) 자를 주장함이 지나쳤다."라고 하였다.[38] 이와 같이 임성주의 기론이 나흠순의 영향을 받았지만 그보다 더 심하다고 평하였다.

임성주의 유기론은 나흠순의 리기혼일의 관점을 계승한 것인데, 나흠순의 리기혼일론은 우주론보다 심성론에서 더 큰 역할을 하였다. 그러나 나흠순의 우주론은 오히려 유기론적이었다. 임성주의 유기론도 이러한 리기혼일적 심성론과 연관이 있다. 당시의 심성론은 인물성동이논쟁이었는데, 임성주의 리기혼일적 관점은 이 인물성동이논쟁을 종합 지양하려는 노력의 일환으로 나온 것이다.[39] 두 사람 다 리기혼일적 관점의 심성론에의 적용은 '심성일치', 즉 심과 성은 두 가지 사물이 아니고, 한 사물을 두 측면에서 설명하는 것이라고 보았다. 다만 나흠순이 '리일분수'로써 리기혼일의 관점을 나타내었다면, 임성주는 '기일분수'로써 그 관점을 나타낸 것이 다를 뿐이다. 그는 리일분수가 기일분수를 기초로 한다고 여겼기 때문인데, 이러한 입장이 그로 하여금 유기론자로 보게 하였다. 사실은 기의 우주론으로 말하면 그뿐만 아니라 장재, 서경덕 등도 모두 유기론자임은 물론이다. 그러나 도덕론(심성론)에 적용된 사유방식을 논하면 리기일원적 관점이라고 할 수 있으므로 그의 사상 전체를 논할 때는 유기론이라고 하는 것이 적절한가 하는 의문이 제기됐던 것이다.

서경덕은 우주의 생성 변화를 기(氣)의 취산(聚散)으로 설명하였다 함은 앞에서 언급한 바인데, 그는 취산에는 대소(大小), 현미(顯微), 그리고 구속(久速)이 있으므로 만물의 다양화를 낳는다고 하였다. 이는 일기(一氣)와

38) 『노주집』 권24, 「雜識 2」.

39) 최영성, 『한국유학사상사 Ⅳ』, 아세아문화사, 1995, p.342.

만물, 즉 일(一)과 다(多)의 문제에 대한 설명으로서 기론에서는 쉽게 할 수 있는 것이다. 이러한 발상은 다른 유기론자도 마찬가지이다. 그것은 기는 취산이라는 움직임이 그 본질적 속성이기 때문이다. 그런데 취산에 있어 리(理)의 철학과 기의 철학 사이에는 관점이 다르다. 유기론은 기(氣)가 흩어지면 없어지지 않고 본원(本原)의 기로 복귀한다고 하고, 본원의 기는 '전체량이 불변' 이라고 한다. 그러나 주자학과 같은 리의 철학에서는 기의 세계는 '동정무단, 음양무시' 를 본질적 사태 그 자체로 보기 때문에 흩어진 기는 사라지고, 새로운 기가 또다시 원초적으로 생겨나서 그 뒤를 잇는다고 한다. 즉 『역』의 '생생불식(生生不息)' 을 우주의 근원적 본질로 보는 것이다. 이것은 리기이원론에서는 원인자는 영원적 객체(리)로써, 궁극자는 신(태극)으로써 처리하기 때문에 기의 세계는 '동정무단' 사실 그 자체로 인정할 수 있는 것이다. 이러한 점이 두 사상의 차이점이다.

과정철학적으로 보면 기론에서 존재의 생성 · 변화를 설명하는 것도 다소 미흡하게 보인다. 기론에서는 우주에 가득 찬 것은 기이며, 어디에나 침투하고 있으며, 취산의 움직임이 있어 그것에 의해 사물이 형성되고, 흩어지면 본원의 기로 다시 돌아간다고 설명하였다. 그리고 그 본원의 기(기의 본체)는 담일청허하다고 형용하였다. 그러나 이것만으로 존재의 실상을 설명하기에는 충분하지 못하다. 이 점 과정철학과 비교하면서 고찰하는 것이 이해에 도움이 될 것이다. 특히 왜 다양한 사물이 생성되느냐 하고 물으면 역시 기론으로써는 설명하기가 곤란하다. 역시 리의 범주가 동원되지 않을 수 없다.[40] 또한 과정철학이 창조적 진화론의 입장을

40) 이 점에 대해 풍우란(馮友蘭)은 "장재는 구체적 個物이 나타났다가 사라지는 것을 기의 이합집산으로 설명하였다. …… 그러나 이 이론으로써는 서로 다른 종류의 사물들이 왜 생겨났는가 하는 이유를 설명하지 못한다."라고 하고, 여기에서 정이와 주자의 리의 사상이 기원하였다고 한 바 있다. 풍우란, 정인재 역, 『중국철학사』, 형설출판사, 1983, p.361.

취하는 반면에 기론이나 리기론(리기이원론)은 순환론적인 자연관을 갖고 있는 점도 대비된다. 그리하여 어떻게 사물의 '개체성'이 독특하게, 그런 의미에서 창조적으로 생성되느냐 하는 문제에 대해서는 유기론이나 리기론의 설명이 미흡하다고 할 수 있다.

유기론(唯氣論)은 우주의 생성과 현상을 설명하는 데는 움직임의 속성을 가진 기로 적합하게 설명할 수 있지만, 우주의 질서나 조화, 창조성에 대한 설명은 할 수 없는 한계가 있다. 뿐만 아니라 자연법칙에서 인간 도덕규범을 연역해 내는 천인합일적(天人合一的)인 자연법사상에서 담일청허의 기로써는 가치의 표준인 '인극(人極)'[41]을 연역해 낼 수 없다는 것도 유의할 필요가 있다. 임성주의 기일분수론도 마찬가지 입장이다. 다만 리일분수를 말할 때 기일분수는 이미 전제되어 있다는 발견은 수긍할 수 있다. 리기혼일의 관점에서는 그렇게 볼 수 있기 때문이다. 그러나 '일(一)과 수(殊)', 즉 보편과 개별(특수)의 관계를 리라는 이데아 세계를 나타내는 상징으로써 표현하는 것이 기라는 유동적이고, 편차가 있고, 그리하여 악의 경향성을 가지고 있는 현실계의 상징으로 나타내는 것보다 더 명확하다고 할 수 있다. 이 점이 형이상학과 유기론의 차이라고 할 수 있다.

5. 결어

임성주의 유기론은 기의 우주론으로서 과정철학의 존재근거 탐구에 있어 현실적 존재 넘어 나아갈 필요가 없다는 발상과 같다. 이는 기가 중

41) 인간의 도, 도덕, 규범을 말하는데, 주렴계가 『태극도설』에서 말하기를 "聖人은 中正仁義로써 욕망과 이해득실을 잠재우고, 靜(욕심 없음)으로써 人極을 세운다."라고 하였다.

국 고대부터 우주를 설명하는 기본 범주로서 쓰였고, 과정철학의 현실적 존재 역시 과거의 실체적 단위를 부정하고 존재의 기본 구성체로 상정했기 때문이다. 임성주의 유기론은 송대 장재의 기론에 연원하고, 명대 나흠순의 영향을 받았다. 나흠순의 리기혼일적 관점도 수용하여 그의 심성론을 논했지만, 기의 우주론에서는 유기론적이었다. 기의 우주론이 가능한 것은 원래 기의 질료성 때문이기도 하지만, 이 외에 기는 자체 운동성이 있어서 리와 같은 어떤 원인자를 내세울 필요가 없다는 점과 또 기에는 생명성(생의)이 있다고 생각했기 때문이다. 또 기에 의해 우주 만유가 생성 변화하지만, 기가 흩어지면 기의 근본(본체)으로 돌아가고, 이 우주의 기(본체의 기)는 총량이 불변이라고 생각했기 때문이다.

그러나 유기론에서는 존재의 원인(원리)이나 우주의 궁극자에 대한 설명에서 한계를 가지는데, 그러한 한계를 넘어서기 위하여 유기론은 본체의 기의 성격을 '담일청허하다' 고 하여 움직인 기, 즉 '유기(游氣)' 와는 다르게 표현하였다. 이는 분명 유기와 구분하기 위한 것으로 기의 본체를 초월화시킨 것이라 볼 수 있다. 리기이원론은 존재의 원리를 리, 우주의 궁극자를 태극이라 하여 기의 범주와 함께 리기론이라는 형이상학적 체계를 세운 데 반해 유기론은 기에 너무 의뢰하여 태극도 기로 해석하고 리도 기의 질서성 등으로 해석하였다.

그리고 임성주는 리기이원론의 리일분수에 대해 기일분수를 내세웠다. 이 기일분수의 관점에서 이이의 리통기국을 비판하기도 하였다. 기일분수를 내세우는 데는 리-기를 혼일하게(불상리적 측면 강조) 보는 관점과 밀접한 연관이 있다. 주자 이후 주자학이 리를 강조하는 경향을 가지면서 리의 지나친 초월화에 대한 비판에서 유기론이 나왔으나 역시 유기론도 존재의 원인(원리)이나 우주의 궁극자를 설명하는 데 한계를 가졌다. 그러나 유기론은 우주론에 있어서만은 기에 의한 설명으로 충분하다고 생각하였다. 리기가 밀접한 연관이 있다면, 리일분수도 기일분수를 전제로 한 것이라는 유기론의 주장도 근거가 있다. 그러나 과정철학과 비교해 보면, 기의 우주론은 형이상학 체계로 나아가지 않은 것이다. 이 점에 임성주 유기론의 특성과 한계가 있다.

11장

노사 기정진 유리론(唯理論)의 과정철학적 의미

1. 서언

노사(蘆沙) 기정진(奇正鎭)은 19세기 후반에 활약한 사람인데, 이 시대는 이미 전통적인 사유 방식인 성리학(주자학)[42]이 시대 추세와 맞지 않아 개명적인 유학자들이 진로를 고민하던 때였다. 그러므로 기정진의 소위 유리론이라는 성리학적 사유는 매우 보수적인 사상으로서 특이하다고 하지 않을 수 없다. 뿐만 아니라 성리학 사유 중에서도 리를 높이는 '유리론(唯理論)' 이라는 주장은 더욱 그러하다고 할 수 있다.

그런데 유리론이라고 할 때 한 가지 유의할 점이 있다. 유리론이라 하더라도 기를 배제한 채 리만으로 이 세계를 설명하는 식의 사유 방식은 아니고, 리기이원론이라는 성리학 기본 논리를 완전히 벗어나지 않은 전

42) 일반적으로 쓸 때, 혹은 송대 성리학적 사유 방식의 의미로는 성리학(신유학)이라 하고, 리기론, 태극론처럼 주희에 와서 체계화된 형이상학 내지 우주론을 말할 때는 주자학이라고 하였다.

제 위에서 리의 중요성을 강조한 데 특징이 있고, 그 특징을 강조하여 유리론이라 이름한 것이다.[43] 물론 이 명칭에 반대하고 '철저한 존리론(尊理論)', 혹은 '리일원론화(理一元論化)' 라는 다른 이름을 쓰기도 한다.[44] 리기이원론의 전제 위에서 리를 상대적으로 강조하는 주리론의 연장선상에서 리를 극단적으로 더욱 강조한 시각이라고 할 수 있다. 리기이원론을 완전히 벗어나지 않았다면 어떤 연관이 있을 것인데, 그렇게 보면 소위 주리론과의 동이점이 문제가 된다.

그러나 리기이원론 위에서 벌어진 퇴계 이황과 고봉 기대승 사이의 사단칠정논쟁과 그 후 이황과 율곡 이이를 대표자로 하여 형성된 '주리론'-'주기론' 의 맥락과는 완전히 같지 않다. 이황의 처음 사칠리기호발설(四七理氣互發說)(이하 '호발설' 이라 약함)의 의도는 리·기를 선·악처럼 대립시켜 입론하려는 가치적 관점이었지만, 호발설을 강조하는 과정에서 나온 '리의 극존무대설(極尊無對說)' 은 절대적 리(태극)에 대한 경외와 유사한 것이어서 이것은 '존리론(尊理論)'[45]이라 할 수 있다. 여기에는 절대자

43) 현상윤, 배종호, 안진오 세 사람은 기정진의 성리설을 '유리론' 이라 하였다. 현상윤, 『조선유학사』, 현음사, 1982, p.368-375; 배종호, 『한국유학사』, 연세대 출판부, 1974, p.130; 안진오, 『호남유학의 탐구』, 이화문화사, 1996, p.408. 한편, 안종수는 라이프니츠의 성리학 해석과 기정진의 유리론을 비교하여 설명하면서 리만 존재하고 기는 없다는 식으로 유리론을 해석하면 안 되지만, 기가 리에 의존한다는 의미로 말한다면 유리론이라 하는 것이 정확하다고 하였다. 안종수, 「리와 기에 대한 라이프니츠와 기정진의 해석」, 『철학연구』 제72집, 대한철학회, 1999, p.303.

44) 이상익은 기정진 성리설을 '독특한 체계' 로 보고자 하였으며, '철저한 존리론' 이라는 용어를 사용하였다(이상익, 「기정진 성리설의 재검토」, 『철학』 제52집, 한국철학회, 1997, p.5 및 p.35). 이상호도 '유리론' 을 반대하였다(이상호, 「노사 기정진의 성리설에 대한 재검토」, 『유교사상연구』 제7집, 유교학회, 1994, p.370). 한편 김형찬은 '理一元論化' 이라는 용어를 썼는데(김형찬, 「리기론의 일원론화 연구-녹문 임성주와 노사 기정진을 중심으로」, 고려대 대학원 박사학위논문, 1996), 기정진이 기를 종속적으로 보았으나, 리기이원을 전제로 하였으므로 역시 부가 설명이 필요하다. '극단적 주리론' 이라는 의미에서 '理一元化' 라면 의미는 통한다.

에 대한 관심과 신앙이 있다고 할 수 있는데, 기정진의 유리론도 그러한 맥락에서 말할 수 있다. 그러므로 그의 유리론을 '존리론' 이라 하는 것이 의미 전달상 적절할 것이다. 여기서는 같은 의미로 이제까지 통용해온 '유리론' 과 병용하였다.

이러한 기정진의 성리설은 선배 학자들의 여러 성리설을 비판하는 가운데서 성립되었다.[46] 즉 존재론적 측면에서는 율곡 이이의 '리통기국설' 을 비판하고, 도덕론적 측면에서는 이황의 '호발설' 과 이이의 '사칠배속설', 그리고 당시 학계의 '인물성동이론(人物性同異論)' 등을 비판하면서 자기 설을 개진하였다. 그러나 그 비판이 전적으로 옳다고 볼 수는 없다. 성리학의 형이상학적 체계에 대한 이해의 부족이라든가, 혹은 유리론(존리론)의 시각에서 행한 일방적 비판일 수도 있다. 그러므로 여러 연구자들이 그를 비판적으로 고찰하고 있다.

그의 성리설의 특징은 존재론 측면에서 리를 극히 강조한 점, 즉 '존리설' 과 성리학의 리일분수설을 '리분원융설(理分圓融說)' 로 새롭게 해석하

45) '主理論' 과 구별하기 위하여 필자가 붙인 이름이다. 이황의 '極尊無對' 라는 표현과 태극의 위상, 그리고 '尊' 이라는 한자의 의미를 살린 것이다. 그러나 현재 일정한 설명을 덧붙여 '유리론' 이라는 용어를 많이 쓰므로 병용하였다.

46) 최영진은 기정진의 성리학은 존재론에서는 이이의 이론을 지지했고, 가치론에서는 이황의 입장을 따라 두 설의 종합을 시도한 것으로 보았고(최영진, 「노사 기정진의 리일분수설에 관한 고찰」, 『조선조 유학사상의 탐구』, 여강출판사, 1988, pp.276-281 및 296), 이상호는 기정진의 심성론은 이이의 입장에서 크게 벗어나지 않는다고 보았으며(이상호, 전게 논문, pp.16-17), 이상익은 기정진의 리기론이 최영진의 지적처럼 리기일체관을 근간으로 하지만, 그의 理氣一體觀은 이이의 그것과 체계가 다른 것이라고 하고, 그런 점에서 그의 성리학은 선배 학자에 대한 비판 속에서 성립한 독자적인 체계라고 주장하였다(이상익, 전게 논문, p.6). 그러나 기정진은 이황의 호발설을 반대했고, 이이의 사칠설도 반대했다. 또 '理氣一體說' 같은 용어도 기정진의 사상을 해석하는 데 불충분하다. 그리고 이상익의 말처럼 '또 다른 체계' 라고 할 때 그 사유의 특징과 의미는 아직 밝혀지지 않았다. 이렇게 보면 기정진에 대한 연구는 아직 그 특징이 확실하게 해석되지 못하였고, 여러 설이 분분하다고 볼 수 있다.

려는 데에 있다고 할 수 있다. 이러한 특징의 배경은 성리학 속에 감추어진 '태극론(太極論)' 이 갖는 종교적 발상이라고 할 수 있다. 즉 그의 존리론은 성리학의 종교적 절대자, 혹은 형이상학적(존재론적) 궁극자에 해당하는 '태극' 의 리에 대한 종교적 경외라고 볼 수 있다. 유신론 체계가 없는 성리학에서 태극론은 화이트헤드의 과정철학과 비교하여 말하면 형이상학적 신관(神觀)과 유사하고, 또 태극은 과정철학의 신과 위상이 비슷하다.[47]

그보다 약 1세기가 앞선 인물로 녹문(鹿門) 임성주(任聖周)(1711~1788)가 있다. 그는 소위 '유기론(唯氣論)' 을 주장하고, '기일분수(氣一分殊)' 를 주장했는데, 이는 기정진과 반대로 성리학의 리기이원론의 전제 위에서 기를 극단적으로 강조한 것이다. 기의 강조는 명대 중기 정암(整庵) 나흠순(羅欽順) 등으로부터 나타나기 시작한 시대사조이지만, 거슬러 올라가면 횡거(橫渠) 장재(張載)의 기론(氣論)에 가 닿는다. 이 기론은 중국 고대의 자연철학의 중요 개념이었지만, 이 기 개념이 성리학에 와서 리와 더불어 형이상학적 체계의 하나의 중요 범주로 자리 잡게 되자 '주기론적' 시각도 나오게 되었다. 그리하여 임성주의 유기론에 가서는 원초의 '일기(一氣)' 에 이미 만수(萬殊)가 포함되어 있다고 하여 '기일분수' 라고 하였다.[48] 이때는 기의 개념에 담긴 '생의(生意)' 가 중요 모티브가 되고, 여기

---

47) 이하 본문에서 언급한다. 주자학과 과정철학(process philosophy)에 대한 비교는 이동희, 『한국의 철학적 사유의 전통-화이트헤드와 성리학의 만남』(대구: 계명대 출판부, 1999)의 제1장 「주자학과 과정철학」 참조.

48) 임성주의 기일분수설에 대해 이상곤은, 기는 리와 같은 원리가 아니기 때문에 氣一에서는 분수를 생각할 수 없다, 즉 '氣涵萬殊' 는 성립할 수 없다고 비판하였다. 그 이유를 그는, "氣一分殊的 입장은 현상을 중심으로 하여 보편-특수를 논하는 것이므로 氣分殊에서만 '氣一' 을 생각할 수 있을 뿐, 氣一에서는 分殊를 생각할 수 없다. 왜냐하면 기는 리와 같은 원리가 아니기 때문이다" 라고 하였다. 그리고 그는 율곡 李珥의 理通氣局說, 임성주의 기일분수설, 그리고 기정진의 '理涵萬殊說' (理分圓融說)이 차

에 기의 원초로서 '일기(一氣)' (장재의 '太虛')를 상정하고, 그 모습을 '담일청허(湛一淸虛)' 라고 하는 발상이 덧붙여졌다. 이때 '일기' 라고 할 때 기가 우주에 충만해 있다는 의미, '충만성(充滿性)' 도 물론 들어 있다. 그러나 기는 실제로 이미 움직여 청탁 · 수박(淸 · 濁粹 · 駁)으로 편차가 생겨 있다. 그러므로 '일기' 는 하나의 이데아로서 요청되어진 것이다. 임성주의 소위 '유기론' 은 이러한 배경을 갖고 있다.[49)]

그런데, 여기서 유의할 점은 유기론이 기의 생의와 충만성에 착안하여 '기일분수' 를 주장하였다는 점인데, 이와 마찬가지로 유리론에서도 리를 '천명(天命)' 이나 '씨앗' 〔종자〕으로 보는 관점이 모티브가 되고 있다는 것이다. 리 · 기 양 극단으로 가면 결국 공통점에 이른다는 것을 알 수 있는데, 이것은 성리학이 태극, 리, 기 삼자로 이루어져 있는 것과 연관 있다. 과정철학과 비교해 보아도 그 점은 명확하다. 유리론을 고찰할 때 참고해야 할 점이다.

기에 비해 리는 훨씬 관념성이 강하므로 초월성을 말하는 데는 매우 유리하다. 리와 기는 절대자의 초월과 내재를 말할 때 항상 '불상리잡(不相離雜)' 을 강조하므로 주자학 체계[50)]에서 어느 한쪽을 강조하면 유기론과

례로 성립됨으로써 진정한 리일분수설이 성립되었고, 이것은 성리학의 한국적 성과라고 하였다(이상곤, 「노사 기정진의 리일분수관」, 『원불교사상』 제10 · 11집, 원광대 원불교사상연구원, 1987, pp.914-915). 그러나 아직 이러한 결론을 내리기에는 이르다. 비판적 고찰이 좀 더 필요하다고 생각한다.

49) 임성주에 대한 것은 이동희, 「녹문 임성주 유기론의 과정철학적 의미 고찰」, 『철학논총』 제32집 제2권, 새한철학회, 2003 참조.

50) 우주론을 형이상학적 체계로 성립시킨 사람은 주희이다. 그러므로 그를 성리학(신유학)의 집대성자라고 말한다. 일반적으로 성리학과 주자학을 같은 의미로 쓰지만, 엄밀하게 말하면 형이상학적 체계만은 주자에 의해 체계화되었으므로 태극론, 리기론을 말할 때는 주자학이라고 해야 한다. 주돈이의 「태극도설」, 장재의 기의 우주론(자연학), 程顥, 程頤 형제의 리에 관한 사상, 程頤의 體用論, 邵雍의 주역론 등을 합하여 태극론과 리기론을 체계화한 이는 주희이다. 그러므로 화이트헤드의 과정철학과 비

유리론은 다 가능하다고 할 수 있다. 그러나 어느 것이나 한쪽을 극단적으로 강조한 것이다. 물론 그렇게 할 이유가 원래 주자학 속에 이미 있기 때문에 그 나름의 논리는 있다. 그러나 주자학의 존재의 형이상학은 태극, 리, 기, 세 범주(개념)로 이루어지므로 유기론이나 유리론만으로는 결코 충분하지 않다.[51]

그러므로 기정진의 유리론에 대해서도 그의 발상을 높이 평가하기도 하면서 한편으로는 연구자들이 여러 가지로 비판적으로 보고 있다. 현상윤은 그를 '조선 성리학의 6대가'로 보고 있지만,[52] 이상익은 그의 성리설에서 이이의 '인기유분(因氣有分)'을 '리분격단(理分隔斷)'이라 비판한 것이나 악(惡)의 설명에서 모순을 보인다고 하였고,[53] 이상호 역시 악의 설명에서 논리가 일관되지 못하고 있다고 비판하였다.[54] 또 최영진은 기정진의 리일분수설의 새로운 해석, 즉 '리분원융설(理分圓融說)'은 리기이원론에 입각한 리일분수설의 두 가지 문제점을 해결하였다고 하였다.[55]

교하는 것은 주희의 우주론, 형이상학이라고 해야 한다.

51) 기정진의 유리론은 태극의 리를 강조하여 성리학에 내포된 최고 궁극자 문제를 탐구하려는 시도를 하였다는 또 다른 의미를 가지고 있다. 그러나 기정진 역시 극단적 주리론을 주장함으로써 리기를 지나치게 일원화하여 보려는 폐단을 동시에 보여주었다고 할 수 있다. 다시 말하면 주자학의 리기이원론이라는 형이상학에 대한 이해의 부족, 혹은 오해라고 할 수 있다.

52) 현상윤, 전게서, pp.368-375.

53) 이상익, 전게 논문, p.30.

54) 이상호, 전게 논문, p.14.

55) 두 가지 문제점은 첫째, 선악의 결정권을 기가 갖게 되어 리기관계가 전도된다는 점, 둘째, 리일지리는 형기를 초월하게 되고 분수지리는 형기에 떨어진 이후에 성립되는 것으로 설명되어 양자 상호매개점이 없는 점이라고 하였다(최영진, 전게 논문, pp.294-296). 여기서 첫째 문제는 기정진이 이이의 '因氣有分'을 비판한 것과 같은 내용이고, 둘째는 리기이원론에서 리·기로써 초월성과 내재성을 말하기 위한 불가피한 논리이기 때문에 비판 대상이 될 수 없다. 다시 말하면 리기이원론의 리일분수는 그의 '리분원융'의 논리가 이미 전제가 되어 있고, 설명의 방법상 이분법을 취하

최영성은 그의 사상의 리기설에 있어서는 '리기일체관(理氣一體觀)' 이며, 또 '리존기비(理尊氣卑)', '리주기복(理主氣僕)' 등의 주장을 볼 때는 '리일원론에 가까운 존리론(尊理論)' 이라 할 수 있다 하였다.[56]

한편 이상곤은 기정진의 리일분수설을 높게 평가하여 이분법적 사고방식을 극복했다고 하였다.[57] 그러나 이상익은 기정진의 성리학이 이이 성리학을 초극한 것이라든가 호락 양론을 종합 지향했다고는 볼 수 없고, 이이 성리학과는 다른 체계라고 하였다.[58] 또 그는 기정진이 리기이원론의 리일분수에서 '인기유분' 을 '리분격단' 이라 비판하고 이에 대한 대안으로서 '리분원융' 을 주장한 데 대하여, 리 · 분 역시 개념적으로 구분하기는 마찬가지이고, 또 만일 논리적 구분을 무시한다면 대상세계를 개념적으로 설명하고자 하는 모든 학문 자체가 성립될 수 없기 때문에 기정진의 비판은 무리라고 하였다.[59]

이와 같은 여러 비판적 분석에도 불구하고 기정진의 사상의 특징은 아직 선명하게 현대적으로 그 의미가 해석되지 않았다. 본고에서는 기정진 성리설의 핵심은 존재의 형이상학에서의 '존리적' 발상에 있다고 보고 그 의미를 '종교론적' 관점에서 과정철학과 비교하여 보다 심도 있게 논하고자 한다.

는 것이기 때문에 그것과 상충되는 것은 아니다. 그러므로 최영진은 기정진의 논리가 타당한지 결론짓기 어렵다고 하였다.

56) 최영성, 『한국유학사상사V』, 아세아문화사, 1997, pp.42-44.

57) 이상곤에 의하면, 현상계를 리와 기로 대거하여 설명하려는 리기이원론과는 달리 리 자체의 일과 분수라는 논리를 전개함으로써 본체와 현상, 보편과 특수에 대한 횡적 논리의 통일을 가져왔으므로 이분법적 사고를 극복했다고 하였다. 이상곤, 전게 논문, p.908.

58) 이상익, 전게 논문, p.36-37.

59) 이상익, 전게 논문, p.35. 이상익의 생각은, 리기이원론의 리일분수에서 분수의 원인은 기에 있다고 설명하는 것이 논리적 설명상 불가피한데, 기정진이 이를 리분격단이라 비판한 것은 자가당착이라고 하였다.

2. 퇴계 이황의 주리설과 존리설(尊理說)

리기이원론은 주희(朱熹) 형이상학의 기본 명제이다. 이때 리는 플라톤의 이데아, 아리스토텔레스적 의미의 '형상'에 해당하는 것이고, 기는 아리스토텔레스적 의미의 질료에 해당한다. 화이트헤드의 과정철학으로 말하면 리는 '영원적 객체'(eternal object)요, 기는 '현실적 존재'(actual entity)이다. 이것은 존재론, 우주론에서 기본적으로 정의할 수 있는 리기의 개념(범주)이다.

그런데 이 리기 개념이 도덕론을 논하는 상징으로 사단칠정론, 인심도심론 등에 응용되었을 때 그 개념의 의미가 조금 다르게 나타나기 시작했다. 사단칠정론에서 퇴계(退溪) 이황(李滉)이 사단칠정리기호발설(四端七情理氣互發說)(이하 '호발설'로 약함)을 주장한 것이 그 대표적인 사례다. 사단은 리발, 칠정은 기발이라고 하여 대립적으로 입론한 것이 호발설이다. 이황은 인심과 도심도 대립적이고, 본연지성-기질지성의 관계도 또한 대립적이라고 보았다. 이는 도덕론에서 가치를 대립시킨 것이다.[60] 여기에서 리기 두 개념은 하나의 '상징'(symbol)으로 쓰인 것이다.[61]

이황과 기대승 사이의 사칠논쟁에서 이황은 호발설을 뒷받침하려는 의도에서 리의 체용론과 함께 리를 매우 중요하게 생각해야 한다고 말한 것을 우리는 잘 알고 있다. 이때의 리는 리·기 상대의 리보다 태극과 같은 절대의 리로 표현되었다. 그의 호발설의 배경에 이러한 리에 대한 특

60) 이황은 "리는 귀하고 기는 천하다. 그러나 리는 작용이 없고[無爲], 기는 욕망이 있다[有欲]"라고 하였다. 『退溪全書』 권12, 24면, 「與朴澤之」.

61) 이황에게 있어서 존재론적 개념의 도덕론적 전용에 따른 이러한 의미 전환의 사정은 정확하게 인식되지는 않았다. 왜냐하면 전통시대에 존재론과 도덕론은 구분되어 있지 않았기 때문이다. 이황, 기대승 이후 사칠논쟁의 지속의 원인도 이런 점과 무관하지 않다.

이한 발상이 있었던 것이다.

고봉 기대승과 논변을 하는 과정에서 이황은 리를 정의하기를

> 리는 원래 극존무대(極尊無對)하여 사물에 명령하지 사물에 어떤 명령을 받지 않는 것으로 기가 이길 수 없다.

라고 하였다.[62] 또 그는 '태극동이생양(太極動而生陽)'에 대한 해석에서 '생(生)'자를 글자 그대로 해석하여 태극에 작용성이 있는 듯이 해석했고,[63] 리의 작용성에 대한 해명을 함에 있어 '체용론'을 응용하여, 리의 작용이 없는 것은 체의 측면이요, 능발능생(能發能生)의 작용은 용의 측면이라고 하였다.[64] 더 나아가 그는 기대승에게 충고하면서

> 고금에 학문에 차이가 나는 것은 리(理) 자가 알기 어렵기 때문인데, 그것도 올바르고 충분히 알기가 어렵다.

라고 하여[65] 리에 대한 이해의 중요성을 거듭 강조하였다.

이러한 이황의 언표를 종합해 보면, 이때의 리는 태극과 같이 리 중의 리, 즉 형이상학적으로 말하면 최고의 궁극자, 궁극적 원인자, 또는 종교적으로 말하면 최고의 신과 같은 절대자를 염두에 두고 말한 것이 틀림없다. 이황의 호발론 배경에는 이와 같은 절대적 리에 대한 발상이 있었다. 이 절대적 리는 성리학의 '태극'인데, 주자학에서 태극도 리요, 개별 사

62) 『퇴계전서』 권13, 16면, 「答李達·李天機」.
63) 동서, 권41, 20면, 「非理氣爲一物辨證」.
64) 동서, 권39, 28면, 「答李公浩問目」.
65) 동서, 권16, 46면, 「答奇明彦論四端七情 第二書」.

물의 존재 원리도 리이기 때문에 이러한 리의 의미 중첩에서 이러한 발언이 나온 것이다. 특히 창조주 인격신을 상정하지 않는 동아시아 유교 전통에서 이러한 의미 중첩에서 오는 혼란은 불가피한 것이다.[66]

이황의 이러한 리에 대한 발상은 어디에서 오는가? 그것은 주희에게 이미 그러한 사고방식이 있었다. 주희는 자연의 질서를 '주재(主宰)'의 작용이라고 보았다. 즉 그는 "대개 천(天)은 하나의 지강지양(至强至陽)의 물(物)인데, 자연히 끊임없이 움직인다. 이러한 까닭에는 반드시 주재자가 있다"라고 하였다.[67] 그는 또 "그렇다고 만약 하나의 주재가 있어서 마치 세상에 동상처럼 있는 것은 절대 아니다"라고 하였다.[68] 이는 인격신을 상정하지 않는다는 것이다. 그러나 이 '주재자'는 바로 주희가 존재의 근거, 즉 궁극자로서 '태극'을 지칭하여 말한 것이다. '주재'라는 것이 매우 실재성을 지칭하는 것이므로 주자가 태극을 역시 매우 실재적으로 보고 있는 것이다. 그러므로 줄리아 칭(Julia Ching)은 말하기를

> 유교 고전인 『시경』과 『서경』의 '상재(上帝)'에 대하여 주자가 신인동형론적(神人同形論的) 표상(즉 인격신적 표현)에 대해 주석한 것을 보면 "세계의 주재자가 하늘에 사람이 있는 것처럼 존재한다고 말하는 것도 옳지 않지만 그런 주재자가 없다고 해도 잘못이다"라고 했다. 주자에게 있어 천과 상제는 지고한 주재자인 신을 지칭한다.

라고 말하였다.[69]

---

66) 과정철학에서 신, '영원적 객체', '현실적 존재', 이 삼자의 역할과 관계에 대해 자세히 설명하고 있어서 이것으로 주자학 존재론의 기본 개념인 태극, 리, 기, 이 삼자의 관계를 비교해 보면 그런 느낌을 지울 수 없다.

67) 『주자어류』(북경: 중화서국, 1986) 권68, p.1685. 이하 『주자어류』는 『어류』라 약함.

68) 동서, 권3, p.48.

주자학에서 태극은 '리의 총체(總體)(總集)' 내지 '리의 총괄(總括)'로 규정되고 있다.[70] 주희는 태극을 말하기를 "천지 · 인물의 만선(萬善)의 지극히 좋다〔至好〕는 것에 대한 명칭이다. 사람마다, 사물마다 하나의 태극이 있다"라고 하였고,[71] 또 "태극은 별도의 어떤 사물이 아니고, 음양이면 음양에, 오행이면 오행에, 만물이면 만물에 있다. 다만 하나의 리일 뿐이다"라고 하였다.[72] 주희는 이 우주의 보편적 질서(天道; 天理)는 '리적인 것'으로 규정하여, 그것을 주돈이의 '태극'에서 찾았다.[73] 그러므로 태극은 이데아 중의 이데아, 즉 선의 이데아인 것이다. 형이상학적 궁극자를 리적인 것으로 본다는 것은 만물의 존재의 원리를 리로 규정한 이상, 그 개별리(개별 사물의 리)의 총체적 포괄자가 당연히 요구된다는 것을 말한다. 유신론(인격신론)의 신관으로 말한다면 그것은 '신'의 역할과 동일한 발상인 것이다. 동아시아에서 유신론적 체계가 없다 하더라도 이는 중세적인 종교철학이라 할 만하다. 그런 의미에서 태극은 형이상학과 종교의 접점이라고 할 수 있다.[74]

화이트헤드는 신을 통해서 우주는 성립되고, 따라서 신은 '세계 구체

---

69) 줄리아 칭 지음, 임찬순 외 옮김, 『유교와 기독교』, 서광사, 1993, pp.170-171.

70) 『어류』 권94, p.2375. 주자는 "천지 만물의 리의 총체, 혹은 총괄하는 것이 바로 태극이다[總天地萬物之理, 便是太極]"라고 하였는데, 이때 '總'은 태극과 개별리와의 관계를 一(전체)과 多(부분)의 관계로 보면 '총체'의 뜻이 되고, 태극의 만물에 대한 주재의 측면에서 보면 '총괄한다'의 뜻이 된다. 두 가지 의미를 다 갖고 있다.

71) 동서, 권94, p.2371.

72) 동상.

73) 주희는 주돈이의 『태극도설』을 주해하였는데, 주돈이는 '태극'이 理的인 것인지, 氣的인 것인지, 다시 말하면 관념적인 것인지, 물질적인 것인지 확실하게 말하지 않았다. 주희가 리적인 것으로 확정함으로써 비로소 성리학의 형이상학적 체계가 이루어졌다. 주희의 『태극도설해』는 매우 독창적인 것으로 그 수준이 높아 그 후 성리학 이해의 첫 관문으로 간주되었다. 성리학의 유기체 우주론을 여실히 보여주는 걸작이다.

74) 주희 태극론의 철학적, 종교적 의미를 화이트헤드의 과정철학의 형이상학 체계와 神觀(종교론)과 비교한 것에는 전게 이동희, 『한국의 철학적 사유의 전통』의 제1장 참조.

화의 원리' 라고 말하였다.[75] 이는 신은 궁극적 한정이며, 신 속에서 전 우주의 총합이 이루어진다는 의미이다. 과정철학에서 신은 하나의 '현실적 존재' 로 다른 '현실적 존재' 와 더불어 같이 있다고 하였다.[76] 이것이 기존의 기독교 신관의 지나친 초월성을 배제하고 있는 화이트헤드의 독특한 '형이상학적 신관'[77]이다. 이러한 신과 이 세계와의 밀접한 관련성은 유신론 체계가 없는 동아시아에서 '무극이태극(無極而太極)' 과 태극-음양의 관계, 즉 초월-내재성과 비교하여 이해할 수 있다.

주희의 우주론 속에 이미 절대적 의미의 리로서의 태극이 있었고, 이황의 호발설을 통해 표출된 절대적 리에 대한 존중은 철학적(형이상학적) 세계 해석인 리기이원론과는 다른 관점으로 절대자에 대한 경외로서 일종의 종교론(형이상학적 神觀)을 형성하고 있다. 이러한 발상은 '존리론' 이라 할 만하다. 리에 가치를 부여하고 높이면 이는 단순한 도덕론을 넘어서서 존재의 궁극 원인 내지 우주의 근원에 대한 종교적 성찰로 넘어가는 것이라고 볼 때 이황의 '존리론' 은 강조점은 다르지만, 그의 도덕론인 '주리론' 의 연장선상에 있는 것이다. 다시 말하면 이황의 호발설은 도덕론이며, 존리론은 종교론이라고 할 수 있고, 양자는 또 밀접한 관련이 있는 것이다. 기정진의 유리론 역시 이 이황의 주리론-존리론의 연장선상에서 고찰하지 않으면 안 된다.

---

75) 화이트헤드, 오영환 역, 『과학과 근대세계』, 서광사, 1991(3쇄), p.254.

76) 화이트헤드, 오영환 역, 『과정과 실재』, 민음사, 1991, p.73.

77) '형이상학적 신관' 이라는 것은 신 문제를 기성의 종교론으로 논하는 것이 아니라 형이상학 체계 속에서 보편철학으로 논하는 관점을 말한다. 그러므로 화이트헤드는 종교는 형이상학의 도움을 필요로 한다고 하고, 반대로 종교의 형이상학에의 공헌도 말하였다. 화이트헤드, 류기종 옮김, 『종교론』, 종로서적, 1986, pp.65-67.

3. 노사 기정진의 유리론

기정진 역시 이황의 '존리론'과 유사한 발언을 하였다. 그는 말하기를

> 리와 기를 상대화하여 리-기라고 부른 것은 어느 때 시작된 것인가? 나는 이것은 반드시 성인의 말이 아니라고 생각한다. 왜 이렇게 말하는가? 리의 존귀함은 상대가 없으니, 기가 어떻게 리와 짝이 될 수 있겠는가? 그 넓음은 상대가 없으니, 기 역시 리 속의 일이며〔氣亦理中事〕, 이 리가 유행하는 손발이어서〔此理流行之手脚〕 리에 본래부터 상대가 없다. 짝도 아니고 상대도 아닌데, 상대화시키는 것은 무슨 이유인가?

라고 하였다.[78] 여기에서 그의 리에 대한 기본적 시각을 읽을 수 있다. 이러한 시각에서는 당연히 율곡 이이의 '그 기틀이 스스로 그러하고, 시키는 자가 없다〔其機自爾, 非有使之〕'라는 기의 정의, 즉 리기의 형이상학에 대해 반대할 수밖에 없다. 그는 말하기를

> 음양동정을 겉으로만 보면 자행자지(自行自止)하는 것 같으나, 실제를 깊이 탐구해보면 전부 천명(天命)이 그렇게 시키는 것이다. 천명이 그러하기 때문에 부득이 그렇지 않을 수 없는 것이다. 이것을 '소이연(所以然)'이라 일컫는다. …… 이제 (율곡이) '그 기틀이 스스로 그러하다'[79]고 하였는데, '그 기틀이 스스로 그러하다'라는 것은 노력을 기다리지 않는다는 말이지만, 이미 자기로 말미암고 다른 것에 말미암지 않는다는 뜻을 포함하고 있다. 또 부연하여 말하기를 '시키는 자가 없다'고 하니, '스스로 그러하다'고 할 때는 그 뜻이 오히

78) 『蘆沙集』 권12, 25면, 「猥筆」.

79) 『栗谷全書』 권10, 26면, 「答成浩原」.

려 여유가 있었으나, '시키는 자가 없다' 고 하니, 말뜻이 확고하다. …… '시키는 자가 없다' 라는 말에서 천명은 이미 끊긴 것이다.

라고 하였다.[80] 여기서는 기정진의 두 가지 중요한 사고방식이 나타나 있다. 하나는 이이의 기에 대한 설명을 반대한 것이요, 다른 하나는 리를 '천명(天命)' 으로 해석한 점이다. 천명으로서의 리, 이것은 '존리론' 의 단적인 표현이다. 안종수는 이러한 기정진의 리에 대해 그가 만물의 근원인 태극을 어느 정도 인격적인 존재로 보고 있고, 리 자체의 활동성도 암묵적으로 인정하고 있는 것으로 해석하였다.[81]

뿐만 아니라 기정진은 또 리를 '씨앗' 〔種子〕에 비유하였다. 그는 말하기를

이 세상에 씨가 없이 생겨난 것은 아직 없었다. 리여! 리여! 모든 것의 씨앗이로다.

라고 하였다.[82] 리를 종자로 보면 리가 기의 근원이 된다는 의미이다. 여기에서 기정진이 기독교의 신과 같은 창조주로 말하지는 않았지만, 천명론과 아울러 보면 그 발상은 매우 유사하다고 하지 않을 수 없다.

기정진은 이 천명론과 씨앗론을 바탕으로 리기 관계에서도 리의 기에

80) 『노사집』 권12, 22면, 「외필」.

81) 안종수는 라이프니츠의 중국 사상(성리학)에 대한 학설과 비교하여 말한 바 있다. 즉 라이프니츠가 서양의 17세기 신의 활동성처럼 중국의 성리학의 리는 활동성이 있다고 주장했는데, 인격신의 전통이 없는 기정진의 경우 서양과 같은 리의 활동성은 아니지만, 서양의 신과 리를 매우 유사하게 보았다고 안종수는 논증하였다. 안종수, 전게 논문, p.307.

82) 『노사집』 권12, 18-19면, 「答人問 第二」.

대한 '주재력'을 강조하였다. 즉 그는 말하기를

> 기가 리를 따라서 발한 것은 기발이 곧 리발이요, 기가 리를 따라 행한 것은 기행(氣行)이 바로 리행(理行)이다. 리는 스스로 조작하거나 움직임이 있는 것이 아니므로 그 발하고 행하는 것은 분명히 기가 하는 것인데, 이를 리발, 리행이라 말하는 것은 무엇 때문인가? 기의 발하고 행하는 것은 실로 리에서 명령을 받는 것이니, 명하는 자는 주인이 되고 명령을 받는 자는 종이 된다. 종은 그 노역을 담당하고 주인이 그 공로를 차지함은 천지의 진리이다.

라고 하였다.[83] 마지막 구절의 '종과 주인의 비유'는 가치론적 입론으로서 존재론적 리기 개념 사용과는 용례가 완전히 다르다. 기발과 기행을 말하는 것은 기정진 역시 리기이원론의 토대 위에 있는 것 보이지만, 그의 기본 생각은 리의 기에 대한 우위, 주재력을 말하고자 한 데 있었다. 여기서 기발이 리발이요, 기행이 리행이라는 언명은 성리학 원래의 리기론의 형이상학 체계와는 물론 다른 것이다.

이러한 기정진의 발상은 리기선후(理氣先後) 문제에서도 당연히 '리선기후(理先氣後)'로 나타났는데, 그는 말하기를

> 주자가 말하기를 "태극은 상수(象數)가 아직 드러나지 않았으나 그 리는 이미 갖추어진 것을 말한다"라고 하였으며, 또 말하기를 "만일 원리적으로 말하면〔在理上看〕 사물이 있지 않아도 이미 사물의 리는 있다"고 하였으며, …… 이와 같은 말들은 이루 다 열거할 수 없으니, 어찌 일찍이 리기가 서로 떨어지지 않는다〔不相離〕 하여 리가 먼저 갖추어져 있다는 뜻을 폐기할 수 있겠는가?

83) 동서, 권12, 23면, 「외필」.

…… 리가 다만 기와 서로 떨어질 수 없다는 까닭으로 마침내 먼저 갖추어진 묘가 없어지는 것이겠는가?

라고 하였다.[84] 주희의 말을 인용하여 리선기후를 강하게 주장하였다. 또 그는 말하기를

이른바 리가 먼저 갖추어져 있다는 것은 허공에 매달린 리가 먼저 갖추어져 있다는 말이 아니다. …… 추론하고 또 추론해 보아도 필경 이 리가 있고 이 기가 있는 것이다. …… 차천지(此天地)의 리가 선천지(先天地)의 위에 먼저 갖추어져 있으니, 이것이 과연 허공에 매달려 있는 것이겠는가?

라고 하였다.[85] 여기서는 리의 선재(先在)가 실재적이라는 것을 비유를 들어 강조하였다. 그는 다른 곳에서는 '리기불리(理氣不離)'를 말하기도 하였지만, 강조점은 역시 위와 같이 '리선기후'에 있었다. '리기불리'는 형이상하라는 성리학의 기본 이론에서 대략 말한 것이고, '리선기후'는 그의 유리론적 사고에서 나온 것이다. 일견 모순되지만, 그의 유리론의 의도를 이해한다면 그 모순의 이유를 알 수 있다.

성리학에서 리기 관계에 대한 언급은 많이 있으나, 리가 어떻게 기에 관계하는가 하는 데 대한 자세한 설명은 별로 없다.[86] 과정철학은 '영원적

---

84) 동서, 권5, 14면, 「擬與權信元」.

85) 동서, 권5, 19-20면, 「答權信元」.

86) 리와 기의 관계는 '서로 떨어져 있지도 않고, 서로 섞여 있지도 않다' [理氣不相離雜]는 정도로 설명하고 있다. 이이는 주희의 설을 종합하여 말하기를 "(리기가 一物인가 二物인가 라는 질문에 대해 송대 학자의 설을 참고해 보니, 리기는) 하나이면서 둘이고, 둘이면서 하나이다. 리 · 기는 밀접하게 붙어 있어[渾然無間] 원래 서로 떨어지지 않으므로 二物이라 할 수 없다. 그러므로 程子(정호-필자)는 '氣가 또한 道이고, 道 또한 氣이다' [氣亦道, 道亦氣]라고 하였다. 비록 서로 떨어지지 않고 붙어 있는 가운데

객체(eternal object)' 의 '현실적 존재(actual entity)' 에의 진입(ingression)을 말하고 있다. 뿐만 아니라 영원적 객체와 최고 궁극자 신과의 관계 등도 함께 유기적으로 설명되고 있는데, 성리학은 이런 설명이 좀 부족하다.

리와 기의 관계를 '서로 떨어지지 않으면서도 서로 섞이지도 않는다' 라고 하거나, 하나이면서 둘이라〔一而二, 二而一〕[87]고 하는 정도로 그 밀접한 관계만을 중점적으로 설명하고 있다. '무극이면서 태극이다' (「태극도설」)라든가 '태극은 리이다' 라는 명제로써 태극의 원리성을, '태극은 천지만물지리의 총칭이다' 또는 '태극은 만선지호(萬善至好)이다' 라는 명제로써 태극의 궁극자의 성격을 말하고, 그리고 '통체태극(統體太極)-각구태극(各具太極)' [88] 및 '리일분수' 로써 태극의 초월-내재성의 이중구조론[89]을 설명하고 있다.

서도 (리 · 기는) 서로 섞이지 않으므로 一物이라 할 수도 없다. 그러므로 주자는 '리는 스스로 리이고, 기는 스스로 기이어서 서로 섞이지 않는다' 라고 하였다. 두 설을 합하여 음미하면 리 · 기의 妙를 볼 수 있을 것이다" 라고 하였다. 『율곡전서』 권20, 「성학집요 2」.

87) 주자는 性과 心의 관계를 논하면서 '一而二, 二而一' 라고 표현하였다. 또 성은 태극과 같고, 심은 음양과 같다고도 하였다. 『어류』 권5, p.87; p.89.

88) 주희는 「태극도설해」에서 "남 · 여에서 보면 남 · 여가 각각 性(人性)을 하나로 가져 남 · 여가 하나의 태극이다. 만물에서 보면 만물이 각각 하나의 性(物性)을 가져 만물이 하나의 태극이다. 합하여 말하면 만물이 전체로 하나의 태극이고[統體一太極], 나누어 말하면 一物이 각각 하나의 태극을 갖고 있다[各具一太極]" 라고 하였다.

89) 도모에다(友枝龍太郎)는 태극과 음양과의 관계를 '不離不雜' 으로 보고, 그때의 태극을 '통체태극-각구태극' 으로 나타내는 것은 바로 '리의 이중구조' 라고 표현하였다. 不雜의 관점에서 태극을 보면 리는 절대적인 '리가 되는 것' (리로 보는 것)이고, 不離의 관점에서 태극을 보면 리는 상대적인 '리가 된다' (리로 본다)고 하였다. 그러나 양자는 별개가 아니고 사유의 방편상 그렇게 '보는 것' 이라고 하였다(宇野哲人의 말을 인용). 이것을 그는 '離合看' (不離不雜看)이라고 하였는데, 이때 '看' 이라는 말은 보는 시각 내지 관점을 말하는데, 일종의 논리를 말하기도 한다. 이 말은 주자의 말이기도 하다(『주자어류』 권74, p.1895). 友枝龍太郎, 『朱子の思想形成』, 東京: 春秋社, 1969, p.198. 이때의 리의 이중구조는 태극의 이 세계와의 관계, 즉 초월과 내재성을

과정철학에서 신은 이 세계와 밀접히 관계한다. 먼저 신은 하나의 현실적 존재이며, 또 신의 양극성(dipolarity), 즉 '원초적 본성' (primordial nature)과 '결과적 본성' (consequent nature)을 가지고 이 세계에 관여하고 있다. 원초적 본성에서 볼 때 신은 현실적 존재가 자기를 형성해 가도록 처음 동기 부여, 목적 부여를 해줌으로써 만물을 새로운 창조적 미래로 불러내는 존재론적으로 부르는 소리요 힘이다.[90] 이것이 신이 원초적 본성에서 영원적 객체를 파악(prehension)하고 있는 양상이다. 이것이 신의 '개념적 파악' 이고, '영원적 객체' 에서 보면 영원적 객체의 '현실적 존재' 에의 진입이다.

신의 '결과적 본성' 이란 현실적 존재가 합생을 끝내고 다른 현실적 존재의 여건이 될 때 불사적(不死的) 객체화가 된 현실적 존재들을 '물리적으로 파악' 하는 것을 말한다.[91] 이 물리적 파악은 신이 현실적 존재를 자신 안에 수용하는 것을 말한다. 이러한 신의 양극성이 신으로 하여금 이 세계와 관계를 맺게 한다.[92] 태극의 리일분수에 이 신의 물리적 파악과 같은 설명은 없지만, 태극의 이 세계와의 '초월-내재' 의 관계에서는 신의 양극성과 다름없다.

과정철학과 비교해본 성리학의 태극론에서 최고의 리로서의 태극의 종교적 절대자의 위상을 볼 수 있고, 이러한 리에 대한 착상이 기정진의 유리론, 존리론의 핵심을 이루고 있다고 본다면 그의 여러 성리학적 언표들은 이해의 여지가 많다.

말하는 것이므로 과정철학의 신의 양극성과 같은 것이다.

90) 화이트헤드, 오영환 역, 전게서(민음사), pp.110-111; 157; 189-190.

91) 동서, p.190.

92) 동서, pp.590-603.

4. '리일분수'의 새로운 해석: 리분원융(理分圓融)

조선 후기 기호학파에서 일어난 인물성동이논쟁은 인간과 다른 사물, 즉 만유(만물)의 존재 원리(존재성)에 있어서 보편성과 특수성(차별성)의 관계를 어떻게 보는가 하는 논쟁인데,[93] 크게 인간과 사물(동식물과 무생물)의 성질이 같은가 다른가를 논하였다. 어떤 종교철학에서나 마찬가지로 성리학에서도 일찍이 이 문제를 다루었다. 그것을 나타내는 명제가 바로 '리일분수'이다.[94] '리일(理一)'은 보편성을, '분수(分殊)'는 특수성을 말한다.

성리학은 유기체 우주론으로서 우주 속의 모든 존재는 유기적으로 결합되어 상호 영향을 주고 있다고 생각하였다. 이는 성리학이 불교 화엄의 '법계연기관(法界緣起觀)'에서 받은 영향이다.[95] 유기체 우주론에서 모든 존재는 이와 같이 서로 연관되어 영향을 주고받으므로 그 존재의 가치는 절대 평등하다. 그런 의미에서 만유는 보편성을 가진다고 할 수 있다. 그러나 현상적으로 볼 때 만유는 제각각이다. 그 차이는 어디에서 오는가? 성리학은 그 차이의 원인을 기에 돌렸다. 이때 기에 의한 분화된 각 사물의 존재 원리는 또 어떻게 되는가? 분화된 각 사물의 존재 원리를 '분수의 리'라고 한다. 이 분수의 리와 보편성의 리, 즉 '리일의 리'와는 그러면 어떤 관계인가? 성리학은 그것이 별개의 리가 아니라고 한다. 그러므로

---

93) 인물성이 같다고 한 주장을 洛論이라 하고, 인물성이 다르다고 한 주장을 湖論이라고 한다. 그러므로 이 논쟁을 '호락논쟁'이라 하기도 한다.

94) 주희는 "하나의 실상이 만 가지로 나뉘어져[一實萬分] 萬과 하나가 각각 바르게 되니, 바로 리일분수이다."라고 하였다. 『주자어류』(북경: 중화서국, 1986), 권94, p.2409.

95) 다케우찌(武內義雄)는 "화엄은 實相論과 緣起論을 종합하여 법계연기론을 세우고 있는데, … 이 화엄의 교리는 … 유교에 영향을 주어 새로운 유가철학을 탄생시켰다"라고 하였다. 武內義雄, 이동희 역, 『중국사상사』, 여강출판사, 1987, p.174.

결국 각 존재(사물)는 보편성과 개별성을 함께 가지고 있는 것이 된다. 이것이 리일분수의 의미이다.

기정진은 각 사물의 분화 원인이 기라고 보는 데 반대하고 보편의 리, 즉 '리일의 리'에 이미 분수의 리, 즉 분화될 원인을 함유하고 있다고 보았다. 성리학의 형이상학 체계는 리와 기로써 존재의 이데아와 질료를 각각 표시하므로 리기이원론적 구조를 가지고 있다. 그러므로 리일분수를 말할 때 리를 가지고 '一'과 '분수'(多)를 나타내고, 분수의 원인은 기에 돌렸다. 왜냐하면 기는 그 속성상 자체 운동인을 갖고 있고, 그것에 의해 이미 현실적으로 움직였고,[96] 그 움직임에 의해 여러 편차(淸·濁·粹·駁)를 나타낸다고 보았기 때문이다. 기는 과정철학의 '현실적 존재'와 같이 가장 기초적인 사물의 기본 구성체이기 때문에 그 이상 나아가 존재의 원인을 찾을 수 없는 존재의 기본 단위이다. 그러므로 기론자들처럼 기의 원초적 모습을 찾아 '태허'라든가, '담일청허한 일기'라든가 하여 그것을 실체화하거나 초월화시킬 수 없다. 그것은 기본적으로 리·기 양자의 역할 분담이라는 차원에서 볼 때도 기의 속성에 맞지 않다.

이때 '일기'가 담일청허 하다든가 태허를 기의 원초로 초월화시키면 임성주처럼 '기일분수'까지 생각할 수 있다. 리·기의 밀접한 관련을 생각하면 리일분수는 기일분수를 전제로(기반으로) 하지 않을까 생각할 수도 있다. 그러나 기가 현실적 차이를 설명하는 기제라는 점을 다시 생각해 보면 '기일분수'는 기의 분수라는 현상에서 '기일(氣一)'을 상정한 것임을 알 수 있다. 그러므로 '기일'에서는 분수를 생각할 수 없다. 왜냐하면 기는 '제한성의 원인'이고 리와 같은 '원리'가 아니기 때문이다. 그러므로 정이와 주희는 리로써 보편과 특수를 나타내는 방법을 택한 것이다.

---

96) 기의 그러한 속성을 나타내는 명제가 바로 '動靜無端, 陰陽無始'이다.

과정철학으로 말하면 신의 양극성으로써 신의 초월성과 이 세상과의 관계, 즉 내재성을 나타내는 것과 같다. '현실적 존재'는 가장 기본적인 존재의 기본 구성체이지만, 신(태극)과 '영원적 객체'(리)의 목적(이데아) 부여에 의하여 우주 전체 조화 아래 생성 변화해 가는 것이다. 이 원리를 인간의 본성에 적용하여 말하면, 보편성을 말할 때는 '본연지성'이라 하고, 기질에 의하여 제한된 개별성을 말할 때는 '기질지성'이라 하는데, 핵심은 이 두 본성은 이름만 다르지 '실재'로 있는 두 가지 종류의 본성이 아니라는 데 있다. 본연지성이 기질에 떨어져 있는 것을 기질지성이라 하므로[97] 결국 두 측면에서 이름을 붙인 것이다. 다시 말하면 인간은 두 종류의 본성을 가지고 있는 것이 아니라 두 측면에서 묘사할 수 있는 본성을 가지고 있는 것이 된다.

기정진이 리를 중요시하는 존리론적, 혹은 유리론적 관점은 그의 리일분수설에 대한 해석에서도 나타난다.[98] 그는 '리일'이라 하면 그 속에 이미 '분수'가 함유되어 있다는 것이다. 이는 달리 말하면 리와 기를 나누어보지 않으려는 관점이다.[99] 리기이원론은 리일분수에서 분수는 기 때

97) 『朱子大全』 권61, 「答嚴時亨」.

98) 이상호는 기정진의 리일분수설이 안진오의 지적처럼 그의 리기론의 전체구조(기본발상)가 아니고, 인물성동이론의 문제와 연관되어 제기된 것으로, 즉 제한된 의미를 갖는 것으로 봐야 한다고 하였는데(이상호, 전게 논문, pp.10-11), 이 주장을 유추해 보면 기정진의 리기론이나 리일분수설이나 그 발상은 같은 것이며, 오히려 그 발상의 기저는 종교론적 관점에서 리를 높이는 존리론적, 혹은 유리론적 리기설에 있음을 알 수 있다.

99) 이 때문에 기정진이 리기를 '不相離'의 측면에서 논하는 것을 보고 학자들은 그의 사상을 흔히 '理氣渾一', '理氣一體' 등으로 표현하는데, 안종수는 '리기일체', 또는 '리기혼일'(또는 '리기일원') 등의 표현은 어떤 것이 더 근원적이고 독립적인가를 따지는 것이므로 기정진의 성리학에 적절하지 않다고 하였다(안종수, 전게 논문, p.303). 기정진이 리기를 불상리로 표현하는 것이 문제가 아니라 근본적으로는 리를 어떻게 보느냐에 그의 사상의 특징이 있다.

문이라고 본다. 이것을 기정진의 시각에서는 리와 기를 지나치게 나누는 것이라고 비판한다.

이이가 성리학의 리일분수를 부연하면서 '리통기국' 이라 하였다.[100] 이이는 리통기국설을 통하여 성리학의 리일분수설을 조리있게 설명하였지만, 역시 이 형이상학적 명제는 이해하기가 매우 어렵다. 리는 원리로서 이데아이며 순선한 것이며, 태극의 리의 경우는 궁극자이며 가치의 표준이기도 하다. 그런데 이것이 기에 의해 어떻게 편차가 생기는 것인가 하는 문제이다. 이이에 의하면 "리는 어떻게 하여 만수(萬殊)가 있게 되는가? 기가 가지런하지 않으므로〔不齊〕 기를 타고 유행할 때 만수가 있게 된다"라고 하였다.[101]

여기에서 기정진은 '기에 의한 분수' 는 '기에 의한 리의 분수' 가 되어 결국 리에 편차가 있게 되고, 나아가 리의 본연이 훼손되는 결과가 된다고 생각하였다. 신이 이 세계와 관계를 깊이 가지지만, 그렇다고 그 초월성에 하자가 있어서는 안 된다. 발상과 같은 것이다. 그러므로 그는 말하기를

> 리라는 것은 영축(盈縮)과 선후(先後)가 없다. 일리(一理)라 하여 많은 것이 아니고, 만리(萬理)라 하여 많은 것이 아니니, 이것을 영축이 없다고 하는 것이다. 이 사물이 있다고 하여 생기는 것도 아니요, 이 사물이 없다고 하여 없어지는 것도 아니니, 이것을 선후가 없다고 하는 것이다. 이것을 깨달으면 이른바 '일(一)' 이라는 것을 이해할 수 있을 것이다.

라고 하였다.[102] 또 그는 인물성동이론을 비판하면서 이러한 리일분수설

100) 『율곡전서』 권10, 26면, 「답성호원」.
101) 동서, 권12, 20면, 「답성호원」.

의 새로운 관점을 피력하였다. 즉 그는 말하기를

> 여러 학자들이 인성(人性)과 물성(物性)을 논한 것은 …… 모두 동일한 폐단에 빠졌다. 그것은 리일(理一)과 분수(分殊)가 서로 괴리된 데 있다. …… 학자들의 학설을 살펴보면 리는 분(分)이 없는 것이요 분은 기로 인하여 있게 된다고 하여 리일을 형기(形氣)를 떠난 곳에 한정시키고, 분수를 형기에 타재(墮在)된 이후로 국한시킨다. 이에 리는 리대로, 분은 분대로 되어〔理自理, 分自分〕 성(性)과 명(命)이 옆으로 갈라지게 되었다. …… 내가 아는 바로는 분은 리일 가운데의 세조리(細條理)로서 리와 분 사이에는 층절(단절)이 없다.

라고 하였다.[103] 그는 이와 같이 당시 학자들이 리와 분을 분리해 본다고 하였다. 그는 또 말하기를 "여러 사람의 인물성 논의의 폐단은 리분상리(理分相離)에 있다. 그것은 리는 무분지물(無分之物)이라 보고, 분分은 기로 인하여 제한된다〔因氣有限〕고 한다."라고 비판하였다.[104] 이에 대해 자신의 관점은 '리분원융(理分圓融)' 이라 하였다. 즉 그는 말하기를

> 나의 주장을 따르면 리(理)와 분(分)이 원융하여〔理分圓融〕 이른바 체용일원(體用一源), 현미무간(顯微無間)과 부합한다. 동(同) 가운데 이(異)가 있고, 이(異) 가운데 동(同)이 있으니, 동 · 이를 논할 필요가 없는 것이다. 구론(舊論)(호론과 낙론-필자)을 따르면 리와 분이 격단되어〔理分隔斷〕 체 · 용이 이본(二本)으로 되고, 현미(顯微)가 유간(有間)하게 된다. 동(同)은 스스로 동(同)일 뿐이고, 이(異)는 스스로 이(異)일 뿐이어서 끝내 회통할 기약이 없는 것이다.

---

102) 『노사집』 권12, 18면, 「答人問第一」.
103) 동서, 권12, 1면, 「納涼私議」.
104) 동서, 권12, 1면, 「납량사의」.

라고 하였다.[105] 여기서 '체용일원, 현미무간'은 정이의 『역전(易傳)』서에 나오는 말이고, 동이론(同異論)은 주희가 말한 것이다.[106] 그는 또 '리분원융'과 같은 의미로 '리함만수(理涵萬殊)'[107]라고 표현하기도 했다.

원래 리일분수는 형식논리로 보면 모순이다. 그러므로 주자도 이것을 설명하기가 어려웠다. 모든 종교는 인간의 평등을 논한다. 그 보증을 신의 의사에 의한 것이라고 말한다. 그러므로 기독교의 경우 하나님 앞에서 모든 인간은 평등하다고 한다. 이 평등은 바로 보편성을 말한다. 모든 종교는 이러한 메시지를 전하려고 한다. 성리학의 리일분수설도 같은 의도를 가지고 있다. 종교적 보편성을 말한다면 불교의 자비라든가 성리학의 '만물일체의 인(仁)'이라는 것도 같은 맥락이다. 다만 성리학의 이 명제는 만물의 차별성의 원인도 함께 논하려고 하는 점에서 형이상학적 이론이라고 할 수 있다.

이 명제는 이와 같은 형이상학이나 종교론에서 거론되는 것일 뿐만 아니라 오늘날 생명복제라는 생물학(생명공학)의 영역에서도 볼 수 있다. 인체의 모든 체세포(몸 세포)는 원래는 어떤 부분의 세포이든지 생식이 가능

---

105) 동서, 권12, 9면, 「납량사의」.

106) 주희는 말하기를 "萬物의 一原을 논하면 理는 같고 氣는 다르며, 萬物의 異體(다양한 모습)를 보면 氣가 오히려 서로 가깝고, 理는 절대로 같지 않다"라고 하였다(『주자대전』 권46, 「答黃商伯」). 여기서 만물의 일원은 보편성을 말한다. 만물의 다양한 모습도 결국은 기의 편전에 의해 나타난 것일 뿐 기의 속성은 변함없다는 것이다. 리가 같지 않다는 것은 만물의 특수성을 말한다. 결국 만물은 보편성과 특수성을 함께 가지고 있는 것이 된다. 리일분수설과 같은 내용이다.

107) 기정진은 말하기를 "分이란 理一 중의 細條理이다. 리와 분은 상하의 層節(단절)이 있을 수 없으니, 분은 리와 상대되는 것이 아니다. 분수 二字는 一者에 대한 말이지만, 理는 萬殊를 涵包(理涵萬殊)하였으므로 一이라 하는 것이니, 실은 一物이라 하는 것과 같다"라고 하였다(『노사집』 권12, 1면, 「납량사의」). '리함만수'이기 때문에 기정진은 자기 리일분수설을 '理分圓融'이라 하였으므로 '리함만수'나 '리분원융'이나 같은 내용이다.

하게 생겨나지만, 생명체의 생장에 따라 그 부분의 기능만 점점 자라게 된다.[108] 그러므로 생명복제에 적합한 환경을 만들면 체세포에서도 전기 충격으로 생식세포의 기능을 재생할 수 있다고 한다. 이것이 체세포에 의한 생명체 복제이며, 근간에 이런 방법으로 양의 복제가 이루어졌다.[109]

리일분수는 이런 상황을 잘 설명해 준다. 개별리는 보편리를 본질적으로 갖고 있으면서 개별리를 이루어 나간다. 주자는 '월인(영)만천(月印(映)萬川)' 이라는 비유로써 이를 설명하였다.[110] 즉 달이 만개의 강에 비치지만, 달이 쪼개진 것이 아니고 온전한 모습으로 비친다는 사실을 비유하고 있는 것이다. 이제는 이 비유를 빌릴 것도 없이 생물학적으로 이미 증명이 되었다.

기정진이 호락양론을 '리분격단' 이라 비판하고 '리기불리' 의 관점에서 '리분원융' 을 주장하였는데, 과연 그러한 주장을 어떻게 평가해야 할까? 일견 생각하면 리일분수나 리통기국이 리와 기를 이원화함으로써 체용일원의 우주의 만유의 실상을 제대로 설명하지 못한 것 같이 생각될 수 있다. 그러나 리기이원론의 리일분수설이 분수의 원인을 기에 돌렸다〔因氣

108) 신체의 각 부분으로 자라기(분화) 전의 세포, 즉 수정 후 14일 이내의 세포를 '胚芽' 라고 하고, 여기에서 몸 각 부분으로 자랄 수 있는 기본 세포를 '줄기세포' 라고 한다.

109) 영국에서 복제한 양은 임신한 어미의 체세포(겨드랑이 세포)에서 세포를 채취하고, 그 세포의 핵을 다른 양의 난자의 세포의 핵과 치환하여 복제한 것이다. 최근에는 사람의 체 세포를 동물의 난자에 핵 치환하여 배아 줄기세포를 만드는 기술까지 갔고, 최근(2004년 2월) 우리나라에서는 인간 세포끼리의 핵 치환에 의한 세포 복제가 가능한 획기적인 발명이 이루어졌다. 이렇게 만들어진 줄기세포는 이식거부가 없어 손상된 장기 치료에 유효하게 쓰이게 된다. 물론 이 줄기세포를 인간의 자궁에 착상시키면 인간 복제가 가능하다.

110) 『어류』 권94, p.2409. 鄭이 묻기를 "「理性命」에 어찌하여 分字를 썼습니까?" 라고 물은 데 대하여 주희는 "나누어 조각낸 것이 아니고, 달이 모든 냇물에 비치는 것[月映萬川]과 같다" 라고 대답하였다.

有分] 하더라도 '리함만수' 자체를 부정하는 것은 아니다. 다시 말하면 만수의 가능태를 리가 이미 포함하고 있다고 전제한다.[111] 一과 분수를 논리적으로 나누어 설명한 것. 리함만수를 전제로 한 리통기국이요 리기이원론이라면 기정진의 유리론은 결국 리기이원론과 거리가 그리 멀지 않다.

우리는 사물의 진상을 설명하기 위하여 체·용으로 나누어 설명한다든지, 아니면 리·로 나누어 설명하는 소위 '이분법적 설명 방식' 외에 과연 다른 방식이 있을 수 있겠는가?[112] 기정진이 비판한 '리분격단' 이나 '인기유분' 은 리기론의 논리상 불가피한 결과이다. 그렇게 보면 기정진의 리분원융설은 리일분수설의 대안이라기보다 보충 설명한 것이라고 볼 수 있고, 그 주요 배경이 되는 것은 그의 유리론적, 존리론적 발상 때문이라고 할 수 있다.

안종수는 "라이프니츠가 동양의 리일분수설을 기독교 신학을 빌려 설명하면서 신이 처음부터 모든 것의 원인을 포함하고 있다고 한 설명과, 기정진의 리에 대한 설명, 즉 모든 존재의 리는 최초의 태극에 포함되어 있다는 설명과 같다."고 하였는데,[113] 기정진의 입장을 잘 표현했다고 보

---

111) 이이는 "一本之理는 리의 體요, 萬殊之理는 리의 用이다"라고 하였다(『율곡전서』 권12, 20면, 「答安應休」). 이것을 보면 리기이원론의 리일분수설도 '리함만수' 를 이미 전제하고 있다는 것을 알 수 있다.

112) 이상익은 기정진이 비판하는 이이의 리통기국설에서의 '因氣有分說' 은 결코 '理分隔斷' 이 아니라고 하고, 기정진도 결국 理와 分으로 나누어 개념상 설명하지 않을 수 없는 것을 볼 때 이분법적 설명은 학문에 있어 불가피하므로 그의 비판은 적절하지 않다고 하였다. 이상익, 전게 논문, p.35.

113) 안종수는 "주희는 사물들의 다양성의 원인이 기로 말미암아 발생하는 것이라고 보기 때문에 최초의 태극은 미래에 실현될 다양성을 포함할 수 없으나, 기정진이 생각한 최초의 태극은 이미 미래에 실현될 다양성까지도 포함하는 것이다"라고 하여(안종수, 전게 논문, p.316), 기정진의 '리분원융' 의 새로운 면을 부각시켰다. 그러나 程頤는 이미 "沖漠 無朕한데 萬象이 森然하게 이미 갖추어져 있어서 應하지 않았다고 해서 먼저가 아니고, 이미 應하였다고 하여 뒤가 아니다"라고 한 바 있다(『二程

인다. 결론적으로 기정진의 유리론은 유신론 체계가 아닌 성리학에서 나올 수 있는 특이한 종교적 발상이라고 할 수 있다.

5. 결어

그의 성리설의 특징은 존재론 측면에서 리를 극히 강조한 점, 즉 '존리론' 과 성리학의 리일분수설을 '리분원융설(理分圓融說)' 로 새롭게 해석하려는 데에 있다고 할 수 있다. 이러한 특징의 배경은 성리학 속에 감추어진 '태극론' 이 갖는 종교적 발상이라고 할 수 있다. 즉 그의 존리론은 성리학의 종교적 절대자, 혹은 형이상학적(존재론적) 궁극자에 해당하는 '태극' 의 리에 대한 종교적 경외라고 볼 수 있다. 유신론 체계가 없는 성리학에서 태극론은 화이트헤드의 과정철학과 비교하여 말하면 형이상학적 신관과 유사하고, 또 태극은 과정철학의 신(God)과 위상이 비슷하다.

주희는 이 우주의 보편적 질서(天道; 天理)는 '리적인 것' 으로 규정하여, 그것을 주렴계의 '태극' 에서 찾았다. 그러므로 태극은 이데아 중의 이데아, 즉 선의 이데아이며, 동시에 형이상학적 궁극자이며, 종교적으로 말하면 절대자이며 만물의 근원자이다. 다시 말하면 개별리(개별 사물의 리)의 총체적 포괄자가 태극이다. 화이트헤드도 신을 통해서 우주는 성립되고, 따라서 신은 '세계 구체화의 원리' 라고 말하였다.

성리학의 형이상학적 체계는 존재론의 경우 리와 기에 의해서 원리와

全書』 권15, 13면). 이는 태극의 리를 양면으로 설명한 것으로 '흐릿하여 아무 조짐이 없으나, 만상의 理는 이미 다 갖추어져 있다' 는 의미이므로 기정진의 '리분원융' 사상과 다를 바 없다. 그러므로 이 '리분원융설' 은 리일분수설의 보완적 설명이라고 할 수 있다.

질료를 설명하고, 우주의 전체 조화를 위하여 태극의 리가 요청되었다. 태극은 과거의 천명이나 상제와 같이 초월성만 있는 것이 아니고 태극-음양과의 관계에서 보듯이 내재성도 함께 가지고 있다. 이것이 유기체 우주론의 특징이다. 어느 것이 우주의 근원인가 하는 문제에서 기나 리 어느 쪽으로 극단적으로 강조할 수 있다. 기를 극단적으로 강조한 것이 녹문 임성주의 유기론이고, 리를 극단적으로 강조한 것이 노사 기정진의 유리론(혹은 尊理論)이다.

리와 기는 절대자의 초월과 내재를 말할 때 항상 '불상리잡' 을 강조하므로 성리학 체계에서 어느 한쪽을 강조하면 유기론과 유리론은 다 가능하다고 할 수 있다. 그러나 성리학의 존재의 형이상학은 태극, 리, 기, 이 삼자로 이루어지므로 유기론이나 유리론만으로는 결코 충분하지 않다. 그러므로 그의 유리론이 반영된 리일분수설, 즉 '리분원융설' 은 그가 '리분격단(理分隔斷)' 이라 비판한 리기이원론의 리일분수설과 큰 차이가 있는 것은 아니다. 오히려 리로써 보편성, 기로써 분수의 원인으로 나누어 설명할 수밖에 없는 불가피한 이분법적 논리 자체를 비판하는 잘못을 범하고 있다.

그의 성리설이 이와 같이 어느 극단으로 치우친 것은 사실이지만, 본고는 이러한 발상을 하게 된 배경을 철학적으로 해석하려 하였다. 여기에는 종교론적 고찰이 유효하고, 그것도 성리학과 유사한 유기체 우주론을 가진 화이트헤드의 과정철학의 형이상학 이론과 종교론 이론과 비교하여 유리론의 의미를 드러내었다. 그것은 성리학의 태극론이 가지고 있는 종교론적 측면을 기정진이 강조하여 보여주었다고 하는 것이다. 이런 발상은 이미 퇴계 이황에 의해 주리론-존리론을 통하여 우리에게 싹을 보여준 것이다.

〈참고 문헌〉

1. 원전류

〈중국〉

곤지기

노자

명사「유림전」

명유학안

성리대전

송사「도학전」

심경부주

육상산전집

정몽

조월천선생유서

주자대전

주자어류

태극도

통서

황극경세

〈한국〉

가정집(이곡)

간재집(전우)

갈암집(이현일)

景賢錄

고려사

고봉선생문집(기대승)

求志錄(이진상,『한주전서』)

남당집(한원진)

노사집(기정진)

노주집(오희상)

녹문집(임성주)

농암속집(김창협)

대산집(이상정)

도산전서(이황)

도암집(이재)

도은집(이숭인)

리학종요(이진상,『한주전서』)

면우집(곽종석)

목은문고(이색)

밀암집(이재)

辨志錄(이진상,『한주전서』)

사계선생유고(김장생)

삼봉집(정도전)

송자대전(송시열)

여헌성리설(장현광)

역옹패설(이제현)

율곡전서(이이)

익재집(이제현)

정암집(조광조)

정재집(류치명)

주자서절요(이황)

주자언론동이고(한원진)

중종실록

퇴계전서(이황)

포은집(정몽주)

한수재집(권상하)

한주집(이진상,『한주전서』)

화담집(서경덕)

회재집(이언적)

회헌집(안향)

2. 단행본류

〈한국어 도서〉 – 번역서 포함

강성도, 『화이트헤드의 과정철학입문』, 서울: 조명문화사, 1992.
김상일 외 편, 『과정철학과 과정신학』, 서울: 전망사, 1988.
김영식, 『중국전통문화와 과학』, 서울: 창작사, 1986.
김용정, 『제3의 철학』, 서울: 사사연, 1988.
김태길, 『윤리학』, 서울: 박영사, 1978.
김하태, 『동서철학의 만남』, 서울: 종로서적, 1985.
니-담, 이석호 외 역, 『중국의 과학과 문명』2, 서울: 을유문화사, 1986.
더크 보드, 이명수 옮김, 『중국인은 무엇을 생각하고 어떻게 살아왔는가?』, 서울: 여강, 1991.
루드니크, 박일태 옮김, 『알기쉬운 양자역학』, 서울: 나라사랑, 1988.
武內義雄, 이동희 역, 『중국사상사』, 여강출판사, 1987.
류승국, 『동양철학연구』, 서울: 근역서재, 1987.
박충석, 『한국정치사상사』, 서울: 삼영사, 1982.
배종호, 『한국유학사』, 서울: 연세대학교 출판부, 1974.
배종호, 『한국유학의 철학적 전개』, 서울: 연세대출판부, 1985.
배종호, 『한국유학자료집성』(상), 서울: 연세대학교출판부, 1980.
山田慶兒, 김석근 역, 『주자의 자연학』, 서울: 통나무, 1992.
森三樹三郎, 임병덕 역, 『중국사상사』, 서울: 온누리, 1986.
송석구, 『율곡의 철학사상』, 서울: 형설출판사, 1987.
안진오, 『호남유학의 탐구』, 이화문화사, 1996.
안형관, 『화이트헤드 철학의 이해』, 대구: 이문출판사, 1988.
오영환, 『화이트헤드와 인간의 시간경험』, 서울: 통나무, 1997.
유명종, 『한국유학연구』, 대구: 이문출판사, 1988.
윤남한, 『조선시대의 양명학연구』, 서울: 집문당, 1982.
이병도, 『한국유학사』, 서울: 아세아문화사, 1987.
이준모 외, 『조선철학사연구』, 광주, 1988(복사판)
張立文 주편, 김교빈 외 역, 『기의 철학』(상 · 하), 서울: 예문지, 1992.
정성철, 『조선철학사』(2), 서울: 이성과 현실, 1988.
줄리아 칭, 임찬순 외 옮김,『유교와 기독교』, 서울: 서광사, 1993.
최영성,『한국유학사상사』(전5권), 서울: 아세아문화사, 1994-1997.
馮友蘭, 정인재 역, 『중국철학사』, 형설출판사, 1983.
한국근대사연구회 편, 『한국중세사회 해체기의 제문제』, 서울: 한울, 1987.
현상윤, 『조선유학사』, 서울: 현음사, 1986(2쇄).

화이트헤드, 류기종 역, 『화이트헤드의 종교론』, 서울: 종로서적,1986.
화이트헤드, 오영환 역, 『과정과 실재』, 서울: 민음사, 1991.
화이트헤드, 오영환 역, 『과학과 근대세계』, 서울: 서광사, 1991(3쇄).

〈중국어, 일본어 도서〉 – 서명은 한국어 번역임

Abe 阿部吉雄, 『일본주자학과 조선』, 동경: 동경대학출판회, 1964.
Chen 陳榮捷, 『주학논집』, 대북: 학생서국, 민국71.
Dokawa 戶川芳郎, 『유교사』, 동경: 산천출판사, 1987.
Fung 馮友蘭, 『중국철학사』(2권), 홍콩: 문란도서공사, 민국56.
Hou 侯外廬, 『중국사상통사』(4-상), 중국, 1959.
Kano 狩野直喜, 『중국철학사』, 동경: 암파서점, 소화28.
Konojawa 小野澤精一 외, 『기의 사상』, 동경: 동경대학출판회, 소화53.
Meng 蒙培元, 『리학의 연변』, 중국 복주: 복건인민출판사,1984.
Ohama 大濱皓, 『주자의 철학』, 동경: 경초서방, 1983.
Shimada 島田虔次, 김석근 외 역, 『주자학과 양명학』, 서울: 까치, 1986.
Tomoeda 友枝龍太郎, 『주자의 사상형성』, 동경: 춘추사,1969.
Yamamoto 山本誠作, 『화이트헤드의 종교철학』, 京都: 行路社, 1987.
Yamanoi 山井湧, 『명청사상사의 연구』, 동경: 동경대학출판회, 1980.
Yamashida 山下龍二, 『양명학연구』, 동경: 현대정보사, 소화46.
Yasda 安田二郎, 『중국근세사상연구』, 동경: 축마서방, 소화51.

〈영어 도서〉

Casun Chang, 『The Development of Neo-Confucian Thought』, New York: Bookman Associates, 1957.
Fung Yu-lan, 『History of Chinese Philosophy』, Princeton: Princeton Univ. Press, 1953.

3. 논문류

김경재, "과정사상과 성리학의 이기설", 『기독교사상』 356호, 1988.
______, "최수운의 범재신론", 『과정철학과 과정신학』, 서울: 전망사, 1988.
______, "틸리히와 화이트헤드", 『과정철학과 과정신학』, 서울: 전망사, 1988.
______, "화이트헤드의 과정사상과 율곡의 이기론", 『과정철학과 과정신학』, 서울: 전망사, 1988.

김용정, “상보성에 관한 인식론적 고찰”, 『제3의 철학』, 서울: 사사연, 1988.
김형찬, “리기론의 일원론화 연구 - 녹문 임성주와 노사 기정진을 중심으로”, 고려대 대학원 박사학위논문, 1996
류기종, “화이트헤드의 과정사상과 율곡의 이기론”, 『과정철학과 과정신학』, 서울: 전망사, 1988.
______, “화이트헤드의 종교관”, 『과정철학과 과정신학』, 서울: 전망사, 1988.
송찬식, “조선말기 주리파의 인식논리”, 『동방학지』 제18집, 연세대학교, 1978.
안종수, “라이프니츠와 주희의 형이상학과 현대과학”, 『과학과 형이상학』, 서울: 자유사상사, 1993.
______, “리와 기에 대한 라이프니츠와 기정진의 해석”, 『철학연구』 제72집, 대한철학회, 1999
안형관, “신 문제에 대한 화이트헤드의 접근방식”, 토마스학회, 『형이상학』 제1집, 1992.
오영환, “Whitehead의 신관”, 『기독교사상』 18권 1호, 1974.
______, “화이트헤드의 종교철학”, 『과정철학과 과정신학』, 서울: 전망사, 1988.
이동희, “명초 주자학과 조선 전기 주자학”, 계명대학교 동서문화연구소, 『동서문화』 제20집, 1988.
______, “왕양명과 이퇴계” ,동양철학연구회, 『동양철학연구』 제9집, 1988.
______, “주자학의 철학적 본질과 그 전개 양상에 관한 연구”, 성균관대학교 대학원 박사학위, 1990.
______, “퇴 · 고 사칠논쟁에 대한 윤리학적 일고찰”, 『향산 변정환 박사 화갑기념 한국학논총』, 1992.
______, “나흠순 성리설의 특성”, 『유학연구』 제8집, 충남대 유학연구소, 2000.
______, “화담 서경덕의 자연관 - 그의 氣論에 대한 과정철학적 고찰”, 『상허 안병주 교수 정년기념 논문집: 동양철학의 자연과 인간』, 동 간행 위원회, 1998.
이상곤, “노사 기정진의 리일분수관”, 『원불교사상』 제10 · 11집, 원광대 원불교사상연구원, 1987.
이상익, “기정진 성리설의 재검토”, 『철학』 제52집, 한국철학회, 1997.
이상호, “노사 기정진의 성리설에 대한 재검토”, 『유교사상연구』 제7집, 유교학회, 1994.
이수건, “조선 후기 ‘영남’ 과 ‘京南’ 의 제휴”, 『벽사 이우성교수 정년기념 논문집』(상), 서울: 창작과 비평사, 1990.
정연홍, “A. N. Whitehead의 존재론에 관한 연구”, 영남대 대학원 박사학위, 1981.
최영진, “노사 기정진의 리일분수설에 관한 고찰”, 『조선조 유학사상의 탐구』, 여강출판사, 1988.

Chen 陳榮捷, "조기명대의 정주학파", 『주학논집』, 대북: 학생서국, 민국71.

Takahashi 高橋亨, "이조 유학사에 있어서의 주리파 주기파의 발달", 『조선지나 문화의 연구』, 서울: 경성제대, 소화4년.

〈원 게재처 일람〉

제1부 주자학과 화이트헤드의 과정철학

1. 주자의 기(氣)의 개념에 대하여

》》》朱子의 氣의 개념에 대하여 - 화이트헤드의 過程哲學과의 비교, 『정신문화연구』 제16권 4호(통권 53호), 한국 정신문화 연구원, 1993. 12

2. 주자의 리(理)에 대한 일고찰

》》》朱子의 理에 대한 一考察 - 화이트헤드의 過程哲學과의 비교, 『철학연구』 제55집, 대한철학회, 1995. 11

3. 주자 태극론(太極論)의 철학적, 종교적 의미

》》》주자 〈태극론〉의 철학적, 종교적 의미, 동 논문집 간행위원회, 『靑谷 安亨寬 교수 화갑기념논문』, 대구: 이문출판사, 1998. 10

제2부 조선조 성리학의 철학적 전개: 화담과 회재

4. 화담 서경덕 유기론(唯氣論)의 성리학적 의의

》》》花潭 서경덕의 자연관 - 그의 氣論의 過程哲學的 분석, 동 논문집 간행위원회, 『尙虛 安炳周 교수 정년기념 논문집 II: 자연과 인간』, 아세아문화사, 1998. 11

5. 회재 이언적의 무극태극론변(無極太極論辨)의 주자학적 의의

》》》晦齋 李彦迪의 생애와 사상, 『한국학논집』 제19집, 계명대 한국학연구소, 1992. 12

제3부 퇴계 이황과 영남학파의 주자학

6. 퇴계 이황 성리설의 철학적 함축

》》》퇴계 성리설의 철학적 함축, 『동양철학연구』 제20집, 동양철학연구회, 1999. 6

7. 퇴계 이후 영남학파의 주자학 전개
》》》 영남 성리학의 형성과 전개 - 퇴계 성리설에 대한 그의 후계자들의 새로운 해석을 중심으로, 『동양철학』 제8집, 한국동양철학회, 1997. 12

제4부 율곡 이이와 기호학파의 주자학

8. 율곡 이이의 성리학과 사회정책론
》》》 율곡 성리학과 사회정책론 - 理氣之妙論과 得中合宜論, 『동양철학연구』제18집, 동양철학연구회, 1998. 6

9. 율곡 이후 기호학파의 주자학 전개
》》》 畿湖 性理學의 형성과 전개, 『儒學硏究』 제2집, 충남대 儒學연구소, 1994. 12

제5부 유기론과 유리론의 과정철학적 의미

10. 녹문 임성주 유기론(唯氣論)의 과정철학적 의미
》》》 녹문 임성주 유기론의 과정철학적 의미 고찰, 『철학논총』 제32집 2권, 새한철학회, 2003. 4

11. 노사 기정진 유리론(唯理論)의 과정철학적 의미
》》》 노사 기정진의 유리론에 대한 과정철학적 고찰, 『철학논총』 제36집, 새한철학회, 2004. 4

〈저자 논저 목록〉

저술(단행본)

1. 『한국의 철학적 사유의 전통 - 화이트헤드와 성리학의 만남』, 대구: 계명대 출판부, 1999.
2. 『동아시아 주자학 비교 연구』, 대구: 계명대 출판부, 2005.
3. 『조선조 주자학의 철학적 사유와 쟁점』, 서울: 성균관대 출판부, 2006.
4. 『주자 - 동아시아 세계관의 원천』, 서울: 성균관대 출판부, 2007.
5. 『동아시아 전통문화와 현대한국』, 대구: 계명대 출판부, 2008.
6. 『조선조 주자학의 철학적 사유와 쟁점(속편)』, 서울: 성균관대 유교문화연구소, 2010.
7. 『유교문화의 전통과 미래』, 서울: 문사철 출판사, 2011.
8. 『주자학 신연구』, 서울: 문사철 출판사, 2012.
9. 『유학이란 무엇인가』, 서울: 전통문화연구회, 2014. #문고본
10. 『현대인, 동양고전에서 길을 찾다』, 서울: 전통문화연구회, 2015. #문고본
11. 『동아시아의 유교와 전통문화』, 서울: 전통문화연구회, 2018. #문고본
12. 『동아시아 주자학 비교연구』(개정판), 심산출판사, 2018.

역서

1. (역서) 『중국사상사』(武內義雄 저), 서울: 여강출판사, 1987.
2. (역서) 『논어』(공자; 중국고전), 대구: 계명대 출판부, 1997.
3. (역서) 『사소절 - 선비 집안의 작은 예절』, 서울: 전통문화연구회, 2013. #문고본

연구 논문

1. 朱子學에 있어서의 理와 實의 相涵性에 관한 연구, 성균관대 대학원 석사학위논문, 1980. 12
2. 朱子 『大學章句』에 대한 연구 - 格物說을 중심으로, 『동양철학연구』 제2집, 동양철학연구회, 1981. 12
3. 朱子의 已發未發說에 대하여, 『도원 유승국 박사 화갑기념논문집: 東方사상논고』, 道原 柳承國 박사 화갑기념논문집 간행위원회, 1983. 11
4. 朱子의 『大學章句』에 대한 변증 연구, 『민족문화』 제9집, 민족문화추진회, 1983. 12
5. 晦齋 李彦迪의 經學思想 연구, 『한국학연구』 제11집, 계명대 한국학연구소, 1984. 12
6. 중국 고대 인간 이해의 일단면, 『중국학지』 제3집, 계명대 중국학연구소, 1987. 2
7. 동양철학에 있어서의 철학적 개념의 多義性에 대한 연구, 『儒教思想研究』 제3집, 儒教

學會, 1988. 2
8. 明初 朱子學과 조선 전기의 朱子學, 『동서문화』 제20집, 계명대 동서문화연구소, 1988. 12
9. 王陽明과 李退溪, 『동양철학연구』 제9집, 동양철학연구회, 1988. 12
10. 羅欽順의 理氣渾一의 철학과 栗谷의 理氣之妙 철학과의 비교 연구, 『한국학논집』 제16집, 계명대 한국학연구소, 1989. 12
11. 朱子 實踐論의 기본정신, 『동양철학연구』 제10집, 동양철학연구회, 1989. 12
12. 朱子學의 철학적 특징과 그 전개 양상에 관한 연구 - 退栗 사상 형성과 관련하여", 성균관대 대학원 박사학위논문, 1990. 8
13. 朱子 太極說의 정립과 그 체계, 『동서문화』 제22집, 계명대 동서문화연구소, 1990. 12
14. 高峰의 經世사상과 栗谷의 經世사상, 『高峰의 철학과 사상』(2), 광주직할시, 1991. 11
15. 조선조 朱子學史에 있어서의 主理·主氣 용어 사용의 문제점에 대하여", 『동양철학연구』 제12집, 동양철학연구회, 1991. 12
16. 朱子學이 한국철학 형성에 끼친 영향, 『유교사상연구』 제4·5집, 유교학회, 1992. 7
17. 羅欽順의 '理氣渾一' 의 철학, 『道原 柳承國 박사 고희기념논문집: 동방철학사상연구』, 東方문화연구원, 1992. 8
18. 朱子 理氣論과 過程哲學, 『철학논총』 제8집, 영남철학회, 1992. 10
19. 退·高 '四七論爭' 에 대한 윤리학적 일고찰, 『향산 변정환 박사 화갑기념 한국학논총』, 香山 卞廷煥 박사 화갑기념논총 간행위원회, 1992. 10
20. 晦齋 李彦迪의 생애와 사상, 『한국학논집』 제19집, 계명대 한국학연구소, 1992. 12
21. 그의 詩를 통하여 본 朱子 사상의 일단면, 『철학논총』 제9집, 영남철학회, 1993. 9
22. 退溪學의 心學的 특성과 理의 의미, 『현대와 종교』 제16집, 현대 종교문화 연구소, 1993. 10
23. 朱子의 氣의 개념에 대하여 - 화이트헤드의 過程哲學과의 비교, 『정신문화연구』 제16권 4호 (통권 53호), 한국 정신문화 연구원, 1993. 12
24. 陳建의 學蔀通辨과 그의 朱子學, 『유교사상연구』 제7집, 유교학회, 1994. 3
25. 畿湖 性理學의 형성과 전개, 『儒學研究』 제2집, 충남대 儒學연구소, 1994. 12
26. 南冥의 한국사상사적 위치, 『南冥學研究』 제4집, 경상대 南冥學연구소, 1995. 2
27. 전통윤리와 현대의 가족윤리 문제, 『철학연구』 제54집, 대한철학회, 1995. 5
28. 朱子의 理에 대한 一考察 - 화이트헤드의 過程哲學과의 비교, 『철학연구』 제55집, 대한철학회, 1995. 11
29. 朱子 心性論의 특징과 그 繼承性, 『孔子學』 창간호, 한국공자학회, 1995. 11
30. 전통윤리와 현대의 가치관 문제, 曉頂 채수한 박사 고희기념논문집; 愛智點燈錄, 대구: 우신출판사, 1995. 11
31. 荀子와 宋明理學, 『동양철학연구』 제15집, 동양철학연구회, 1995. 12
32. 조선전기 朱子學의 성격, 『儒學研究』 제3집, 충남대 儒學연구소, 1995. 12

33. 義理사상의 전개와 生存을 위한 倫理, 『국민윤리연구』 제35호, 한국국민윤리학회, 1996, 12
34. 주자학 형성에 관한 일고찰, 『동서문화』 제29집, 계명대 인문과학연구소, 1997. 2
35. 맹자의 인성론, 『계명철학연구』 제5집, 계명대 인문과학연구소, 1997. 2
36. 한말 외세 침략에 대한 영남 유림의 의리학적 대응, 『철학논총』 제13집, 영남철학회, 1997. 11
37. 여말선초 주자학의 도입과 유 · 불 교섭, 『동양철학연구』 제17집, 동양철학연구회, 1997. 12
38. 영남 성리학의 형성과 전개 - 퇴계 성리설에 대한 그의 후계자들의 새로운 해석을 중심으로, 『동양철학』 제8집, 한국동양철학회, 1997. 12
39. 유교, 개화기의 갈등과 모색, 『유교사상연구』 제9집, 유교학회, 1997. 12
40. 우계 성리설의 특징과 사상사적 의의, 『한국학논집』 제24집, 계명대 한국학연구소, 1997. 12
41. 儒教與現代韓國社會 - 探索理想的家族倫理與家族形成", 亞文編輯委員會, 『亞文』 제2집, 中國社會科學出版社, 1997. 12
42. 율곡 성리학과 사회정책론 - 理氣之妙論과 得中合宜論, 『동양철학연구』 제18집, 동양철학연구회, 1998. 6
43. 주자 〈태극론〉의 철학적, 종교적 의미, 동 논문집 간행위원회, 『青谷 安亨寬 교수 화갑기념논문』, 대구: 이문출판사, 1998. 10
44. 복제 양의 탄생과 유교의 입장, 동 논문집 간행위원회, 『青谷 安亨寬 교수 화갑기념논문집』, 대구: 이문출판사, 1998. 10
45. 花潭 서경덕의 자연관 - 그의 氣論의 過程哲學的 분석, 동 논문집 간행위원회, 『尙虛 安炳周 교수 정년기념 논문집 II: 자연과 인간』, 아세아문화사, 1998. 11
46. 성리학 명제에 대한 과정철학적 분석 - 주자의 형이상학을 중심으로, 『화이트헤드연구』 창간호, 한국화이트헤드학회, 1998. 12
47. 퇴계 성리설의 철학적 함축, 『동양철학연구』 제20집, 동양철학연구회, 1999. 6
48. 유교전통과 21세기 한국의 '민족문화' 문제, 『유교사상연구』 제11집, 한국유교학회, 1999. 6
49. 수은 강항의 애국정신과 일본에의 주자학 전파, 『유교사상연구』 제12집, 한국유교학회, 1999. 12
50. 儒家倫理的道德命題之特性 - 以孟子的 '性善' 和朱子的 '性卽理' 爲中心, 『동양철학연구』 제21집, 동양철학연구회, 1999. 12
51. 한주학파의 퇴계 성리학 계승, 『한국학논총』 제26집, 계명대 한국학연구원, 1999. 12
52. 공자 비판과 그 반론에 대한 종합적 고찰, 『현대와 종교』 제22집, 현대종교문화연구소, 1999. 12
53. 분단시대의 윤리의식 개혁, 『현대와 종교』 제22집, 현대종교문화연구소, 1999. 12

54. 원대 및 명초 주자학의 전개 양상: 도덕적 실천주의, 『동양철학연구』 제22집, 동양철학연구회, 2000. 6
55. 나흠순 성리설의 특성, 『유학연구』 제8집(지산 김길락 선생 정년기념논문집), 충남대 유학연구소, 2000. 8
56. 한국 성리학의 환경철학적 시사, 『동양철학』 제13집, 한국동양철학회, 2000. 9
57. 주희의 형이상학과 그 현대적 의미, 『동양철학』 특집호, 한국동양철학회, 2001. 3
58. 주자 리기론의 형이상학적 함의와 그 전개 양상 - 리기불상리잡에서 주리론까지, 『동양철학연구』 제25집, 동양철학연구회, 2001. 6
59. 조선 후기 '절충파' 의 성리학설에 대한 연구, 『동양철학연구』 제26집, 동양철학연구회, 2001. 9
60. 주자의 생애와 사상, 『동서문화』 제34집, 계명대 인문과학연구소, 2001. 12
61. 朱子 理氣論과 과정철학 - 우주 형이상학으로서의 유사성, 한국화이트헤드학회 편집위원회, 『知隱 吳榮煥 명예교수 고희기념논집 : 화이트헤드와 현대』, 도서출판 동과서, 2002. 2
62. 율곡은 '주기적' 이 아니면서 '주기적' 이다, 『동양철학연구』 제29집, 동양철학연구회, 2002. 6
63. 퇴계 연구의 성과와 반성, 『동양철학연구』 제30집, 동양철학연구회, 2002. 9
64. 나흠순의 공부론, 『동양철학연구』 제32집, 동양철학연구회, 2003. 3
65. 녹문 임성주 유기론의 과정철학적 의미 고찰, 『철학논총』 제32집 2권, 새한철학회, 2003. 4
66. 율곡 연구의 성과와 반성 - 철학 사상을 중심으로, 『동양철학연구』 제34집, 동양철학연구회, 2003. 9
67. 우계 성혼의 성리설과 조선 후기 절충파, 『동양철학연구』 제36집, 동양철학연구회, 2004. 2
68. 퇴계학파는 퇴계의 성리학을 어떻게 이해하고 계승했는가? - 갈암 이현일의 율곡 비판을 중심으로, 『철학연구』 제89집, 대한철학회, 2004. 2
69. 유교의 종교적 성격과 오늘날 종교적 수행에의 활용 방안 - 퇴계 이황의 『성학십도』의 경우, 『유교사상연구』 제20집, 한국유교학회, 2004. 2
70. 노사 기정진의 유리론에 대한 과정철학적 고찰, 『철학논총』 제36집, 새한철학회, 2004. 4
71. 조선전기 성리학자 퇴계학파 연구의 현황과 과제, 『한국인물사연구』 창간호, (사)한국인물사연구소, 2004. 3
72. 화이트헤드의 형이상학적 神觀에서 본 퇴계의 독특한 리 관념, '尊理說' , 『퇴계학보』 제116집, 퇴계학연구원, 2004. 12
73. 한국 전통사상의 주체성 탐색과 미래 전망, 『동양철학연구』 제40집, 동양철학연구회, 2004. 12

74. 윤리교육에 있어서 '전통윤리' 교육 문제, 『동서철학연구』 제37호, 한국동서철학회, 2005. 9
75. 율곡 성리학과 고봉 성리학의 비교, 『동양철학연구』 제44집, 동양철학연구회, 2005. 11
76. 한국 유교의 현대적 과제, 『유교사상연구』 제24집, 한국유교학회, 2005. 12
77. 율곡학과 퇴계학의 리기론, 『율곡사상연구』 제12집, 율곡학회, 2006. 8
78. 성호좌파 성리설의 전개와 변용, 『동양철학연구』 제47집, 동양철학연구회, 2006. 8 (공동 저자 안영석)
79. 우담 정시한의 성리설에 대한 연구, 『인물사연구』 제6호, 한국인물사연구소, 2006. 9
80. 주자학의 현실인식과 미래 비전, 『간재학논총』 제5집, 간재학회, 2006. 8
81. 성리학의 선악관 : 와이-와이(y-Y)의 사고 양태, 『동양철학연구』 제50집, 동양철학연구회, 2007. 5
82. 퇴계학파의 퇴계의 리 개념 이해의 한 단면, 『한국학논집』 제34집, 계명대 한국학연구원, 2007. 6
83. 주자의 사창법(社倉法)이 주는 사회복지학적 시사점, 『유교사상연구』 제29집, 한국유교학회, 2007. 8
84. 동아시아 주자학의 보편성과 특수성, 『동아인문학』 제12집, 동아인문학회, 2007. 12
85. 장지연의 『조선유교연원』의 특징에 대하여 - 다카하시의 「조선유학대관」과의 비교, 『한국학논집』 제35집, 대구: 계명대 한국학연구원, 2007. 12
86. 艮齋 田愚의 性理說에 대한 철학적 분석, 『간재학논총』 제8집, 간재학회, 2008. 2
87. 조선조 실학자들은 성리논쟁을 해결하였는가? - 성호와 다산의 경우, 『한국학논집』 제37집, 계명대 한국학연구원, 2008. 12
88. 이언적의 주자 『대학장구』에 대한 비판적 연구, 『유교사상연구』 제34집, 한국유교학회, 2008. 12
89. 근현대 고령의 유학사상, 『철학과논술』 제4호, 계명대 논리윤리교육센터, 2008. 12
90. 한국사회에 있어서 '가족' 의 의미와 '가족이기주의' 문제, 『유교문화연구』 제14집, 성균관대 동아유교문화연구소, 2009. 2
91. 고봉 기대승의 『주자문록』 편찬과 당시 그의 사상의 일단면, 『유교사상연구』 제36집, 한국유교학회, 2009. 6
92. 유가사상에 있어서 '자아' 와 '개인' 의 문제, 『유교문화연구』 제15집, 성균관대 유교문화연구소, 2009. 8
93. 조선조 주자학의 철학적 아포리아, 『동양철학』 제32집, 한국동양철학회, 2009. 12 〔영문 번역〕 "Philosophical Aporia of Neo-Confucianism during the Chosun Dynasty", Acta Koreana 13-2, ACADEMIA KOREANA Keimyung University, 2010. 12
94. 明齋 尹拯의 유학사적 위상, 『유학연구』 제20집, 충남대 유학연구소, 2009. 12

95. 동양고전(경전)의 현대적 가치와 그 활용, 『유학연구』 제21집, 충남대 유학연구소, 2010. 4
96. 동양 윤리교육의 현황과 진로 - 2007 개정교육과정의 윤리교과와 관련하여, 『윤리교육연구』 제21집, 한국윤리교육학회, 2010. 4
97. 주희와 화이트헤드의 신관, 『화이트헤드연구』 제20집, 한국화이트헤드학회, 2010. 6
98. 과정철학에서 본 주자학과 양명학, 『동양철학연구』 제64집, 동양철학연구회, 2010. 11
99. 한국에서의 동양사상 연구의 새로운 방향과 문제점 - 중국의 '현대신유학' 연구동향과 관련하여, 『퇴계학과 유교문화』, 경북대 퇴계연구소, 2011. 2
100. 하서 김인후의 도학과 성리학, 『퇴계학논총』 제8호, 영남퇴계학연구원, 2011, 6
101. 조선조 주자학의 인물성동이론의 종교적 의미 탐구, 『유교사상연구』 제45집, 한국유교학회, 2011. 9
102. 켄 윌버 시각에서 본 양명학과 주자학 - 양명의 종교적 영성의 문제와 그 한계를 중심으로, 『양명학』 제30호, 한국양명학회, 2011. 12
103. 高峯 奇大升과 栗谷 李珥의 經世論 비교, 『퇴계학논총』 제11호, 영남퇴계학연구원, 2012, 12
104. 艮齋의 朱子, 退溪, 栗谷의 性理說에 대한 詮釋 - 〈雜著〉「晦, 退, 栗 세 선생의 설에 대한 질의」를 중심으로, 『간재학논총』 제15집, 간재학회, 2013. 2
105. 동아시아 삼국의 한자문화의 역사와 미래 전망, 『동서인문학』 49집, 대구: 계명대 인문과학연구소, 2015, 6
106. 다카하시 도루(高橋亨)의 조선조 주자학 연구의 허와 실 - 오늘날 철학적 관점에서의 비판적 고찰, 『한국학논집』 제60집, 대구: 계명대학교 한국학연구원, 2015. 9
107. 간재의 퇴계사상 연구의 특징과 의의 - 퇴계 尊理說과 간재 性尊說의 同實異名, 『간재학논총』 제20집, 간재학회, 2013. 2

찾아보기

ㄴ

ㄷ

ㅁ

ㅂ

ㅈ

ㅊ

ㅋ

ㅌ

■ **著者 略歷**

이동희 李東熙 (号 솔바람; 蘇亭野隱)

1947년 부산에서 출생, 생장(~1967년)
1972년 성균관대학교 유학대학 졸업(문학사)
1980년 동대학 대학원 동양철학과 석사학위
1990년 동대학 대학원 동양철학과 박사학위

1976년 재단법인 민족문화추진회 근무(~1983년 2월)
1983년 계명대학교 인문과학대학 국민윤리학과 전임강사
이후 조교수, 부교수, 교수를 거쳐 2013년 정년
현재 인문외국학대학 철학윤리학과 명예교수

박사학위 논문 「주자학의 철학적 특성과 그 전개양상에 관한 연구」
연구 업적 별첨 「저자의 논저 목록」 참조

화이트헤드의 과정철학과 조선조 성리학

초판 1쇄 발행일 2020년 04월 30일

지은이 | 이동희
발행인 | 최원필
발행처 | 심산출판사
주 소 | 서울시 은평구 불광로 13가길 18, 101호
전 화 | 02-357-0633
팩시밀리 | 02-357-0631
E-mail | simsan21c@hanmail.net
등록번호 | 제1-2114호(1996년 11월 28일)

ISBN 978-89-94844-65-7 93150

* 책값은 뒤표지에 표시되어 있습니다.